香　樟　树　文　库
Xiangzhangshu wenku

国家自然科学基金青年项目
“软件外包企业的交易专用性投资对能力构建的作用：机制及调节因素（71102116）”资助
中国博士后基金
“合同完备性和关系型规范对国际品牌客户机会主义的影响（2013M540440）”资助

代工企业的专用性投资对能力构建的作用：机制及调节因素

周俊　著

苏州大学出版社

图书在版编目(CIP)数据

代工企业的专用性投资对能力构建的作用:机制及调节因素 / 周俊著. —苏州:苏州大学出版社, 2013.10

国家自然科学基金青年项目(项目编号 71102116)

ISBN 978-7-5672-0688-5

Ⅰ.①代… Ⅱ.①周… Ⅲ.①加工企业-企业发展-研究 Ⅳ.①F406

中国版本图书馆 CIP 数据核字(2013)第 239753 号

代工企业的专用性投资对能力构建的作用:
机制及调节因素
周 俊 著
责任编辑 薛华强

苏州大学出版社出版发行
(地址:苏州市十梓街1号 邮编:215006)
南通印刷总厂有限公司印装
(地址:南通市通州经济开发区朝霞路180号 邮编:226300)

开本 700 mm×1 000 mm 1/16 印张 13.75 字数 240 千
2013年10月第1版 2013年10月第1次印刷
ISBN 978-7-5672-0688-5 定价:35.00元

苏州大学版图书若有印装错误,本社负责调换
苏州大学出版社营销部 电话:0512-65225020
苏州大学出版社网址 http://www.sudapress.com

前言

在国际代工关系中,本土代工企业往往需要为其重要的客户进行交易专用性投资。此类投资可能存在着正反两方面的效应。一方面,交易专用性投资具有价值创造的功能;另一方面,交易专用性投资会导致价值分配问题,使得代工企业陷入被客户“压榨”的局面。

目前,研究本土代工企业专用性投资作用的理论成果较少,相关成果比较关注代工企业专用性投资的正面效应,忽视了有可能特别突出的负面效应;而且,相关文献对于影响专用性投资效应的治理机制没有给予足够的重视。本书拟部分地填补这方面的理论空缺。

本书以一种全面的、权变的观点来探讨代工企业的专用性投资对于它们借助于品牌客户进行的能力构建活动的作用机制、影响效应及其调节因素。本书致力于回答以下两个主要问题:第一个问题是,代工企业的交易专用性投资通过怎样的作用机制影响它们借助于品牌客户进行的能力构建活动?第二个问题是,“合同完备性”、“客户的专用性投资”、“整体代工能力”、“客户声誉”以及“关系型规范”等五种治理机制对于交易专用性投资的正负效应以及能力构建效应存在着怎样的调节作用?

主要结论如下:(1)企业间合作和客户的机会主义行为在代工企业的交易专用性投资和它们借助于品牌客户进行的能力构建活动之间发挥着完全的中介作用。(2)客户的声誉不能充当代工关系中的有效治理机制,但其余四种类型的治理机制有效地发挥着调节作用。(3)代工企业的多种治理机制共同组成了一个有机的代工关系治理体系。(4)在伙伴型、套牢型和市场型这三种国际代工关系中,伙伴型国际代工关系在企业间合作、代工企业的能力构建效果以及客户机会主义行为等三个方面的表现均为最好。

理论贡献主要体现在以下五个方面。第一,比较全面地考察了代工企业的专用性投资对于它们借助于品牌客户而开展的能力构建活动的作用机制。第二，以权变的观点考察了代工企业专用性投资的能力构建效应。第三，可以在一定程度上推动以代工企业为立足点的相关研究。第四，初步考察了在国际代工环境中“整体代工能力”等四种有效治理机制之间的相互关系，这对研究治理机制联合效应的学者可能有一定借鉴价值。最后，本研究的实证结果和相关结论可以从一个侧面来回答正备受学界关注的组织间竞争优势来源的问题。

作 者

2013 年 9 月

目录

第一章

导论

1.1 本研究的实践背景

随着经济全球化进程的推进,在跨国公司外包战略的推动下,由于相关国家或地区当地生产成本的增加,越来越多的跨国公司开始将生产订单转交给中国企业,中国在全球价值链(global value chains)的生产制造环节发挥着几乎不可撼动的领先地位,成了名副其实的"世界加工厂"。在订单总金额大幅度上升的同时,中国企业所接收订单的产品结构也在发生变化。除了传统制造业以外,汽车、制药、电脑和液晶显示屏等高科技产品的订单也呈现迅速上升的趋势。

在越来越多的生产任务向中国转移的大背景下,中国企业面临着重大机遇,主要表现在以下两个方面。首先,本土企业可以利用制造环节的相对优势,开展国际竞争与合作。自20世纪90年代初以来,中国各地区,特别是沿海发达地区因对外开放大量吸收了国外跨国公司的直接投资、产业转移和外包订单,使那些劳动密集的、附加价值较低的、以加工贸易为主的制造业得到了迅速的成长。许多制造企业依靠"代工生产"赚取加工费。其次,通过代工,本土企业有可能学习到国外的先进技术和管理知识,从而将优势活动从制造环节向研发、营销等环节延伸。为了使委托加工的产品达到特定的标准,国际品牌客户通常需要开展技术转移活动,包括提供技术图纸、培训技术人员、传授质量管理与产品标准等。国内有些企业通过国际代工提升了自身的素质,有的甚至成长为具有国际影响力的大企业,格兰仕就是其中的一例。格兰仕在OEM合作中吸引委托企业把大量先进的生产线搬到格兰仕生产车间。格兰仕所受让的是国外企业最先进的生产线,甚至是名牌企业最先进的生产线。通过这种受让,国外名牌企业生产能力已全部或部分转移到了中国。这是格兰仕推动委托企业技术外溢、提高自身技术吸收能力的重要举措（王世豪，2006）。此外，格兰仕还在不断加大研发投入的力度，强大的研发投入使格兰仕拥有包括新一代球体微波技术、微波增强补偿技术、多重防微波泄露技术、磁控管延寿技术、光波技术等在内的600多项专利和专有技术。格兰仕开始全面掌控微波炉核心技术，并能向许多跨国公司输出其核心技术和核心零部件。生产的规模效应以及不断增强的技术实力使格兰仕在自有品牌的建设上取得了长足的进步：从1997年到2004年，格兰仕的出口产品总量中，自有品牌和贴牌产品总量之比从1∶9上升到4∶6，在许多市场上和国际知名品牌展开了直接的市场竞争（吴先明，2008）。

尽管代工合作给本土企业提供了参与国际竞争和提升企业素质的可能，但代工企业要想把握这样的机遇并不容易，前进的道路上充满着艰辛和挑战。本研究归纳出三点原因。

（1）本土代工企业获取知识的渠道狭窄，致使它们难以从国外品牌客户那里获得先进的技术和知识。一般来说，在代工关系形成的初期，为了确保产品质量、交货期、库存水平等指标符合特定的要求，国外品牌客户一般会主动地进行知识的转移，但这种转移一般被限制在最低限度之内，特别是当代工企业试图从事超出代工任务范围的职能活动（如：从OEM升级到OBM）时，品牌客户就会更加主动地采取各种措施限制技术的溢出。Kaplinsky和Morris（2001）通过对发达国家和发展中国家的实践分析，归纳出在全球价值链（GVC）条件下，为发达国家代工或外包的发展中国家本土企业或企业网络的四种序贯式升级模式，即工艺升级→产品升级→功能升级→链的升级的自动实现过程。以国际代工方式切入GVC的发展中国家本土企业，在工艺升级和产品升级两个阶段，存在着快速升级空间（Gereffi，1999）。原因在于：① 产品价格与成本控制的需要；② 产品非价格竞争因素凸显；③ 产品差异化要求日益强烈（刘志彪和张杰，2007）。但是，一旦发展中国家代工生产体系进入功能或链的升级高端阶段，试图建立自己的核心技术、研发能力、品牌和销售终端，就对国际大购买商或跨国公司的买方垄断势力和既得利益形成挑战。它们就会利用各种手段来阻碍和控制发展中国家代工生产体系的升级进程，从而迫使发展中国家代工生产体系“锁定”于GVC中的低端环节。其中的一种手段就是采用强知识产权保护和专利池策略，以控制发展中国家代工者的模仿性技术学习追赶，抑制发展中国家代工者自主创新能力的形成（刘志彪和张杰，2007）。

（2）与国际品牌客户相比，本土代工企业面临更大的关系风险和产业风险（杨桂菊和阎海峰，2007）。在代工的合作模式下，代工企业对国际品牌商存在较强的单向依赖关系，品牌客户转换供应商的成本较低，因此，代工企业往往面临着客户随时抽单、转单或结束合作关系的潜在可能性，也就是所谓的关系风险(Das & Teng,1998)。除了关系风险以外，代工企业必须应对的另一种风险就是产业风险。产业风险表现为，当产业快速成长时，品牌客户要攫取大部分利润，而且，当产业增长受阻、利润率下降时，品牌客户会利用其强大的谈判能力向代工企业施压，迫使代工企业成为其降低成本的主要来源。卓越和张珉(2008)指出，跨国采购商所决定的GVC分工格局以及对升级的控制，将作为代工者的国内纺织服装企业牢牢锁定在低附加值的缝合制造环节，这必然使得国内代工企业在GVC中的分配地位日趋恶化，陷入“悲惨增长”的境地，即在纺织服装出口高速增长的同时，其平均单价却在不断下降，出口价格的损失主要由产业工人来承担。

(3) 近年来，国内外出现了众多不利于“中国制造”进一步提升国际竞争力的限制因素。主要包括：① 以产品召回事件和食品质量风波为代表的一系列质量危机严重地损害了中国产品质量的国际形象；② 人民币的持续升值降低了中国出口产品的竞争力；③ 劳动力和土地成本增长较快；④ 熟练劳动力的无限供应时代已经成为过去，沿海部分地区已经出现民工短缺的现象，缺乏足够数量的熟练技工也是制约“中国制造”增长、升级的关键因素之一；⑤ 一些发展中国家(如印度、越南)近年来加大引资力度，加强基础设施建设，制定优惠政策，来自这些国家的竞争对中国的代工企业造成了重大威胁。从产业转移的规律来看，跨国公司最终会将大部分外包订单转交给来自或处于其他国家的运营成本更低的厂商。这也就意味着，从长远来看，大多数代工企业都逃脱不了黯然出局的悲惨命运，这在我国台湾地区已有前车之鉴。

综上所述，在国际代工关系中，本土代工企业的利润空间受到严重挤压，能力构建的努力受到制约；不仅如此，代工企业还随时面临着被国际品牌客户淘汰出局的风险。当然，尽管代工企业遭遇外部威胁，但它们还是可以有所作为的，最终结果主要取决于其战略安排。许多世界知名企业(如：韩国的三星、中国台湾的宏碁、中国大陆的格兰仕等)都曾有过代工经历，甚至依靠代工起家，但它们最终成功塑造了自主品牌，在世界市场上占有重要的地位。除一些成功地树立了自主品牌的企业之外，另一些企业则致力于成为专业的代工企业(譬如：中国台湾的鸿海集团)，其中的一部分专业代工企业已经成长为知名跨国企业全球价值网络中不可或缺的一员。以台湾地区的顶级EMS厂商为例，尽管由于当地运营成本的增加，很多生产制造任务业已从台湾地区转向大陆和东南亚等地，但这些EMS厂商通过增强全球运筹管理能力、增强研发设计能力以及延伸价值活动范围（比如：从制造延伸到物流和售后服务等）等手段，有效地巩固了其在全球价值链中的地位，其代工业务不但没有萎缩，反而有继续加强的趋势。为什么在多数代工企业逐渐悄无声息的情况下，少数代工企业却能够成功崛起呢？本研究认为，仅仅把竞争优势构筑在本国资源条件（如：较充裕的劳动力供给和较低的运营成本）基础之上的代工企业终将因本国比较优势的丧失而失去竞争力，而能够利用代工的机会成功实现竞争优势来源的转换，构建起企业特定优势（firm-specific advantages）的企业，才有可能脱颖而出，成为市场中的强者。基于这样的理论逻辑，摆在代工企业面前的一个很自然的问题就是：如何利用代工机会，最大限度地充实自己，以提高企业的长期生存能力？如何通过代工关系获取满意的收益（譬如：财务收益、关系稳定性、知识转移效果等）？其中，通过代工关系来接触、吸收并应用品牌客户的特定知识，从而构建新的能力对代工企业具有战略意义。能力构建有助于代工企业更好地满足现有品牌客户的需要从而提高关系稳定性，有助于提高代工企业在代工关系中的议价能力从而获取更大份额的关系租金，有助于增强代工企业对于潜在客户的吸引力从而扩大收入来源，还有助于增加代工企业的增长路径从而拓展它们的战略选择空间。

在代工的契约协议下，为了增进组织间的合作，满足国际品牌客户的特定需求，本土代工企业往往需要为其重要的客户进行交易专用性投资（transaction-specific investments），例如，客户要求的特定规格产品、专用的生产和检验设备、专门的工作团队以及相互兼容的 IT 信息系统等。交易专用性投资①，又称关系专用性投资（relationship-specific investments），是行为主体为了特定交易伙伴而进行的，如果用于他途则会出现价值下降的投资现象（Williamson，1991）。此类投资可能存在着正反两方面的效应。一方面，交易专用性投资具有价值创造（value creation）的功能。根据资源基础理论和关系交换理论，关系专用性投资是企业间"关系租金"（relational rent）的一项重要来源（Dyer & Singh，1998），使得价值链中的生产率收益成为可能（Perry，1989；Williamson，1985）。另一方面，交易专用性投资会导致价值分配（value appropriation）问题。根据资源依赖理论和交易成本理论，当代工企业按照要求进行专用性投资之后，它们就面临"锁定"（lock-in）风险，陷入更加严峻的单向依赖关系之中，品牌客户有可能利用代工企业的这种依赖作为谈判的筹码，来攫取更大份额的可占用性准租，这可能导致品牌客户机

① 简洁起见，我们在本研究的大部分地方使用"专用性投资"这一表述方式。

会主义行为的增加。这样,当代工双方可以通过交易专用性投资创造出较高水平的"关系租金"的时候,它们的投资动力受到以下事实的干扰,即随着资产专用性的增加,该投资在其他用途中的价值随之降低,从而使得投资者需要承受更大的机会主义风险。在代工企业的专用性投资缺乏有效治理机制保障的情况下,代工双方就会陷入"囚徒困境"之中,最终导致代工企业专用性投资的实际水平低于理想水平,出现"双输"的局面。从代工企业的角度来看,进行专用性投资往往是必需的,因此,对它们来说,富有实践意义的问题就是在哪些方式可以帮助代工企业提高专用性投资的正面效应并(或)抑制其负面效应,进而从代工关系中取得满意的收益。治理机制(governance mechanisms)在"关系租金"的创造和分配过程中扮演着重要的角色,因为它可以影响到合作双方的交易成本以及它们共同参与价值创造的动力(Dyer & Singh,1998)和能力。从这种意义上说,探讨不同类型的适合代工企业使用的治理机制对于专用性投资正负效应的调节作用有助于代工企业更有效地使用专用性投资,是具有重大现实意义的课题。

1.2 本研究的理论背景

理论上以委托制造为主题,立足于代工企业的研究很少(杨桂菊和阎海峰,2007)。欧美的经济管理类顶级期刊上鲜见以代工企业为研究对象的学术论文。不过,中国台湾和大陆的学者在这方面还是做了不少富有成效的工作:台湾学者自20世纪90年代初即开始这方面的研究,成果颇丰;大陆学者的研究起步较晚,但正在快速跟进。总的来看,研究主题主要集中在以下三个方面:① 代工企业的能力要素及提升研究;② 代工企业的转型研究;③ 客户关系管理研究。这三大研究主题并非孤立而是紧密关联的,这三个主题对于代工企业改善经营均具有很强的现实意义,而且,这三个主题上的理论研究都存在着继续推进的需要。目前,大陆学者立足于代工企业的研究成果虽然日见增多,但多限于一般性的理论探讨,采用定量研究的成果屈指可数,运用定性研究方法(如扎根理论、案例研究法)对中国企业的实际状况进行深度分析的成果更是凤毛麟角。

本研究试图研究代工企业专用性投资的能力构建效应及治理机制。与此密切相关的立足于代工企业的研究成果来自于 Wang, Huang 和 Lee (2001),徐惠菁(2004)以及 Sun(2006)。Wang, Huang 和 Lee(2001)综合运用动态能力理论和交易成本理论,认为专用性投资通过促进共同行动进而支持投资者的能力构建活动。他们取得了来自台湾地区信息产业代工企业的110份有效问卷，通过结构方程模型分析得出，代工企业的贡献专用性(dedicated specificity)显著促进了代工双方的共同行动，并显著改善了它们的能力构建活动；IT专用性(IT specificity)显著增加了双方的共同行动；而流程专用性(process specificity)对于代工双方的共同行动没有显著的促进作用，但流程专用性对代工企业的能力构建具有显著的支持作用。徐蕙菁(2004)以代工企业的专用性投资为自变量，以关系资本、共同决策以及准一体化(quasi-integration)为中介变量，以代工企业感知到的风险和客户对代工企业的依赖性为因变量，实证结果大体上支持她提出的相关理论假设。与前两者使用中介效应模型的研究成果不同，Sun(2006)构建了一个调节效应模型，指出，代工企业对客户的信任正向调节了领域知识专用性(domain knowledge specificty)和它们参与客户新产品开发活动之间的关系。总体来看，这些研究比较关注代工企业专用性投资的正面效应，忽视了可能的负面效应，只关注正面效应可能会带来理论误区，并误导企业的实践。

在国际代工关系中，本土代工企业专用性投资的负面效应值得特别关注，三大因素可能导致相当严重的负面效应。首先，国际代工属于国际交换的一种形式。在国际交换中，跨文化冲突和环境的不确定性增加了机会主义行为发生的概率(Lyles，Saxton & Watson，2004；Luo，2007)。其次，本土代工企业身处中国这个世界上最大的新兴市场，而新兴市场的机会主义行为特别值得关注(Luo，2006)，新兴市场中的交易合同被弃置一旁的现象比发达国家要普遍得多(Brown，1997)。最后，国际代工企业与品牌客户往往存在不对称的依赖关系，一般来说，代工企业对品牌客户的依赖程度更高，而不对称的依赖关系容易滋生机会主义行为(Luo，2006)，这对其中实力较弱的代工企业尤为不利。基于上面的分析，本研究认为，忽略代工企业专用性投资的负面效应容易导致片面甚至错误的结论。

关于交易专用性投资的效应及治理机制的相关研究既关注到专用性投资的负面效应，也探讨了专用性投资的正面效应，并且，大量的成果研究了包括法律规制型、组织管理型、经济制约型和关系导向型在内的四种类型的一系列治理机制。相关的研究成果虽然比较多，但仍存在一些探讨得不够彻底或不够清楚的理论问题，这些应该是未来进一步研究的方向。至少有四个领域仍值得进一步探究。第一，无形资产专用性的作用有待进一步研究。在知识经济时代，无形资产专用性(如：领域知识专用性和人力资本专用性)的重要性日益突出(Sun，2006)，某些专用性的无形资产在综合效应方面可能不同于传统的物质资产专用性。第二，专用性投资的价值创造效应虽然得到不少经验证据的支持，但其内在机理仍不是很清楚。第三，治理机制的适用情境需要进一步的理论探讨和实证研究。每一种治理机制在构建和运行成本、治理效应方面都存在差异,并且,这些差异因情境的不同而变化,这使得在某些情境下有效的治理机制到了另一种情境可能不再适用。因此,探讨治理机制的适用情境可以帮助交易者选择有针对性的治理机制。第四,各种治理机制之间的相互关系仍不明朗。在现代交易中,由于交易者几乎不会孤立地使用单个治理机制,所以研究多个治理机制的联合治理效应就显得更有意义(Achrol & Gundlach,1999)。这方面的研究(Stump & Heide,1996;Jap & Ganesan,2000;Poppo & Zenger,2002)旨在回答"不同的治理机制是相互补充的还是相互替代的"这个问题。迄今为止,相关研究几乎没有得出任何确定性的结论。需要指出的是,第三个和第四个研究领域存在着密切的联系。如果能够更加深入地界定治理机制的适用情境,我们就有可能进一步地理解各种治理机制的相互关系,比如,我们可以合理地预期,适用情境明显不同的治理机制不大可能是相互补充的。

本研究试图全面地审视代工企业专用性投资的正反两方面效应,以"企业间合作"和"品牌客户的机会主义行为"为中介变量,研究代工企业进行的专用性投资对于它们借助于客户进行的能力构建活动的作用机制。本研究还试图探讨不同的治理机制对于代工企业专用性投资与能力构建之间关系的调节效应。相关的学者从诸多方面研究了专用性投资的治理机制,本研究将其归纳为四种类型,即法律规制型、组织管理型、经济制约型和关系导向型。然而,对于这些治理机制的适用情境以及治理机制间的相互关系,理论界还没有很成熟的看法,这构成了未来进一步研究的方向。本土代工企业身处新兴市场和国际交换的环境中,并且往往是实力相对弱小的交易方。这种具有特殊性的决策情境决定了各种类型的治理机制对代工关系的不同治理效应,这就要求代工企业学会采用有针对性的治理机制,本研究试图在这方面开展理论探讨并进行实证研究。由于不可能在一本书里全面地研究所有的治理机制,本研究有选择性地研究合同完备性、客户专用性投资、整体代工能力、客户声誉和关系型规范的调节作用。①

1.3 研究的目标与意义

本研究致力于回答以下两个主要问题。第一个问题是,代工企业的交易专用性投资通过怎样的作用机制影响它们借助于品牌客户进行的能力构

① 选择这五种治理机制的具体原因见本书"2.3 基于理论综述的研究构思"。

建活动？本研究以“企业间合作”代表正面效应，以“品牌客户的机会主义行为”代表负面效应，检验这两者是否在代工企业的“交易专用性投资”与“能力构建”之间起着中介效应。第二个问题是，属于法律规制型治理机制的“合同完备性”，属于经济制约型治理机制的“客户的专用性投资”、“整体代工能力”以及“客户的声誉”，属于关系导向型治理机制的“关系型规范”等五种治理机制对于交易专用性投资的正负效应以及能力构建效应存在着怎样的调节作用？本研究在通过实证研究判别出对代工企业有效的治理机制之后，还将回答这些治理机制之间的关系问题。本研究将在第七章的“7.6.2 四种有效治理机制之间的关系”部分对“合同完备性”、“客户的专用性投资”、“整体代工能力”和“关系型规范”之间的关系进行初步的理论探讨。这虽然不是本书拟回答的重点问题，但对该问题的探讨将有助于代工企业综合地使用多种治理机制。

本研究具有较强的现实意义。对于多数代工企业来说，进行专用性投资是它们必须执行的任务，但在品牌客户的选择、专用性投资的规模和深度、治理机制的设计等方面，它们或多或少还是可以有所作为的。本研究将试图寻找对代工企业相对有效的治理机制。预期本研究可以为代工企业设计治理机制提供对策和建议，相关结论将有助于代工企业更加有效地选择合作伙伴，帮助它们进行理性的专用性投资，有助于它们通过专用性投资获得最大限度的能力提升。

本研究试图在以下几个方面做出理论贡献，主要包括：

（1）理论上以委托制造为主题，立足于代工企业的研究很少（杨桂菊和阎海峰，2007）。近年来，大陆学者立足于代工企业的研究成果虽然日见增多，但多限于一般性的理论探讨，采用定量研究的成果屈指可数，运用定性研究方法（如扎根理论、案例研究法）对中国企业的实际状况进行深度分析的成果更是凤毛麟角。本研究立足于代工企业，可以在一定程度上推动以代工企业为立足点的相关研究，预期本研究的实证结果可以丰富已有的经验证据。

（2）从代工企业的角度研究专用性投资效应相当罕见。本研究通过对各类学位论文数据库以及中国期刊网、EBSCO、ABI/Inform 和 JSTOR 等中外期刊论文数据库的检索，仅发现三篇与此相关的论文，均出自中国台湾学者（徐蕙菁，2004；Sun，2006；Wang，Huang & Lee，2001）。不过，这三篇论文仅仅考察了交易专用性投资的正面效应，没有考虑负面效应，并且对于这些效应的调节机制没有给予应有的重视。因而，研究证据不够全面，结论的深度有限。本研究试图填补这一理论空缺（gap）。本研究试图全面地理解代工企业的专用性投资对于它们借助于品牌客户的能力构建活动的作用机制。

以代表正面效应的"企业间合作"和代表负面效应的"客户的机会主义行为"为中介来构建理论模型和实证模型，并在实证检验的基础上对理论模型进行修正，使得相关的作用机制明晰化。

（3）对"合同完备性"、"客户的专用性投资"、"整体代工能力"、"客户声誉"和"关系型规范"等治理机制的理论探讨和实证研究可以在某种程度上加深理论界对于各种治理机制适用情境的认识水平。每一种治理机制有它独特的适用情境。本土代工企业身处新兴市场和国际交换的环境中，并且往往是实力相对弱小的交易方。这就使得一些对强势企业有效，对某些在国内交易环境、特定国别环境、特殊文化环境或独特产业环境中有效的治理机制可能不再适用于本土的代工企业。本研究借鉴了营销渠道和供应链研究领域的相关成果，综合考虑了多种可能适用于代工企业的治理机制，并依据资源依赖理论指出，整体代工能力可能是抑制品牌客户的机会主义行为、促进伙伴间合作的因素之一。本研究预期，这一在逻辑上可行但尚需实证检验的因素可以丰富理论界对治理机制具体种类的理解。此外，本研究还将对考察的部分治理机制之间的关系进行初步的理论探讨，希望可以丰富已有的理论成果，加深学者们对这一问题的理论认识。

（4）本研究的实证结果和相关结论可以从一个侧面来回答正备受学界关注的组织间竞争优势（interorganizational competitive advantage）来源的问题。Dyer 和 Singh（1998）指出，企业间关系对于理解竞争优势的来源日益重要，关系专用性资产、知识共享惯例（knowledge-sharing routines）、互补性资源和能力的整合以及有效的治理机制等共同构成组织间竞争优势的四大来源。本研究的分析单位是国际代工关系，这是一种典型的组织间关系。按照本研究的假设，代工企业从这种组织间关系中获得能力提升的效果直接取决于企业间合作水平和客户的机会主义行为，而这两者又受到代工企业为代工关系投入的交易专用性资产和治理机制的影响。可以看出，本研究需要解决的问题属于 Dyer 和 Singh（1998）提倡深入研究的领域，理论框架也有类似的地方，并且使用了他们构建的理论框架中的部分概念，预期本研究的结论可以从一个侧面、部分地检验 Dyer 和 Singh（1998）提出的理论框架。

1.4 研究过程与研究方法

1.4.1 研究过程

本研究在对以代工企业为对象的研究以及交易专用性投资的效应和治理机制研究进行理论述评的基础上，构思了主要目标和主要内容。接着，综合运用交易成本理论、资源基础理论、资源依赖理论、关系交换理论和动态能力理论提出了理论假设，构建了本研究的理论模型，并形成了包含中介效应和调节效应的综合性实证模型。然后，通过问卷调查的方式来收集样本，分别对中介效应假设以及调节效应假设进行实证检验，对检验结果进行分析和讨论，在此基础上，对理论模型进行了修正。最后，本研究总结结论，阐释了可能的理论贡献，探讨了研究结论的管理实践启示，并指出了不足之处以及未来的研究方向。

1.4.2 研究方法

本研究采用定量研究方法。研究者通过问卷调查的方式来收集样本。抽样方式为非概率抽样，依靠研究者本人以及导师、朋友、同事、同学的人际关系进行"滚雪球"调研，共获取有效问卷158份。为检验关于中介效应的假设，本研究构建结构方程模型，通过 Lisrel 8.7 进行验证性因子分析，估测"代工企业的专用性投资"、"企业间合作"、"客户的机会主义行为"及"能力构建"等量表的效度和信度，并根据修正建议和理论逻辑对测量模型进行必要的调整；随后，建立结构模型，比较各种竞争性模型和样本数据的拟合度，并结合相关的理论来选择最终的中介效应模型。本研究采用多元调节回归分析法（moderated multiple regression，MMR）来检验各种治理机制对于代工企业的专用性投资和企业间合作、客户的机会主义行为以及能力构建效果之间关系的调节效应假设，所用统计软件为 SPSS 13.0。本研究首先分析自变量、因变量和调节变量量表的效度和信度，并对包含控制变量在内的所有变量进行描述性统计和相关性分析，然后对通过 K-S 检验、Durbin-Waston 值检验、强影响点检验以及多重共线性检验的线性回归结果进行分析，根据相关标准确定是否存在显著的调节效应。如果调节效应的显著性水平在边际显著以上，本研究将根据相关的偏导函数来绘制影响效应图，并运用分组回归来阐释调节效应的存在形式及作用大小。本研究在中介效应假设检验以及调节效应假设检验的基础上，对最初的理论模型进行了修正。

1.5 主要概念界定

概念是所有研究领域的核心，概念界定的重要意义在于它清楚或隐含地界定了该领域的研究对象和焦点，从而成为理论演绎的基础。下面，本研究将界定"交易专用性投资"和"机会主义"的内涵。

1.5.1 交易专用性投资的内涵

交易专用性投资（transaction-specific investments），又称关系专用性投资

(relationship-specific investments),是指行为主体为了特定交易伙伴而进行的投资,这种投资如果用于他途则会出现价值下降的现象(Williamson,1991)。“交易专用性投资”是从“资产专用性”衍生出来的概念,是交易者为了执行同特定交易伙伴的交易而投入的具有专用性的资产。由于“交易专用性投资”和“资产专用性”存在着密切的联系,理解了其中的一个概念就意味着掌握了另一个概念,而“资产专用性”概念受到了系统的论述,所以,为避免赘述,学者们一般只是简单地给出“交易专用性投资”的定义。基于这样的考虑,本研究重点介绍“资产专用性”这一概念。

资产专用性是 Williamson 刻画交易特征所使用的三大维度之一。它是指一项资产可调配用于其他用途的程度,或由其他人使用而不损失生产价值的程度。在交易成本经济学的代表人物 Williamson(1985)看来,资产专用性是区分各种交易的最重要标志,也是使交易成本经济学与解释经济组织的其他理论相区别的最重要的特点。他指出:“虽然只是对有限理性或投机问题来说,以及存在不确定性时,资产专用性才显出其重要意义;但主要就是由于这个资产专用性具有的预测作用,才推动了交易成本经济学的发展。”(1985 年,第 84 页)在 Williamson 之前,艾尔弗雷德·马歇尔(1948)、雅各布·马尔沙克(1968)、贝克尔(1962)以及迈克尔·波兰尼(1962)都曾直接或间接地提到了在劳动过程中会产生的特有的人力资本。如:马歇尔(1948)指出,特殊雇员对其长期工作的单位往往有特殊的效用,“……如果他因此辞职,企业此后的损失额有可能比付给他的薪水高出几倍,而他本人另谋职业时的薪水可能不及原薪水的一半”(1948 年,第 626 页)。Williamson 的贡献是通过下面三点推进了这方面的认识:① 资产用途的专用性有多种形式,人力资产的专用性只是其中之一;② 资产的专用性不仅引发复杂的事前动态反应,而且更重要的是,还触发复杂的事后治理结构的反应;③ 由于要对所有形式的经济组织进行研究,因此,各种形式的经济组织都成了交易成本经济学可以利用的素材(王国顺、周勇和汤捷,2005)。

为了更好地理解资产专用性的特征及效应,学者们尝试着对它进行了归类(见表 1.1)。Williamson(1985)指出,资产的专用性至少可以分为四种类型:地点专用性、实物资产专用性、人力资产专用性以及贡献资产专用性(dedicated asset specificity);在此基础上,Williamson(1991)又增加了另外两种类型,即品牌名称资产专用性和时间专用性;Wang, Huang 和 Lee(2001)重点研究了贡献资产专用性、IT 专用性和流程专用性;徐惠菁(2004)将专用性分为流程专用性、领域知识专用性、贡献人力专用性以及物

表 1.1　交易专用性投资（资产专用性）的分类

来　源	具体类型
Williamson(1985)	地点专用性、实物资产专用性、人力资产专用性、贡献资产专用性
Williamson(1991)	地点专用性、实物资产专用性、人力资产专用性、贡献资产专用性、品牌名称资产专用性和时间专用性
Subramani 和 Venkatraman(2003)	有形资产专用性（包括实物资产专用性和地点专用性）、无形资产专用性（业务流程专用性和知识领域专用性）
徐惠菁(2004)	流程专用性、领域知识专用性、贡献人力专用性、物质资产专用性
Wang、Huang 和 Lee(2001)	贡献专用性、IT 专用性和流程专用性

质资产专用性等四种类型；Subramani 和 Venkatraman（2003）为了突出无形资产专用性的重要程度，将资产专用性分为无形资产专用性和有形资产专用性，无形资产专用性包括业务流程专用性和领域知识专用性（domain knowledge specificity），有形资产专用性则包括实物资产专用性和地点专用性。

1.5.2　机会主义的内涵

机会主义是交易成本经济学关于人性的基本假设之一，由 Williamson（1975）首先提出。机会主义是一种带有狡黠性质的自私自利（Williamson，1975，1985）。按照 Williamson（1985）的界定，机会主义是一种最强烈的追逐私利，包括典型的损人利己，如撒谎、偷窃和欺骗，往往还包括其他形式。除了 Williamson 之外，其他学者也从不同的角度对机会主义的内涵进行过论述。Barney（1990）指出，机会主义是一种关于行为导向的假设，即如果条件许可的话，决策者可以不顾一切地寻求私利，它使得人们很难事先判断他人的可信程度。Luo（2006）将合作关系中的机会主义界定为“一方以牺牲另一方的利益为代价追求单方面收益的行动或行为，其手段包括违反明确的或隐含的协议、实施单方的控制、隐瞒或扭曲信息、撤回承诺或允诺、推脱义务、攫取共同收益，等等”。从学者们的相关论述可以看出，机会主义既是关于人们行为倾向的假定（如：Williamson，1975，1985；Barney，1990），也是关于人们特定行为的归类（如：Williamson，1985；Luo，2006，2007）。机会主义倾向是指人具有投机取巧、为自己谋求更大利益的倾向，机会主义行为则是指不完整或歪曲地透露信息，尤其是旨在造成信息方面的误导、歪曲、掩盖、搅乱或混淆的蓄意行为（王国顺、周勇和汤捷，2005）。

根据交易成本经济学的理论逻辑，由于受制于有限理性的制约，专用性投资有时可诱发具有机会主义倾向的行动者表现出各式各样的机会主义行为。机会主义行为在业界的实践中屡见不鲜,本研究在表1.2中列举一些实例。

按照发生的时间来划分,机会主义可以分为签约前机会主义和签约后机会主义,分别对应于信息经济学所说的逆向选择(adverse selection)和道德风险(moral hazards)。

表1.2 实践中的部分机会主义行为

作者和来源	案　例
李映东和李继红(2006),西南民族大学学报	中石化的子公司茂炼股份对茂化实华进行要挟,切断原材料来源,使之接受有利于中国石化及其子公司的价格条件
Peter Hwang(2006), Journal of Economic Behavior & Organization	在零部件供应商做出专用性投资之后,克莱斯勒公司要求它们将价格降低2.5%
Wilkie, Mela 和 Gundlach (1998), Marketing Science	供应商提供有吸引力但不诚实的条件,比如:承诺出售他们并不真正愿意出售的产品或服务
Murry 和 Heide (1998), Journal of Marketing	制造商—零售商关系:零售商展示用于促销的材料,但并不兑现原先的协议
Walton(1997), Fortune	买方—供应商关系:Lear公司故意向福特公司歪曲报告其真实的技能和资源
Klein(1996), Economic Inquiry	买方—供应商关系:费舍尔公司通过改变内部的生产流程来利用它与通用汽车公司签订的成本加成协议
The Economist(1996)	内科医生给病人开出过量的昂贵药物

按照实施者的行为主动性来划分,机会主义可以分为主动(active)的机会主义和被动(passive)的机会主义。被动的机会主义指的是实施者采取一种"不作为"(比如:应该并且能够告诉事情的真相却隐瞒不报,逃避应该履行的义务)的姿态从而造成损人利己的后果;而主动的机会主义指的是实施者为了谋求单方面的利益而从事的"主动作为",包括故意制造并传播虚假信息、积极开展合同条款里明确禁止的活动。

按照违反的契约类型来划分,机会主义包括强形态(Ⅰ型)机会主义和弱形态(Ⅱ型)机会主义(Luo,2006),分别对应于Wathne和Heide(2000)所说的明显的机会主义(blatant opportunism)和关系契约下的合法机会主义(lawful opportunism under relational contracting)(Williamson,1991)。为论述方便,本研究以下仅提Ⅰ型机会主义和Ⅱ型机会主义。Ⅰ型机会主义指的是违反已经在合同的主要文本以及后续的各种补充材料中明确提及的契约准则,而Ⅱ型机会主义是指违反没有在合同文本中明确提出但蕴含在特定关系中并被所有成员隐含认可的关系型规范(relational norms)。Ⅰ型和Ⅱ型机会主义是并存的,因为任何订立了合同的交易除了经济内容之外,还包含社会性的成分。长期导向的交易实质上是“关系型契约(relational contracts)”(Macneil,1978)或“社会性契约(social contracts)”(Granovetter,1985)。基于这样的考虑,那些在形式上遵从合同文本的要求但违反了缔约原则(如:互惠、公平和动态适应性)的行为,也属于机会主义,即所谓的Ⅱ型机会主义。

1.6 本书的篇章结构

全书共分八章,具体的篇章结构安排见图1.1。

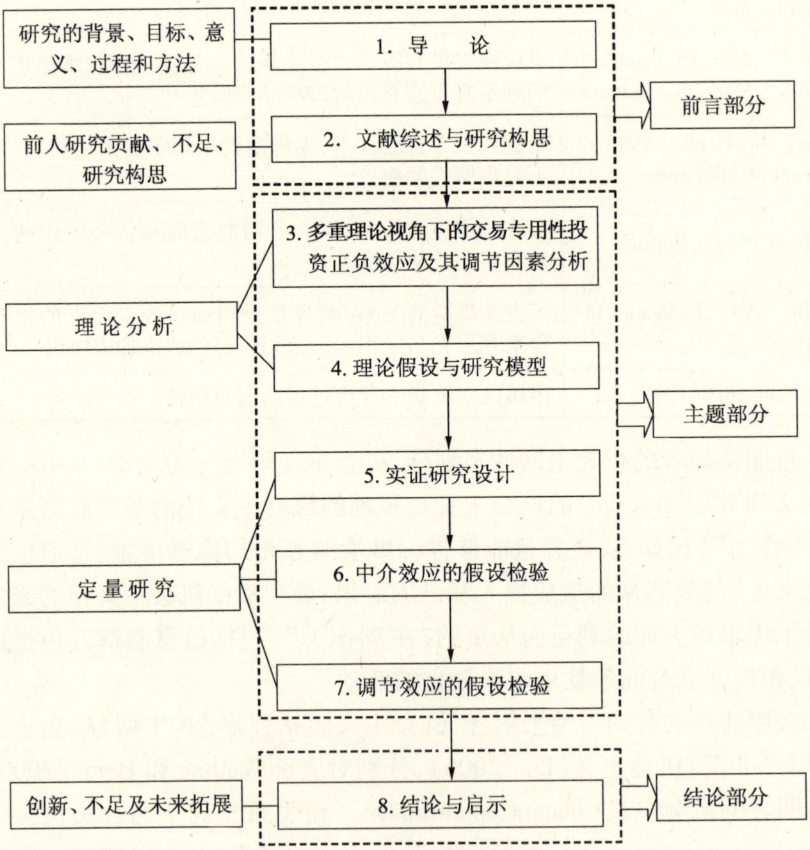

图1.1 本书的篇章结构

第一章是全书的导论部分。本章介绍了本研究的实践背景和理论背景，然后提出研究目标、研究的现实意义和预期的理论意义，并且概括性地陈述了本研究的主要过程和研究方法，界定了“交易专用性投资”和“机会主义”这两个核心概念的理论内涵，并扼要地介绍了本研究的篇章结构安排。

第二章对相关的研究成果进行理论综述，并介绍研究构思。首先，对和代工企业相关的研究进行理论述评，指出相关研究的三大主题，并评估理论界在这三大主题上的研究进展和不足之处；接着，阐述专用性投资正面效应、负面效应及治理机制方面的研究成果，详细论述四种类型的治理机制，并指明有待进一步研究的四个领域；最后，基于上面两部分的文献综述，详细介绍本研究的构思过程和拟研究的内容。

第三章运用多重理论视角来剖析代工企业专用性投资的正面效应、负面效应及治理机制。本章简要阐述交易成本理论、资源基础理论、资源依赖理论和关系交换理论等四种相关的理论，并用这些理论来解读交易专用性投资的效应以及本研究拟考察的五种治理机制的调节作用。在此基础上，论述上述四种理论视角的融合对于构建理论框架和实现研究目标的必要性和可行性。以上四种理论视角和动态能力理论一起构成了本研究所采用的五种理论视角。

第四章提出理论假设并构建研究模型。综合运用交易成本理论、资源基础理论、资源依赖理论、关系交换理论和动态能力理论等五种理论视角来建立理论假设，分析代工企业的专用性投资影响其借助于品牌客户开展能力构建活动的路径，并探讨影响代工企业的专用性投资和能力构建、企业间合作以及客户的机会主义行为之间关系的调节因素。在此基础上，建立包含中介效应与调节效应的综合性理论模型和实证模型。

第五章是实证研究设计部分。首先，阐述样本选取的标准、问卷发放和回收的方式以及样本的数量、回收率等情况，并从样本企业、代工业务以及问卷填答者的角度来分析样本的特征；随后，依次论述代工企业的专用性投资、企业间合作、客户的机会主义行为、能力构建、合同完备性、客户的专用性投资、整体代工能力、客户声誉以及关系型规范等 9 个变量的测量方法；最后，介绍实证检验的内容、程序和方法。

第六章是中介效应假设检验部分。本章运用结构方程模型进行中介效应的假设检验。首先，进行验证性因子分析，验证潜在变量的逻辑结构，并对拟合度较差的测量模型进行合理的修正；随后，通过对基本模型和竞争性模型与样本数据拟合度的分析和比较选择最终的模型；在此基础上，分析各变量之间的作用机制及影响效应,并基于实证结果对原有的理论模型进行修正。

第七章是调节效应假设检验部分。本章运用多元调节回归分析法依次分析合同完备性、客户的专用性投资、整体代工能力、客户声誉和关系型规范对于代工企业的专用性投资和企业间合作、客户的机会主义行为以及能力构建效应之间关系的调节作用。在本章的讨论部分,首先分析假设检验的结果,随后分析四种有效治理机制之间的相互关系,在此基础上,根据第六章和第七章实证检验的结果对第四章构建的理论模型进行了修正,正式提出描述代工企业的专用性投资和能力构建之间关系的权变模型。

第八章是全书的结论部分。本章通过理论分析和实证研究得出的主要结论,评估可能的理论贡献;然后,从代工企业经营管理的角度提出若干条管理建议;最后,指明了本研究的不足之处,并探讨了未来的研究方向。

1.7 本章小结

本章是全书的导论部分,介绍了本研究的实践背景和理论背景,然后提出拟回答的问题,说明了本研究的现实意义和预期的理论意义,并且,概括性地陈述了研究的主要过程和研究方法,随后,界定了"交易专用性投资"和"机会主义"这两个核心概念的理论内涵,在最后部分,扼要地介绍了全书的篇章结构安排。

第二章

文献综述与研究构思

本章对以代工企业为对象的研究以及交易专用性投资的效应和治理机制研究进行理论述评,阐述主要理论成果及未来的研究方向。在此基础上,介绍本研究框架构思的理论基础。

2.1 以代工企业为研究对象的相关研究

代工(subcontracting)通常表示企业之间由于生产(或部分生产)产品或服务而缔结的一种合同关系(苏卉,2008)。Holmes(1986)将代工定义为"企业向另一独立企业发出要求,后者遵照其所提供的规范及设计要求生产产品或组件、零部件的业务安排"。基于职能分工以及核心能力上的差异,代工业务可以分为多种类型,常见的有 OEM、ODM、CEM 等。OEM(original equipment manufacturing),也称"贴牌生产",意指受托厂商按委托厂商的委托合同加工制造产品,使用委托厂商的品牌,由委托厂商销售或经营的生产方式。ODM(original design manufacturing)的重点在设计上,也就是按照委托企业的要求,除了生产组装外,还进行产品设计,但仍不使用本企业的品牌,也不负责产品的销售。CEM(contract electronics manufacturing)原本以负责组装电子设备为主,但已逐渐演变成全套服务供应商,竞争优势在于其卓越的制造能力、较高的技术层次、完善的物流配送系统及后勤管理能力等,能提供客户一整套完整的解决方案。在代工的契约安排下,发出代工要求的委托制造企业往往是品牌客户,而接受代工要求的供应商则被称为代工企业。

理论上以委托制造为主题,立足于代工企业的研究很少(杨桂菊和阎海峰,2007)。欧美的经济管理类顶级期刊上鲜见以代工企业为研究对象的学术论文,不过,中国台湾和中国大陆的学者在这方面还是做了不少富有成效的工作:台湾学者自 20 世纪 90 年代初即开始这方面的研究,成果颇丰;大陆学者的研究起步较晚，但正在快速跟进。总的来看，研究主题主要集中在以下三个方面：① 代工企业的能力要素及能力提升研究；② 代工企业的转型研究；③ 客户关系管理研究。

2.1.1 代工企业的能力要素及能力提升研究

根据资源基础理论，拥有某些富有价值的、独特的、难以模仿、难以替代、难以流动的资源和能力是企业获取持续竞争优势的关键。强大的企业能力有助于代工企业同国际品牌客户建立并发展长期的合作关系。从这个意义上说，探讨代工企业的能力要素具有较强的实践意义。那么，代工企业到底应具备哪些主要能力呢？学者们多从国际品牌客户挑选供应商的标准来回答这一问题。从资源基础论的理论视角出发，在代工的合作模式下，国际品牌客户之所以发出代工订单就是因为它们在制造这一价值活动上不再具有相对竞争力，要想稳固与客户的关系，代工企业必须在产品开发的速度、价格、品质和交货期上具有最基本的竞争力（孙扬澄，2003）。关于代工企业能力的构成要素，比较有代表性的观点来自于黄铭章（2002），他综合了Das 和 Teng（1998）等人的观点，指出，整体代工能力包括产品设计研发能力、产品生产制造能力、国际运筹管理能力、关键零组件采购能力和财务能力。孙扬澄（2003）在博士论文中的观点与黄铭章（2002）相似。相比于黄铭章（2002）和孙扬澄（2003），杨桂菊（2006）界定的代工企业竞争力内涵更加丰富。她基于资源基础论、资源依赖理论与网络理论等三种理论视角指出，代工企业的竞争力是一个三维构念，包括专业代工能力（类似于黄铭章所说的“整体代工能力”）、可替代程度以及合作关系的建立和发展能力。

除了能力的构成要素外，学者们还特别关注了代工企业提升自身能力的战略路径问题。代工企业可以通过敏锐的市场判断（徐秀琴和刘维新，2006）、增强组织控制能力（徐秀琴和刘维新，2006；杨桂菊，2006；何彩满，2005）、专用性投资（Wang，Huang & Lee，2001）、组织学习（孙扬澄，2003；黄延聪，2002）和跨组织学习（陶锋和李诗田，2008；苏卉，2008；黄延聪，2002）等机制提升竞争力。其中，跨组织学习受到了较多的重视。学者们研究得最多的跨组织学习路径是通过代工活动向国外客户学习先进的技术和管理知识。Hobday（1995）较早通过实证研究证实了台湾地区电子信息产业通过OEM 和 ODM 等合作模式学习与吸收了国外的先进技术，强化了台湾地区厂商的生产制造体系。黄延聪（2002）提供了类似的支持证据，他发现台湾地区厂商通过吸收品牌客户的产品开发知识，增强了自身的产品开发能力，并且，他还研究了影响产品开发能力提升的具体因素，指出：组织间互动强度和信任程度与合作过程中的知识获取效果呈正相关关系。最近，大陆学者陶锋和李诗田(2008)的研究丰富了相关的经验证据,他们选择了电子信息制造业代工最为典型的广东省东莞市105家代工企业作为实证研究对象,结果表明,学习倾向、知识复杂性、厂商间信任等因素对知识溢出和学习效应产生了显著影响。苏卉(2008)从知识移出方的角度进行分析,指出代工合作是高新技术业先进企业全球战略的一部分,在权衡代工合作中知识转移的合作收益与关键知识被模仿和替代风险的基础上,先进企业有动力进行一定程度的知识转移。他进行的实证研究显示,知识接受方特性是影响知识转移效率的最为关键的因素;知识转移渠道的直接影响作用较弱,但其所发挥的中介作用却得到了实证数据的部分支持;情境因素对于知识特性、知识来源方特性以及知识接受方特性作用的发挥起着显著的支持作用。当然,代工企业不可过于依赖品牌客户的知识转移作用,因为客户一般会有意识地将知识转移的范围限制在完成代工业务的实际需要,所以代工企业除了开展与品牌客户之间的跨组织学习之外,它们还需要从其他组织那里学习并吸收新知识。Horng和Chen(2008)发现,代工企业总部向其关键子公司的学习有助于它们实现从OEM/ODM向OBM的转变。需要指出的是,跨组织学习对于提升企业自身能力非常重要,但必须与组织学习相结合,才能有效地把从外部转移过来的知识内部化为企业自身的知识。黄延聪(2002)研究了代工企业对外部知识进行内化的过程及其决定因素,基于对台湾地区信息电子产业150个跨国代工联盟的实证研究表明,代工厂商内部参与联盟的任务团队之知识处理程度越高,厂商越能通过联盟强化自身的能力。

2.1.2 代工企业的转型研究

转型是每个代工企业都必须面对的战略挑战,它指的是代工企业从价值链的制造活动环节向研发、采购、分销甚至广告和品牌经营等其他价值活动的延伸,具体表现为从OEM-ODM,OEM-ODM-CEM,OEM-ODM-OBM到OEM-ODM-CEM-OBM等多种升级路径。从OEM,ODM,CEM到OBM,企业参与的价值活动数量顺次增加,其组织控制能力和市场议价能力也在逐步提高。当然,这样的升级历程往往是艰巨的,尤其是当企业试图创立自主品牌时,它们往往会面临内在的资源短缺压力以及来自国际品牌客户的巨大压力,基于这样的考虑,学者们(如:许基南,2007;杨桂菊,2006;徐秀琴和刘维新,2006;何彩满,2005)建议代工企业应遵循一种渐进的升级策略。

对于代工企业是否要升级,学者们的回答是一致肯定的;但是否一定要升级到自主品牌模式(OBM),我们则可以从文献中看到三种不同的观点。第一种观念认为,代工意味着微薄的利润和巨大的风险,因此代工企业必须升级到 OBM。例如，许基南(2007)借鉴刘常勇(2003)构建的“落后地区苦笑曲线”认为，代工企业实施品牌战略，创建自主品牌，是其必然的选择。第二种观点强调，是否要创建自主品牌应视情况而定。徐秀琴和刘维新(2006)指出，代工并不必然意味着“微利”，郭台铭坚持代工却取得骄人业绩的“鸿海模式”就是例子；这两位作者认为，代工企业应综合考量产业环境以及企业的自身实力，从而决定是否要从代工模式转型到自主品牌模式。杨桂菊(2007)比较深入地探讨了代工企业自创品牌行动的适用情境和决策思路。她聚焦于国际代工背景下的本土代工企业，以竞争优势理论、产业生命周期理论以及价值链等理论为基础，构建了代工企业自创品牌的决策分析框架，并以中国台湾厂商为例进行分析，指出代工企业可以通过综合分析产业生命周期阶段、市场竞争状况等外部环境以及从事的主要价值活动等内部资源与能力进行战略决策定位，发展自创品牌。第三种观点认为代工企业应坚持代工和自主品牌并行的策略。夏先良(2003)指出，从宏碁、格兰仕、三星、GE、IBM 等公司的经验来看，做品牌与做 OEM 是相辅相成的。单纯做品牌或者 OEM 风险都较高，做品牌与做 OEM 可以并行不悖，分散风险。汪建成、毛蕴诗和邱楠(2008)采用案例研究方法归纳出格兰仕从“OEM-OEM/ODM 并存到 OEM/ODM/OBM 并存”的国际化路径，他们指出：“自主品牌和 OEM 并不相悖。保存 OEM 业务可以为自主品牌的发展积累技术、资金和管理能力等。国际自主品牌建设的一大难点在于很难准确地把握当地的需求，无法领导或跟上当地市场的潮流。而代工恰恰可以使得企业掌握产品与海外市场的动态，为自有品牌今后在国际市场上的推出夯实基础。”

此外，学者们还针对代工企业在升级过程中应采取的应对策略提出了许多真知灼见。许基南(2007)论述了代工企业在 OEM-ODM-OBM 的过程中应予以注意的战略要点：在 OEM 阶段，代工企业品牌战略的要点是通过实施成本领先的战略，通过规模经济和不断提高效率，争取更多的外包业务和代工订单，建立和强化生产与制造流程中的优势；从 OEM 转向 ODM 的阶段，要从成本领先战略逐步转向产品差异化战略；从 ODM 转向 OBM 的阶段，实施产品差异化战略，企业通过组织学习，独立承担“微笑曲线”的两端——产品创新和品牌经营这两个环节。杨桂菊和阎海峰(2007)指出，代工企业往往会陷入“代工”和“自创品牌”的两难境地，代工企业可以通过创立自主品牌的零部件，将代工与自创品牌业务分离，将自主品牌与品牌客户的产品在市场、区位及产品定位上拉开距离，增加学习能力等途径来规避创建自主品牌所可能带来的风险。汪建成、毛蕴诗和邱楠(2008)指出，本土企业如果想以 OEM 为桥梁,在发展中逐步向 ODM 和 OBM 迈进的话,那么它们从建立之初就应当具有自己的技术战略,尽快学习并掌控核心技术,并且要将技术的投入和生产的规模优势紧密地结合起来。

2.1.3　代工企业的客户关系管理研究

代工的合作模式是不是战略性的合作?如果强调实质的合作方式,如长期的相互依赖、控制的互相牵制、伙伴之间的持续贡献等(Das & Teng, 2003),代工的合作模式就不能算是组织之间的一种战略合作,正因为如此,代工的合作模式在组织间战略合作的研究中是常被忽略的(杨桂菊和阎海峰,2007)。Das 和 Teng(2003)认为,如果代工的伙伴双方建立在长期合作基础上,共同投入资源,则代工模式应该从战略合作的角度加以研究。黄铭章(2002)指出,代工的合作模式下,关系双方都是独立的厂商,它们有正式或非正式的关系,基于相互之间的需要可以发现有长期的合作关系,彼此有相容的目标,有共同研发和其他相互配合的行为,因此,不应将代工双方的合作排除在战略联盟之外,甚至于可以从战略联盟的角度来审视代工企业和品牌客户之间的关系。刘志彪(2005)认为,国际品牌客户与代工企业进行合作,是基于代工企业设计与制造产品的竞争优势,而代工企业在与国际品牌客户的互动合作中,不仅限于短期营利,还具有知识获取、能力提升的战略动机。杨桂菊和阎海峰(2007)断言,代工对合作双方而言,已不再是单向的契约协议,而是一种组织之间的战略合作,有必要运用战略联盟理论对代工模式进行深入研究。综合上面的各种观点可以看出,学者们至少没有完全否定代工模式的战略性,甚至认为代工双方就是一种战略联盟的关系。

既然代工关系具有或多或少的战略性,那么,如何使代工企业从这种关系中获得最大的战略利益就是一个值得探究的问题。在代工的合作模式下,代工企业与品牌客户的依赖程度是不对称的,前者一般面临较大的关系风险。学者们强调,互信的合作关系(杨桂菊和阎海峰,2007)或对称的互赖关系(黄铭章,2002)可以较好地降低关系风险。那么,怎样构建理想的代工关系呢?学者们对此问题也进行了一定的研究。黄铭章(2002)认为,可以从提高顾客的转换成本、促进伙伴关系的发展着手,这可以使得双方的关系由不对称的单边依赖转变为双边依赖。徐蕙菁(2004)认为,关系专用性投资有助于增强双方的关系资本、促进共同决策并且推动准一体化(quasi-integration),进而降低代工企业的风险感知水平,增强国际品牌客户的依赖性。郭子维(2003)指出,了解代工关系的发展与变化有利于协调代工企业对于资源与策略的选择,他探讨了技术知识特性、产业特性与代工供应商能力对于代工关系强弱的影响,其所得结论对于代工企业的经营实践具有一定的启示意义。周俊和薛求知(2008)指出,以往以代工关系为研究对象的研究存在两大缺陷：① 往往只关注到关系的竞争性或合作性,不足以充分反映代工关系中同时存在的竞争与合作这对张力。② 一般隐含地假设国际品牌客户都是些巨型企业,认为代工关系的管理目标应该是合作关系的延续(黄铭章,2002)或维系代工关系的稳定(苏卉和孟宪忠,2007)。这种认识不能反映代工企业面临的现实情况和需要,代工企业应根据具体情况区别对待它们的国际客户,一味地追求"友好"或"长期"的关系并不总是有效率的。这两位作者基于竞合的理论视角,分析了影响竞争性和合作性水平的因素;并根据竞争与合作水平的不同,将代工关系分为疏远型、竞争型、伙伴型和综合型四种类型,探讨了这些关系类型在关系维护成本、稳定性、短期超额收益、知识获取、关系破裂的危害等方面的不同特征,初步分析了其适用情境;最后,从代工企业的角度,提出了一个蕴含权变思想的决策框架,认为竞合水平应该与代工企业所处的决策情境相适应,代工企业需要通过调整影响竞合水平的一些可控因素,从而获得理想的竞合水平。

2.1.4 简短的述评

以上简要论述了学者们在"代工企业的能力要素及能力提升"、"代工企业的转型"、"客户关系管理"等三大主题上的主要理论成果。这三大主题并非孤立而是彼此紧密关联的:代工企业可以通过有效的治理机制来提高组织间的关系租,从而实现提升能力和促进转型的目的;而能力提升是代工企业成功转型的基础,这两者又对代工关系的性质产生某种影响。这三个主题对于代工企业改善经营均具有很强的现实意义,而且,这三个主题上的理论研究都存在着继续推进的需要。就代工企业能力提升方面的研究来说,代工企业对国际品牌客户"溢出"的知识进行内部知识处理的过程基本上还是个"黑箱",运用定性研究方法(如扎根理论、案例研究法)对转化过程及其影响因素进行分析是相当必要的。就代工企业转型研究而言,国内学者多限于一般性的理论探讨,如果能够从实践中寻找到典型的经验证据或者运用数理方法探讨转型的临界条件,则无疑会加深我们对这一问题的认识。至于客户关系管理方面的研究,多数学者倾向于刻板地分析代工双方的关系性质,甚至将追求"友好"或"长期"的关系视为终极目的,这不能反映代工企业的现实需要;针对客户关系管理,学者们分析了一些关系治理机制的效应,但这些治理机制之间的关系、适用条件甚至治理机制对于关系利益的作用机制都还没有得到充分的研究。这些都是目前理论的空缺所在,构成了未来研究的方向。

2.2 交易专用性投资的效应及治理机制研究

学者们重点研究了交易专用性投资的前因、效应及治理机制。考虑到研究目的,本研究只对专用性投资的效应及治理机制方面的理论成果进行述评。“交易专用性”、“资产专用性”最初由交易成本经济学家引入,被用来分析由于资产专用性的增加可能导致的机会主义、“锁定(Lock-in)”等后果。可以说,交易成本理论家集中关注的是交易专用性投资的负面效应,不过,他们针对专用性投资的正面效应也提出了虽不完全但比较深刻的理论见解,他们从规避风险或降低成本等角度出发,认为专用性投资提高了交易者的长期合作动机。但这样的解释只是基于“风险”或“成本”,忽视了专用性投资的价值创造(value creation)效应。尽管交易成本理论家认为,专用性投资具有生产性(Williamson,1985),能够创造可占用性准租(Klein、Crawford & Alchian,1978),但他们就专用性投资的价值创造效应的观点在相关成果中是十分零散的,只体现为寥寥数语,甚至仅仅是隐含意义上的。总的来说,由于研究目标和理论前提的限制,交易成本理论家对专用性投资的正面效应没有给予足够的重视,几乎忽略了对专用性投资的价值创造效应的研究。直到 1990 年代,在 Zajac 和 Olson(1993)以及 Dyer(1996a,1996b,1997)等人的研究推动下,专用性投资的正面价值特别是其中的价值创造效应才得到了越来越多的重视。除了研究专用性投资的效应以外,学者们还探讨了专用性投资的治理机制。哪些因素、哪些手段可以抑制专用性投资的负面效应,并且(或者)增强专用性投资的正面效应?这是具有重大理论意义和实践意义的问题。通过对治理机制的探索,专用性投资效应的权变观点正为越来越多的学者所采纳。

下面,本研究分别对交易专用性投资的负面效应、正面效应以及治理机制等三个方面的研究进行理论综述。

2.2.1 交易专用性投资的负面效应研究

交易成本理论家对交易专用性投资的负面效应进行了深入的理论探讨和广泛的实证研究。根据交易成本理论,专用性投资最直接的、最主要的负面效应就是可能引发交易参与者的机会主义行为。Williamson(1975,1985)以及 Klein,Crawford 和 Alchian(1978)对上述命题分别给出了不完全相同但相互补充的理论解释。

Williamson(1975)指出,交易的小数(small-numbers)特征会造成一种双边垄断问题。在双边垄断的情形下,交易参与者有动力去从事使得各方总体利润最大化的交易，但同时它们也倾向于花费大量的资源就交易发生的价格进行讨价还价。如果小数交易发生的市场环境是动态变化的，那么重复发生的讨价还价行为就会不断出现。Artz 和 Brush（2000）针对 393 家 OEM 企业的实证结果支持了 Williamson 的上述论断，他们发现：资产专用性和环境不确定性直接增加了它们和 OEM 供应商之间的协调成本（coordination cost）。除此之外，Williamson 在 1975 年出版的经典著作《市场和层级组织》一书中还特别阐述并区分了交易的事前小数（ex ante small numbers）和事后小数（ex post small numbers）特征。按照 Williamson（1975，1985）的理论逻辑，在交易发生之前和发生伊始，交易可能具有大数（large-numbers）特征，交易者可能拥有很多可以相互替代、彼此竞价的潜在交易对象，但一旦交易的一方或多方投入了巨额的专用性资产，具有“大数”条件的交易就会带有“事后小数”的特征。也就是说，专用性投资可能会使交易转变为“小数”交易，如果交易发生的环境具有较强的动态性，那么，专用性投资就会带来较多的讨价还价行为，具有机会主义倾向的交易者就有可能采取机会主义行为，利用这些重新议价的机会来谋求更多的私利。需要特别注意的是，Williamson 认为，交易专用性投资只是机会主义行为的诱因之一，只有在交易者同时具有有限理性特征和机会主义倾向，并且交易面临较大不确定性的时候，机会主义行为才会变成现实。

Klein，Crawford 和 Alchian（1978）则用“可占用性准租（appropriable quasi rents）”的概念来解释专用性投资对机会主义行为的影响。根据他们的定义，可占用性准租的大小等于承租人最优使用的价值与另一承租人次优使用的价值之差额。他们认为，在一项专用性投资之后，就会产生这种准租金，出现机会主义行为的可能性也就更大。

可以看出，Williamson 和 Klein 等人在对交易专用性投资与机会主义行为之间的关系的认识上是基本一致的。不过，他们之间的观点至少存在两方面的差异。第一，产生机会主义行为的物质诱因不同。Klein，Crawford 和 Alchian（1978）认为交易方就可占用性准租展开争夺；而 Williamson（1979，1985）认为，环境的变化导致专用性投资所带来的额外收益发生变化，交易方会就这种收益的增量部分的分配进行策略性的讨价还价。第二，Williamson 的理论框架更具一般性。Klein，Crawford 和 Alchian（1978）的逻辑推理隐含地认为交易者具有机会主义倾向和有限理性特征，并且交易环境是充满不确定性的，而这只是 Williamson 交易成本经济学里设想的情形之一。聂辉华和李金波(2008)表达了类似于 Williamson 的权变观点，指出专用性投资并不必然带来“敲竹杠”行为。他们深入分析了企业理论研究中非常经典的费雪-通用案例，通过建立一个简单的模型，探讨了不同博弈环境下费雪敲竹杠的可能性，指出：在完全信息静态博弈中，只要存在资产专用性，费雪一定会对通用敲竹杠；在不完全信息重复博弈中，只要博弈的期限足够长，对任意小的类型概率，费雪在一期之前不会对通用敲竹杠；在完全信息无限重复博弈中，当合作收益足够大时，费雪不会对通用敲竹杠。

从专用性资产的投资方来看，由于专用性投资只在某特定交易中具有最高的价值，而一旦用于他途则价值受损，因此，专用性投资给投资方造成了一定的转换成本，使得它(们)无法在不遭受损失的情况下灵活地将专用性资产从一种交易关系转移到另一种交易关系。依据资源依赖理论，投资方的专用性投资增加了它(们)对接受方的依赖程度，理性的接受方有可能利用投资方对它们的这种依赖，以此作为谈判的筹码，来攫取更大份额的可占用性准租，发生机会主义行为。理性的投资方也会意识到自身的脆弱性(vulnerability)，会以怀疑的心态对待专用性投资的接受方。Hwang(2006)通过建立博弈模型指出，在缺乏充分信任和有保证的未来的情境下，投资方担心被接受方压榨的程度随着专用性投资的增加而增加。Jap 和 Ganesan(2000)发现，零售商的关系专用性投资与它感知到的供应商承诺水平负相关。曲敏霞、吴雪和韩文静(2008)提供了类似的经验证据，她们以 2006 年大连“国际汽车博览会”和“服装博览会”参展的部分分销商为样本，发现分销商专用性资产投资与它们感知到的供应商长期导向负相关。如果没有相应的约束或激励措施，对利益的渴求最终将导致接受方机会主义行为的发生，以对方的损失为代价获取自身的利润(Klein,1996)。也就是说，如果专用性投资方没有相应的治理措施，这种倾向无疑是可以恰当预期的(Achrol & Gundlach,1999)。高维和、黄佩和王震国(2006)调查了两家上海汽车制造企业的部分销售商，实证数据揭示汽车销售商的专用性投资会导致制造商渠道销售行为。

2.2.2 交易专用性投资的正面效应研究

学者们透过交易成本理论对专用性投资的负面效应进行了比较深入的探讨，相对来说，交易成本理论家对专用性投资的正面效应则较少触及，仅有的代表性研究成果包括 Williamson(1983,1985)和 Chung(1992,1998)等。需要强调的是，尽管专用性投资的正面效应不是交易成本理论研究者探讨的重点，但他们对这一问题还是给出了虽不全面但很深刻的论述。交易成本理论家认为，专用性投资可充当交易的质押物(hostage)，投资者可以通过专用性投资向交易伙伴提供可置信的承诺(credible commitments)(Williamson,1983,1985;Chung,1992,1998;杨柳和夏瑛,2007)。一旦投入，投资者就会形成自我实施(self-enforcing)的单边协议,形成不断进行交易的自我约束激励,同时,如转换用途即会贬值的交易专用性投资也构成了持续参与的信号,参与方以此主动约束自身的机会主义行为,自我施加合作破裂的潜在成本(惠双民,2002)。从投资接受方的角度来看,它们会倾向于认为,进行了专用性投资的交易伙伴更值得信赖,进而改善它们对交易延续的预期。Anderson 和 Weitz(1992)以 378 对制造商和分销商的关系为研究样本,结果发现:进行专用性投资是一种有效的立誓(pledge)方式,对接受方来说是一种承诺信号,可提高接受方对投资方关系承诺的感知水平。类似的成果可见于 Heide 和 John(1990),他们发现,OEM 供应商的专用性投资提高了原始设备制造商对双方关系的持续性预期。这里需要特别指出的是,交易成本理论家眼中的“关系承诺”和“关系持续性预期”是纯粹的经济意义范畴,不包含任何的社会性成分。从投资方的角度来看,专用性投资虽然增加了对方发生机会主义行为的概率,但也在一定程度上起到稳定交易对象的作用。根据 Williamson(1985)的理论逻辑,交易专用性投资在增加投资方转换成本的同时,也增加了接受方在转换交易对象时所需额外支出的成本,他指出:“……这种做法(供应商进行专用性投资)的后果也往往是互惠的:因为如果买方转而求助于其他供应商,他不仅得不到理想的实物资产,而且即使能买到非专用资产,其生产成本也将非常高。”(1985 年,第 91 页)转换成本的增加使得接受方不大可能十分轻易地选择退出交易,从而有可能使交易的性质由大数条件转换为小数特征,形成双边垄断或竞争的格局。Chung(1992,1998)提供了相关的支持性证据。他指出,买卖关系可能会因为第三者的介入而中断,正式合同中规定的违约赔偿金通常不能有效制止潜在违约者可能发生的违约行为,为避免对方违约,交易者可以进行过量的专用性投资,以此增加对方所需支付的违约成本,从而降低被淘汰出局的可能性。总之,根据交易成本理论家的观点,对接受方来说,专用性投资是投资方作出的一种可置信承诺,可提高接受方参与合作的信心,进而有可能创造一种基于经济理性的相互信任;对投资方来说,专用性投资可以提高接受方的转换成本,对于维护现有的交易关系有一定的积极作用。

可以看出,交易专用性投资为交易提供了某种质押或承诺,并且增加了交易参与方的转换成本,从而提高了交易者的长期合作激励。当然,交易成本理论家的上述论述只是从规避风险或降低成本等角度论述的,对于专用性投资的价值创造(value creation)效应,交易成本理论则没有给予足够的重视。Klein,Crawford 和 Alchian(1978)用“可占用性准租”来描述专用性投资的价值创造效果,但对于创造这种可占用性准租的内在机理只字未提。交易成本理论的集大成者 Williamson 也很少专门论述专用性投资的价值创造效应。在 Williamson 的研究成果里面，专用性投资的价值创造效应要么体现为寥寥数语（Williamosn，1985），要么体现为简单地引用前人的成果（Williamson，1979）。可以说，交易成本理论家对于专用性投资价值创造效应研究的独特贡献是微乎其微的。这方面的理论进展主要来自于那些采用其他理论视角的研究者。从 20 世纪 90 年代开始，随着学者们越来越多地认识到交易成本理论只关注“成本节约”（Zajac & Olson，1993）所带来的局限性，在资源基础理论和网络理论的影响下，学者们开始正式关注专用性投资的价值创造效应，诞生了一批有较强学术影响力的研究成果（Dyer & Singh，1998；Dyer，1996a，1996b，1997）。

随着研究的推进，专用性投资的正面效应特别是价值创造效应方面的经验性证据不断涌现。Asanuma（1989）最早提供了这方面的支持性证据，他阐释了日本的汽车制造商和它们的供应商构建的关系专用性技能（relation-specific skills）是如何为合作参与方创造超额利润和竞争优势的。Parkhe（1993）以 111 家企业间联盟为研究样本，结果显示：联盟中的不可逆（nonrecoverable）投资有利于满足成员的重大战略需要，并且提高了间接的绩效指标。类似地，Saxenian（1994）发现，惠普以及其他硅谷公司通过与地理位置相近的供应商发展长期伙伴关系从而大大提高了绩效，她指出，地理位置的接近极大地促进了企业之间的合作，使得它们能够更好地适应高科技产业日益动态复杂的技术要求。Jap（1999）指出，专用性投资（idiosyncratic investments）和协调努力（coordination effort）一起构成了买卖方“扩饼（pie-expansion）”活动的要素，对 220 多个买卖方的实证研究表明，专用性投资提高了渠道的利润表现和竞争优势。国外对专用性投资的价值创造效应研究得最为透彻的当属 Dyer（1996a，1996b，1997）。他用比较详实的数据对比了美日两国的主要汽车企业与其供应商之间在专用性投资水平、治理机制以及关系绩效方面的差异，为我们提供了很多有价值的经验证据，并且，Dyer 及其合作者基于原有理论，结合最新的经验数据，提出了不少有创造性的理论见解和关键概念［如：Dyer & Singh（1998）提出的“关系租金”］，提升了学界对于相关问题的理论认识水平。他指出，与美国汽车产业的价值链相比，日本汽车产业的价值链具有更高水平的交易专用性投资，不同于交易成本理论的预测，前者在交易成本上却低于后者（Dyer，1996b）；当保障机制（safeguarding mechanisms）独特且任务活动具有较高水平的相互依赖时，地点专用性降低了相关企业的库存成本，而人力资产的专用性则提高了产品的质量并缩短了新模型的开发周期（Dyer，1996a）。我国的台湾学者以当地代工企业为调研对象，提供了进一步的支持证据。Wang，Huang 和 Lee（2001）综合运用动态能力理论和交易成本理论，认为专用性投资通过促进共同行动进而支持投资者的能力构建活动，他们取得了来自台湾地区信息产业代工企业的 110 份有效问卷，通过结构方程模型分析得出，代工企业的贡献专用性（dedicated specificity）显著促进了代工双方的共同行动，并显著改善了它们的能力构建活动；IT 专用性（IT specificity）显著增加了双方的共同行动；而流程专用性（process specificity）对共同行动没有显著的促进作用，但对代工企业的能力构建具有显著的支持作用。徐蕙菁（2004）、Sun（2006）以 OEM/ODM 供应商为调查对象得出了类似于 Wang，Huang 和 Lee（2001）的结论，只不过徐惠菁（2004）将共同决策、关系资本和准一体化作为代工企业保护专用性投资免受侵害的保障机制。

除了这些支持性的经验证据之外，Dyer 和 Singh（1998）试图加深学者们对专用性投资的理论认识。他们提出了"关系租金"（relational rent）的概念，指出关系租金是由交易各方联合创造的超常利润，它无法由单个企业独立创造，而只能来自于特定的联盟伙伴之间的联合专属性贡献（idiosyncratic contributions）。按照 Dyer 和 Singh（1998）的理论命题，企业间的关系专用性投资、知识共享惯例、互补的资源或能力以及有效的治理机制等共同构成了联盟关系租金的来源。这篇论文的观点相当新颖，但相关论点的推导过程则稍显薄弱。Dyer 和 Singh（1998）在论述"专用性投资有利于创造关系租金"的部分，其理论逻辑不够清晰，相关的论据多是一些经验性证据的堆砌。

什么是交易专用性投资创造价值的内在原因？对此问题，学者们（包括交易成本理论家）给出了一些答案。产品共同设计（John & Heide，1990）和共同开发（Sun，2006）、共同计划（Palay，1984）、共同决策（Subramani & Venkatraman，2003；徐惠菁，2004）以及协作性共同努力（collaborative joint efforts）（Claro，Claro & Hagelaar，2006）可能在交易专用性投资和最终绩效之间发挥着中介的作用。例如：Wang，Huang 和 Li（2001）发现了代工双方的共同行动在代工企业的贡献专用性和它们借助于品牌客户的能力构建活动之间承担着桥梁作用。尽管学者们对于专用性投资价值创造的内在机理有了某种程度的认识，但总的来说，相关的理论认识尚不够深刻、不够系统，而且，这方面的实证研究还是比较欠缺的。

2.2.3 交易专用性投资的治理机制研究

根据上面的文献综述，一方面，交易专用性投资有可能诱发交易者特别是接受方的机会主义行为并增加交易成本；另一方面，专用性投资具有促进交易各方参与合作的潜在可能，并且具有价值创造的效应。效应的两面性增加了投资决策的复杂程度。交易方需要思考两个不同却紧密关联的问题:① 是否应该进行交易专用性投资? ② 是否存在有效的手段和方式能够使得专用性投资的正面效应得到增强,而负面效应受到抑制? 在这两个问题中,第二个问题是比较关键的,回答了第二个问题就可以在很大程度上回答第一个问题,因为是否应该进行专用性投资取决于是否存在有效的手段和方式使得投资方能够获得最大的关系利益。本研究使用"治理机制"(governance mechanisms)来界定能够实现上述目的的手段和方式,它是一个比"保障机制"(safeguarding mechanisms)更广义的概念。保障机制主要用来规避或减弱专用性投资的负面效应,保护投资方免受机会主义的威胁,而治理机制不仅用于抑制负面效应,还可能具有提高正面效应的作用。尽管有这样的区别,治理机制和保障机制在具体的种类上还是存在着相当多的重合。研究者采用交易成本理论、关系交换理论和资源依赖理论等理论视角,提出了各式各样的治理机制,大致可以归纳为以下四种类型:法律规制型、组织管理型、经济制约型、关系导向型(表 2.1)。

表 2.1 治理机制的类型和具体方式

类　型	具体方式
法律规制型	长期合同、排他性的合同、明确的合同
组织管理型	纵向一体化、共同行动、伙伴甄选和监控
经济制约型	准一体化、弥补性专用型投资、交互投资、质押、声誉
关系导向型	信任、关系型规范、关系延续性

1. 法律规制型的治理机制

法律规制型的治理机制是指交易方通过签订长期的(Joskow,1987)、排他性的(Meza & Selvaggi,2007)、明确的合同(Jap & Ganesan,2000)来达到规范交易过程的目的。合同延续期的长度体现了交易参与者的关系承诺,给专用性资产的投资方一个有利可图的预期;排他性的合同可以限制投资方在一定范围内的竞争对手数量,保障专用性投资产生的可占用性准租不因竞争的加剧而耗散;而明确的合同由于详细规定了交易的细节以及交易者在多种可能的情况下可以做出的选择,所以可以约束交易参与者的行为,限制风险的发生范围,并且,交易者可以在合同中约定有针对性的、各方认可的原则、程序和方法来增强他们应对变化的能力。实证研究表明,资产专用性会增加合同的复杂性(Joskow,1998;Poppo & Zenger,2002);资产专用性的增强也会促使交易者试图延长合同的期限。Joskow(1987)研究了美国煤矿企业和发电厂之间签订的277份供应合同，结果发现：美国东部的煤矿企业和发电厂之间的资产专用性高于中西部的，而中西部的又高于东部的；因此，与西部的煤炭企业相比，东部的煤炭企业利用与燃烧特定煤型的发电厂之间的锁定效应进行敲诈的难度较大（即锁定效应不强），这导致西部的交易者比东部的交易者更愿意寻求长期契约关系的保护，而中西部的情况介于两者之间。尽管有理论和证据支持长期的明确合同在制约机会主义行为方面的作用，但也有相当多的研究质疑这一说法。Williamson（1985）借鉴Macneil（1978）对合同的分类，将签约类型分为古典式签约方法、新古典式签约方法和关联式签约方法。古典式签约依靠正式的协议和法律原则来执行交易。Williamson（1985）认为，这种古典式签约方法只适用于非专用性的投资，当资产专用性达到一定水平时，交易者就要转而依靠新古典式签约（三方治理）和关联式签约（双边治理和统一治理）等方法。按照Williamson（1985）的理论逻辑，当交易专用性达到一定程度时，单纯依靠长期的明确合同往往不能取得很好的效果。依据相关的研究，本研究将其中的原因归结为以下四种。第一，机会主义行为包括两种，第一种是违反合同的机会主义行为，第二种是不违反合同但违反交易各方隐含的心理契约的机会主义行为。第一种，违反合同的行为可以考虑通过法律的途径来规制，而第二种，没有违反合同仅仅违反心理契约的行为是无法通过法律来约束的。第二，在不同的国家，法律的效力是不一样的。发展中国家、欠发达国家的法律制度不完善，法律执行力度有限，这使得在这些国家，法律的作用可能远远达不到理想的水平。第三，由于人们的理性程度是有限的，而外部环境充满着不确定性，交易者之间的信息又是不对称的，这就导致人们的认知力很难穿透复杂的外部世界，因此，不可能在交易发生前就准确地预期未来可能发生的所有情况，这样，再详细周密的合同也不可能科学地规定在各种可能的情形下交易者的应对方案。合同的效力受到限制的最后一种原因在于，合同具有潜在的负面效应。签不签正式合同，何时签合同，合同细化到什么程度，这是很有讲究的。有的时候在合同问题上不能太较真，太仔细，否则，其结果可能会适得其反。签订过于明确的合同往往会被视为对交易伙伴的一种不信任，破坏交易者之间的合作氛围，甚至会滋生机会主义行为（Ghoshal & Moran，1996）。基于以上的论述，可以发现，合同在一定的情境下可以充当一种有效的治理手段，但在某些情境下，单纯依靠合同则可能会产生不少的问题。法律规制型的治理机制在什么样的情境下适用？跟其他治理机制存在什么样的关系？这些都是有待进一步探讨的问题。

2. 组织管理型的治理机制

组织管理型的治理机制是指交易参与者运用行政体系或具有行政体系部分功能的方式来实现对其他交易参与者的激励与约束功能。这类机制一般通过营造长期导向的交易氛围、运用奖惩制度和减少信息不对称等行政或类似行政的方式来实现既定的目标。具体方式包括纵向一体化(Williamson,1985；Klein, Crawford & Alchian,1978；Santoro & Mcgill,2005)、共同行动和决策(Subramani & Venkatraman,2003；徐惠菁,2004)、伙伴甄选和监控(Stump & Heide,1996；Feirud,Bell,Widing Ⅱ和 Heide,2007；Lai,Liu,Yang,Lin & Tsai,2005)。

(1) 纵向一体化。纵向一体化是指在生产工序上处于上下游关系的两个企业之间的合并,实践中像炼铁厂和炼钢厂的合并、煤矿和发电厂的合并都是这样的例子(李元旭,2000)。纵向一体化是用内部组织代替市场从而发挥行政体系在节约交易成本和抑制机会主义方面的优势。

Klein,Crawford 和 Alchian(1978)在《纵向一体化、可占用性准租与竞争性缔约过程》一文中指出,在其他条件相同时,资产专用性越强,可占用性准租就越高,当资产专用性超过某一水平时,缔约成本的增加将超过纵向一体化的成本。因此,可占用性的准租越高,专用性资产由交易者共同或联合所有的一体化的可能性就越大。当然,虽然 Klein,Crawford 和 Alchian(1978)的结论与 Williamson(1985)相吻合,但他们仅仅使用资产专用性来刻画交易的特征,其理论逻辑不像 Williamson(1975,1985)那样严密。Williamson(1975)指出,内部组织相对于市场机制的优势在于以下五点:① 当复杂、权变的合同条款不可行,持续的单纯市场交易关系危害较大时,内部组织便于交易者对决策作出持续的调整,从而规避有限理性的不利影响;② 在面临现实或预期的“小数”交易关系时,内部组织有助于减弱机会主义行为;③ 内部组织孕育一致的期望,从而降低不确定性;④ 在内部组织中,信息阻塞(information impactedness)更容易被克服,即便出现也不太可能产生战略性行为;⑤ 内部组织有时会产生更加令人满意的交易氛围。交易专用性投资提高了交易参与者的转换成本,使得各方都不会十分轻易地退出特定的交易,“不想牺牲这种宝贵的专用性交易所带来的利益”(Williamson,1985年,第 109 页),这有利于交易关系的稳定。由于有限理性和不确定性的联合作用,专用性投资造成了交易关系持续期的延长,使得交易各方很难在签约前就准确预期未来可能发生的各种情况,交易者也就不可能在合同中约定好所有的细节。在合同被执行的过程中,必然出现一些合同条款没有涉及或考虑不够的事项,在这种情况下,为确保交易能够持续进行,必须修改合同。由于牵涉到各方的利益分配，合同的修改绝不是一蹴而就的事情，需要采取某种方式使得交易者可以按照各方都能信赖的条款作出调整，从而减小机会主义发生的危险。纵向一体化的优点在于“它能适应一系列连续的变化，无须不断地寻找、设计或修改临时性协议。只要双方的所有权统一起来就能保证双方都得到最大的利益”（Williamson，1985，第110页）。但由于纵向一体化涉及较高的设立成本（set-up costs）、官僚主义成本以及高水平激励的维持成本，因此，纵向一体化并不总是在交易专用性投资水平较高时交易者的理想选择。Williamson（1985）从交易频率和投资的专用性程度两大维度对交易进行分类，把交易频率分为三类，即一次性的、偶然性的以及经常性的，把资产专用性的水平也一分为三，即非专用性的、混合式的以及高度专用性的。按照Williamson（1985）的观点，只有当投资具有高度专用性并且交易频率是经常性的时候，交易才一定要采用统一治理的模式，即进行纵向一体化，这是因为只有当交易频率很高时，纵向一体化的额外成本才能得到有效的分摊。

上述论点得到了大部分经验性证据的支持。最有名的证据来自Klein、Crawford和Alchian（1978）的一篇经典论文，他们在文章中描述了费雪车身公司和通用汽车公司的案例，指出费雪车身公司利用通用汽车公司由于专用性投资而产生的弱点，对通用汽车公司敲竹杠，通用公司为了免受对方机会主义行为的威胁，最终并购了费雪车身公司。李映东和李继红（2005）讲述了类似的案例：中国石油化工有限公司的控股子公司茂炼股份向茂名实华供应原料液态烃，茂名实华所拥有的加工液态烃的石化装置属于专用性投资，这种专用性投资催生了茂炼股份的机会主义行为，它以中断原料供应来威胁茂名实华，要求提高价格。双方僵持近5个月，最后以茂名实华作出妥协而达成和解，并且茂名实华将四套专用装置转让给贸联股份。除了案例研究法之外，学者们还运用统计分析法检验上述命题，多数研究支持“专用性投资的水平和纵向一体化策略正相关”这一观点。研究发现，资产专用性和自有销售渠道的使用（Anderson & Coughlan，1987；Anderson & Schmittlein，1984；John & Weitz，1988；Anderson，1985）、内部制造的开展（Monteverde & Teece，1982；Lieberman，1991；Maltz，1994）以及层级组织的运用等手段正相关，这些结论完全支持上述命题。另一些研究则对该命题提供了部分的支持，包括Maltz（1993），Masten，Meehan和Snyder（1991），他们发现，只有人力资产专用性与相应的内部化行为正相关。

尽管有很多经验性证据支持纵向一体化的作用，但纵向一体化也存在不少的局限性。归纳起来，有以下三条：① 内部组织并不总是能够更好地规避机会主义行为。Klein, Crawford 和 Alchian(1978)指出，纵向一体化不能完全避免契约问题，企业可以被有效地视为一个非常复杂的非市场的契约网络，并有着与其十分相似的力量。Pfeffer 和 Salanznick(1978)将内部组织视为自由缔约人的集合，一旦意识到组织内部的个人、部门的利益本位主义，内部组织对机会主义行为的抑制作用就值得进一步思考了。② 组织内部的交易不一定始终是高效率的。即使是高度强调内部组织对机会主义抑制作用的 Williamson 也意识到了内部组织的局限性，他在《资本主义经济制度》一书的第六章专门探讨了层级制的官僚主义成本和激励成本，指出，选择性干预没有办法使得一体化实现适应性的收益却不用承担任何损失；把交易从市场转移到企业内部，往往会损害激励的作用(Williamson, 1985)。③ 纵向一体化一般不适用于实力较弱的交易方。执行纵向一体化策略需要交易者具有较强的财务实力和管理能力，小鱼吃大鱼的现象不是没有，但比较少，而且其中的绝大多数都以失败而告终。因此，本研究认为，不应过高地评估纵向一体化的作用。

(2) 共同行动。共同行动是指交易者为了共同的目标而联合开展一些活动，是对组织边界的相互渗透(Heide & John, 1990)。它涉及包括产品设计和开发(Sun, 2006)、成本结构分析(徐惠菁, 2004; Dowst, 1998)和长期计划(徐惠菁, 2004; Claro, Claro & Hagelaar, 2006)等在内的一系列活动。学者们虽然在研究中使用的具体构念和测量方法有所不同，但他们一致认为共同行动可以作为一种治理机制。原因有两点：首先，共同行动有利于参与者及时获取和交易相关的信息(Heide & John, 1990; Subramani & Venkatraman, 2003)，提高侦查交易对象机会主义行为的能力，并且，共同行动可以增强专用性资产的投资方参与(Subramani & Venkatraman, 2003)并影响对方决策的能力，从而可以保护专用性投资免受对方机会主义行为的侵害(Claro, Claro & Hagelaar, 2006; Heide & John, 1990; Subramani & Venkatraman, 2003)。Leenders 和 Blenkhorn(1998)指出，为了减小风险，在与供应商的关系中进行了专用性投资的企业将会设法参与原本属于供应商专有领域的活动。实证研究表明，产品共同设计(John & Heide, 1990)和共同开发(Sun, 2006)、共同计划(Palay, 1984)、共同决策(Subramani & Venkatraman, 2003; 徐惠菁, 2004)以及协作性共同努力(collaborative joint efforts)(Claro, Claro & Hagelaar, 2006)均可以减小机会主义行为的影响。其次，除了保障功能之外，共同行动还具有提高专用性投资价值创造效应的作用。共同行动使得交易者可以识别并把握各种潜在的机会(Dyer & Singh, 1998)，参与并影响交易者的活动，从而确保专用性投资被用于最恰当的用途中。

(3) 伙伴甄选和监控。伙伴甄选是指交易者按照特定的标准和程序来筛选在能力和动机方面符合特定条件的交易对象，它可以部分地解决由于信息不对称和机会主义倾向所导致的逆向选择和道德风险问题。通过伙伴甄选，交易者可以实现双重目标：① 排除缺乏相应技能和合作动机的潜在交易对象；② 为潜在的交易对象提供自选择(self-selection)的机会，因为只有具备相应能力和意愿的交易者才更有可能参与需要它们支付额外成本的甄选过程(Stump & Heide,1996)。相关的研究发现，交易者的专用性投资与它们对潜在交易对象的甄选活动显著正相关(Stump & Heide,1996；Lai、Liu,Yang,Lin & Tsai,2005)，甄选活动与被甄选方的机会主义行为显著负相关(Lai,Liu,Yang,Lin & Tsai,2005)。伙伴甄选是一种签约前活动，它能够减少能力不足或动机不纯的潜在交易对象参与交易的可能性；而监控则是一种签约后活动，是指交易者通过监督交易过程和(或)结果使得交易对象遵循契约的要求。监控的作用机制体现为：从行为的角度来看，监控过程本身向被监控对象施加了社会压力，从而提高其服从性(Murry & Heide,1998)；从经济的角度来看，监控增加了交易者识别机会主义行为的能力以及根据交易对象的行为以适当的方式奖惩交易对象的能力(Wathne & Heide,2000)。尽管存在上述积极作用，监控活动仍存在潜在的负面效应，监控可能会侵犯被监控方的自主权，往往会被理解为一种不信任的信号，反而有可能诱发被监控者的机会主义行为。由于同时存在正反效应，研究监控效应的实证结果往往并不一致甚至自相矛盾。Heide, Wathne 和 Rokkan(2007)的研究有所深入。他们将监控分为结果监控(output monitoring)和行为监控(behavior monitoring)，指出结果监控的正面效应大于负面效应，行为监控则正好相反，因此，结果监控抑制被监控方的机会主义行为，而行为监控则助长了这种行为。并且，Heide, Wathne 和 Rokkan(2007)认为，监控的效应还受到社会契约的影响：当交易方之间存在共同认可的社会契约时，被监控方比较容易接受对方的监控，因而负面效应较小。他们据此提出假设：当交易者之间存在微观层次的社会契约时，企业的行为监控降低了伙伴的机会主义行为，而结果监控对伙伴机会主义行为的抑制作用会更加显著，该假设得到了实证结果的支持。

除了论证伙伴甄选和监控这两种手段的作用以外，一些学者还着重研究了它们之间的相互关系，试图回答“互补”还是“替代”的问题。Stump 和 Heide(1996)考虑到交易方节约治理成本和防范监控潜在负效应的需要，认为买方对供应商能力和动机的甄选活动与买方对供应商的监控活动相互替代。但实证结果并不支持该假设，实证结果显示：对供应商动机的甄选活动与买方施加的监控活动没有显著的相关性，但对供应商能力的甄选活动与监督活动显著正相关。这表明，对供应商能力的甄选活动与监督活动呈互补关系。对此结果，Stump 和 Heide（1996）给出的解释是，买方可能更看重控制的需要，而不是单纯地考虑成本收益的对比情况。Feirud，Bell，Widing Ⅱ和 Heide（2007）对伙伴甄选和监控的相互关系开展了进一步的研究。他们利用“动态甄选能力”和“动态监控能力”的概念指出，在甄选过程中采用并被更新的标准可以用作监控标准，而在监控过程中采用并被更新的标准又可以用于甄选活动。基于这样的理论逻辑，他们明确提出，从动态发展的观点来看，伙伴甄选和监控之间是互补的关系。当然，尚没有学者对这样的理论假设进行实证检验。

3. 经济制约型的治理机制

经济制约型的治理机制是指运用经济的手段来激励约束专用性投资接受方的各种方式。当存在这类有效的治理机制时，专用性投资的接受方会因为合作的行为而得到丰厚的经济回报，也会因为机会主义行为而丧失可能的经济利益或增加运作成本。因此，这类机制具有自我执行（self-enforcing）的特征，其运行成本较低，执行效果却比较显著。经济制约型的治理机制包括准一体化（Zaheer & Venkatraman，1994；Subramani & Venkatraman，2003；徐惠菁，2004）、弥补性专用型投资（Heide & John，1988；曲敏霞、吴雪和韩文静，2008）、交互投资（汪涛和秦红，2006；高维和、黄沛和王震国，2006；Vazquez，Iglesias & Bosque，2007；Jap 和 Ganesan，2000）、质押（Dyer，1997）和声誉（Dyer，1997）。

（1）准一体化。准一体化（quasi-integration）概念是由 Zaheer 和 Venkatraman（1994）及 Subramani & Venkatraman（2003）提出的。Subramani & Venkatraman（2003）将准一体化界定为“供应方和占主导地位的买方之间相互关联的程度”。本研究将他们的定义一般化，准一体化指的是交易参与者增强相互间业务联系的除所有权控制之外的其他一系列手段和方式。

准一体化与纵向一体化的区别在于：① 手段不同。纵向一体化的手段主要是所有权控制，而准一体化的手段是增强交易参与方之间的业务联系，包括增加交易的数量和比例。② 适用对象不同。除了少数例外情形，纵向一体化一般是较强的交易者采用的手段，而准一体化除了特别适合于较弱的交易方（Zaheer & Venkatraman，1994；Subramani & Venkatraman，2003；徐惠菁，2004）之外，还适合于较强的参与方，例如，一些大的采购商有意识地选择、培养一些战略性的供应商。

准一体化的治理作用体现在两个方面。第一，参与方进行的准一体化有助于发挥其专用性投资的潜在价值，这是由于专用性投资在某一特定关系中的价值要高于在其他交易中的价值，准一体化（如：扩大交易量）使得被用于交易的资源可以充分地发挥其使用效率。第二，专用性资产的投资方可以通过准一体化增强接受方对于它的依赖性（徐惠菁，2004），从而提高接受方的转换成本（Subramani & Venkatraman，2003），维持关系的稳定性。

需要说明的是，准一体化一般用“交易方同特定交易对象的交易量占其全部交易量的比例”来测量，这使得它与“贡献资产专用性”（Williamson，1985；Williamson，1991）相类似，造成了一定程度的概念混乱。

（2）弥补性专用型投资。弥补性专用型投资是专用性资产的投资方在上游或下游交易关系中做出用以抑制原专用性投资负面影响的专用性投资。如：已针对制造商做出专用性投资的分销商或代理商针对购买制造商产品或服务的顾客所做的专用性投资，包括发展与客户个人之间的关系、增加产品附加值以及在订购、运输和服务方面针对客户使用专门化流程（Heide & John，1988）。如前所述，由于进行了专用性投资，投资方对接受方的依赖关系有所增加，不对称的依赖关系将增加接受方发生机会主义行为的可能性。投资者可以通过弥补性专用型投资来增加接受方对于投资方的依赖，并减少投资方对于接受方的依赖，从而取得相对对称的交易关系，以达到稳定交易关系并抑制接受方机会主义行为的目的。相关的实证研究数量有限，但均支持上述结论。Heide 和 John（1988）最早研究了弥补性专用型投资的作用，他们发现，在与制造商的关系中做出了较多专用性投资的代理商会，尝试通过相应的专用性投资与制造商的最终顾客建立起紧密的联系，这种尝试会降低代理商对于制造商的依赖，因为代理商在必要时可以比较容易地找到能够替代原制造商的新委托商。曲敏霞、吴雪和韩文静（2008）的实证结果表明，虽然分销商专用性资产投资与供应商长期导向负相关，但分销商通过弥补性投资，可以增加供应商对关系的长期导向，并且，弥补性专用性投资还减弱了上述负向关系；在弥补性专用性投资达到一定水平之后，该关系会从负向转为正向。

（3）交互投资。交互投资是指专用性投资的接受方针对投资方做出的专用性投资。单边的专用性投资对于投资方来说是充满风险的，专用性投资较少甚至没有的接受方有可能发生比较明显的机会主义行为。但如果交易方都进行专用性投资的话，“相互间的质押”（mutual hostage taking）情形就会形成，通常会被视为相互的承诺，这会使得各方的行动焦点由机会主义行为转向相互的合作（Schelling，1960）。Zaheer 和 Venkatraman（1995）发现，交互投资和新产品开发领域的联合行动具有很强的相关关系。

Vazquez, Iglesias 和 Bosque(2007)以西班牙食品产业的制造商—分销商关系为研究样本,结果发现:交易伙伴的专用性投资并不直接影响该伙伴的机会主义行为,但对交易者的专用性投资与交易伙伴的机会主义行为之间的关系起着调节作用。高维和、黄佩和王震国(2006)发现了类似的调节作用,即汽车制造商的专用性投资负向调节了汽车销售商的专用性投资与汽车制造商机会主义行为之间的关系,不同之处在于,高维和等(2006)除了发现调节效应之外,还发现了汽车制造商的专用性投资对于它们自身机会主义行为的直接抑制作用。类似的支持证据还来自于汪涛和秦红(2006)。他们指出,在供应商专用性投资不断增加的情况下,(销售商)增加专用性投资可减少供应商的机会主义(协同效应);在供应商专用性投资很低的情况下,(销售商)增加专用性投资反而会增加供应商的机会主义(侵吞效应)。在供应商专用性投资不断增加的情况下,(经销商)增加专用性投资可以减少它们对供应商机会主义的感知(协同效应);在供应商专用性投资水平很低的情况下,(经销商)增加专用性投资反而会增加经销商对供应商机会主义的感知(侵吞效应)。值得注意的是, Jap 和 Ganesan(2000)通过研究得出了跟上述结果有所区别的结论。他们指出,以上调节作用的存在与否还取决于交易关系所处的阶段,他们将交易关系分为探索、构建、成熟和衰退四个阶段,认为只有在探索阶段,由于缺乏其他更有效的承诺手段,交互投资才被视为交易者参与长期合作的强烈信号,提高交易者感知到的其他交易方的承诺水平,这一假设得到了经验证据的支持。这一研究成果提醒我们,交互投资对机会主义行为和(感知到的)承诺水平等变量的影响还会受到其他情境因素的影响,这可能是未来的研究方向之一。

(4) 质押。质押是交易者用自己的财产来保障交易顺利进行的一种方式。如果提供了质押的交易方发生了单方面的违约行为,它们从该行为中获得的利益往往十分有限,甚至为负。常见的质押形式包括股权投资以及上文提到的交互投资。Smikta(1991)指出,进行了专用性投资的制造商可以要求供应商进行专用工具、设备和流程方面的投资,以获得由供应商提供的质押。这样,制造商的“结束关系”表示就成为一种可置信的威胁,从而制约了供应商潜在的机会主义行动。关于交互投资的质押作用,本研究已经做过探讨,这里不再赘述。股权投资作为一种质押形式被日本的汽车制造企业广泛采用(Dyer, 1997)。日本的汽车企业在它们的许多关键供应商中拥有少数所有权地位,供应商视此为汽车制造商作出的一种可置信承诺,它增加了制造商单方面违约的成本,并且显示了制造商长期合作的意愿,改善了买卖方关于未来合作的预期。

(5) 声誉。企业声誉是随着时间的流逝，利益相关者根据自己的直接经验、有关企业的行为以及其主要竞争对手的相关信息对企业做出的全面评价(Gotsi & Wilson,2001)。声誉是企业的无形资源，构成企业持续竞争优势的源泉之一(Barney,1991;Hall,1993);并且，正面的声誉可以帮助企业更好地获取外部的稀缺资源(Wernerfelt,1984)。由于受到信息不对称以及成本因素的制约，声誉往往可以充当选择合作者的标准。声誉好的企业发生机会主义行为的概率较小。原因在于：① 声誉好的企业一般是机会主义倾向较低的企业，声誉提供了一个将机会主义倾向较弱的企业从其他企业中识别出来的机会。② 撇开机会主义倾向不论，声誉好的企业有更强的积极性去维护自身的声誉。良好的声誉可以帮助它们获取外部的各种支持，但一旦发生侵害其他交易伙伴的行为，其声誉将受到损害，其获取外部资源的能力将受到削弱。也就是说，对于声誉好的企业而言，机会主义行为的成本往往大于声誉一般或较差的企业，因此，在其他条件相同的情况下，它们从机会主义行为中获得的净收益就比较小，从而发生机会主义行为的概率就较低。正因为如此，交易伙伴的正面声誉可以减轻交易者对"逆向选择"和"道德风险"的担心(Weigelt & Camerer,1988)，降低交易者在联结成本(bonding costs)和监控成本(monitoring costs)上的支出(Hill,1990)，并且增强交易者对关系延续性的信心，激发合作的动机，因而，交易伙伴的正面声誉与交易者从交易中所获得的收益正相关(Saxton,1997)。Dyer(1996b)指出，与美国的同类企业相比，尽管存在较高的专用性投资，日本的汽车零部件供应商和制造商仍然在交易成本方面占优；原因之一就在于高效的声誉机制发挥着积极的治理作用，主银行控制下的企业集团体系和汽车制造商的供应商协会使得任何一个发生了机会主义行为的交易者都将迅速地受到惩罚。

当然，声誉机制要发挥作用离不开一些特定的条件。首先，需要存在一个高效的声誉市场。在这样的市场中，交易伙伴的机会主义行为很容易被交易者和(或)其他企业观察到，并且，这类行为能够快速地在相关企业之间传播。Brickley, Smith 和 Zimmerman(1996)指出，纽约钻石市场中的质量欺诈非常少见，因为该市场被以色列裔的团体所支配，在这样的团体中，有关机会主义行为的信息往往被快速地传播。Hadfield(1990)发现了一个相反的情形，他指出，在特许经营中，特许方的声誉对潜在受许方的信息价值往往很低。声誉机制发挥作用的另一个条件是，声誉信息不能受到扭曲。有时，特定交易伙伴的声誉信息可能被操控。例如：Williamson(1991)指出，为了误导它(们)的竞争对手，企业往往不透露或扭曲地反映它(们)与其交易伙伴的交往经历。

4. 关系导向型的治理机制

关系导向型的治理机制是指交易者通过对关系的管理来实现创造价值并抑制对方机会主义行为的目的。一般来说,交易者之间的合作绩效由企业特定准租金、交易特定准租金以及协作特定准租金三种类型的租金决定(Madhok & Tallman,1998)。其中,协作特定准租金与交易参与者之间的关系性质密切相关,只有经过关系构建努力,与其他交易者建立了良性互动关系,才有可能将关注的重心从成本、机会主义行为转向针对未来价值的投资,才有可能获得协同效应。在关系导向型的治理机制研究方面,学者们考察了诸多不同但相关甚至重合的构念,具体包括:信任(Dyer,1997; Hwang,2006;Sun,2006)、关系型规范(汪涛和秦红,2006;Artz & Brush,2000;Jap 和 Ganesan,2000;Lai,Liu,Yang,Lin & Tsai,2005)和关系延续性(汪涛和秦红,2006;高维和、黄沛和王震国,2006;Rokkan,Heide & Wathne,2003; Hwang,2006)。

(1) 关系型规范。经济行为是嵌入在人际关系网络或跨组织网络之中的(Granovetter,1985),企业间的交易行为受到网络成员间主导规范的影响。主导规范是交易方的多数决策者共同的行为期望。规范往往在内容和总体导向方面存在着差别。根据 Macneil(1980)的分类,规范包括离散型规范(discrete norms)和关系型规范(relational norms)两种类型。离散型规范是交易伙伴关于竞争性互动的期望,在这种规范的主导下,交易者基本只看重个体利益,可能为了自身利益而牺牲其他交易方的利益。相反,关系型规范主导下的交易者看重利益的互惠性,提倡通过提高整体的收益来满足个体的利益需求。关系型规范可以改变交易者的行为导向,引导它们将关系管理的中心从防范负面行为转移到共同创造价值上来。依据 Heide 和 John(1992)的观点,关系型规范是一个包含柔性(flexibility)、信息交换(information exchange)和团结性(solidarity)等三个维度在内的高阶构念。柔性指的是交易者乐于随着环境的变化而作出调整的双边期望,使得交易关系始终保持着较强的建设性;信息交换指的是各方会主动地提供对伙伴有用的信息的双边期望,这可以降低信息的不对称;团结性指的是交易方高度重视整体价值的双边期望,它抵制追求单方面利益的行为。Lai,Liu,Yang,Lin 和 Tsai(2005)指出,制造商可以利用关系型规范抑制供应商的机会主义行为。Jap 和 Ganesan(2000)认为,关系型规范的使用与零售商感知到的供应商承诺正相关。更直接的证据来自 Rokkan,Heide 和 Wathne(2003),汪涛和秦红(2006)等。Rokkan,Heide 和 Wathne(2003)研究了关系型规范的“团结性”

维度对于投资方专用性投资与接受方机会主义行为之间关系的调节作用，对 198 对配对买卖关系的研究表明，当团结性规范较高时，专用性投资的增加将会降低接受方的机会主义行为，反之则相反。汪涛和秦红（2006）发现了类似的结果，他们指出，在高水平的关系型规范下，增加专用性投资可以减少供应商的机会主义（协同效应）；反之，在低水平的关系型规范下，增加专用性投资反而会增加供应商的机会主义（侵吞效应）。

（2）信任。信任是交易者对他方按承诺行动、诚实协商和不采取机会主义行为的期望。信任包含三大维度，即能力信任、正直信任和善意信任（Giffin，1967），能力信任是对被信任方实现绩效目标能力的感知；正直信任是期望被信任方遵守一系列双方约定的原则；善意信任是期望被信任方除了关注自身利益外，还有道德义务和责任来关注信任方的利益。信任的作用主要体现为以下三个方面。第一，信任可以作为一种社会控制机制，减少在其他类型的抑制机会主义行为的防卫机制上的投入，从而降低交易成本（Lado，Boyd & Hanlon，1997）。第二，信任提供组织间互动的认知和道德规则，降低交易中的不确定性，其中，善意信任使得交易者将保护交易伙伴的利益内化为自身的决策目标，可以减少交易参与者之间的压榨行为。Hwang（2006）构建博弈模型，指出当信任水平达到一定程度时，专用性资产的投资方对于被接受方压榨的担心程度呈指数级下降。Sun（2006）研究发现，在信任水平较高时，代工企业不太担心知识被客户泄露给其他代工企业，因而敢于与品牌客户联合开展新产品开发；随着信任水平的增加，代工企业专用性投资与联合新产品开发活动的正向关系不断增强。第三，信任可以促进互惠动机，激发交易者的承诺意识和承诺行为，有利于交易者之间形成长期的关系导向。Dyer（1997）指出，当信任水平达到一定程度时，专用性投资会被视为一种信任对方的信号，从而促进彼此的相互承诺行为。

（3）关系延续性。关系延续性指的是交易参与者对交易关系延续时间的预期。在大多数重要的交易关系中，交易伙伴对未来的关系有非常复杂的看法和期望，交易关系持续的时间长短很难预测。学者们多从经济理性的角度来考虑关系延续性的治理作用，分析逻辑可以大致归纳如下：如果关系延续性弱，交易者明确知道交易结束的时点，那么，这种情况下的交易决策属于有限次博弈，交易者会遭遇“囚徒困境”，做出不利于交易伙伴的选择；但如果关系延续性很强，交易者无法判断交易何时结束，这时的交易决策可以用无限次博弈模拟，在无限次博弈中，交易者的“背叛”会在下一轮博弈中受到伙伴的报复，这可能使得交易者从某一轮“背叛”中获得的额外收益低于由于伙伴的报复带来的损失的现值之和，这时，交易者背叛的可能性就比较小。基于上述分析，本研究可以合理地推断，当关系延续性很强时，交易专用性投资的接受方发生机会主义行为的概率比较小，因为接受方在某一轮的机会主义行为可能会受到投资方随后的报复，接受方从机会主义行为中的得益可能会小于它从随后的博弈中分配到的准租金的损失。高维和、黄沛和王震国（2006）指出，虽然销售商的专用性投资会导致制造商渠道投机行为，但这会受到渠道关系持续性的影响，即渠道关系的持续性会有效避免制造商的渠道投机行为。Rokkan，Heide 和 Wathne（2003）研究大体上支持这一论断。他们的实证结果表明：买方专用性投资对卖方机会主义行为的影响会随着关系持续性的不同而发生变化，即当关系持续性较高时，买方的专用性投资会降低买方的机会主义行为，而当关系持续性较低时，买方专用性投资的效应正好相反。需要指出的是，他们的实证结果发现，关系持续性对于卖方专用性投资与买方机会主义行为的关系没有类似的调节作用。为什么会出现这种不对称的效应？其中的缘由有待进一步探究。虽然学者们多从经济理性的角度来分析关系持续性的影响，但本研究仍然认为将关系持续性归入关系导向型的治理机制比归入经济制约型治理机制更为合适，这是因为关系持续性本身是交易者对于交易关系的主观判断，是用来表示关系性质的，与交易者之间的信任程度、关系型规范等概念密切相关。这里，本研究对单纯用经济理性的逻辑来解释关系持续性的影响表示质疑。关系密切的交易者在决策时往往算计性（calculativeness）不强，即使他们的外在表现可以用算计性来加以解释（Craswell，1993）。根据这样的观点，学者们的相关分析不够完善，需要把关系密切的决策者之间可能存在的非算计性（noncalculativeness）考虑在内。

2.2.4 简短的述评

上文综述了交易专用性投资的正面效应、负面效应及治理机制等三个方面的研究。交易专用性投资的最直接、最主要的负面效应在于它可能会滋生交易参与者特别是专用性投资接受方的机会主义行为；而专用性投资的正面效应体现在它有助于稳定交易关系，并且促进交易参与者的价值创造活动。交易专用性投资的负面效应可能会限制投资方进行专用性投资的动力，这使得交易专用性投资的实际水平低于最优水平。如果投资方减少专用性投资，交易各方获得“关系租金”的能力就要降低，从而有可能造成一种交易参与者利益全部受损的局面，这显然是各方都不愿意看到的。为避免出现这种不利的局面，交易参与者需要学会设计有效的治理机制来扩大专用性投资的正面效应并（或）抑制负面效应。本研究总结了四种类型的治理机制，即法律规制型、组织管理型、经济制约型和关系导向型，介绍了每种治理机制的定义、作用机制和具体方式，并阐述了某些治理机制的适用情境及其相互关系等方面的研究成果。

相关的研究成果虽然比较多，但仍存在一些探讨得不够彻底或不够清楚的问题，这同时构成了未来进一步研究的方向。本研究认为，至少有四个领域仍值得进一步探究。第一，无形资产专用性的作用有待进一步研究。在知识经济时代，无形资产专用性（如：领域知识专用性和人力资本专用性）的重要性日益突出（Sun，2006），某些专用性的无形资产在效应的发生机制方面可能不同于传统的物质资产专用性。例如：专用性的 IT 流程往往具有交互投资的性质，此类专用性资产的投资方往往兼有接受方的角色，这可能会导致 IT 流程专用性的负面效应低于同等物质资产专用性的负面效应。此种推断是否成立，尚待研究者的实证检验。第二，专用性投资的价值创造效应虽然得到了不少经验证据的支持，但其内在机理仍不是很清楚。总的来说，相关的理论认识尚不够深刻、不够系统，而且，这方面的实证研究还是比较欠缺的。第三，治理机制的适用情境需要进一步的理论探讨和实证研究。每一种治理机制在构建和运行成本、治理效应方面都存在差异，并且，这些差异因情境的不同而变化，这使得在某些情境下有效的治理机制到了另一种情境可能不再适用。因此，探讨治理机制的适用情境可以帮助交易者选择有针对性的治理机制。Subramni 和 Venkatraman（2003），Heide 和 John（1988），Stump 和 Heide（1996）等少数学者做过这方面的研究，得出了一些比较肯定的结论。比如，在依赖程度不对称的交易关系中，依赖性较强的交易者不太适宜采用纵向一体化（Heide & John，1988），但可以选择准一体化（Subramni & Venkatraman，2003）或弥补性投资（Heide & John，1988）来抑制对方的机会主义行为。尽管如此，理论上的模糊之处还是不少。例如，Stump 和 Heide（1996）以及 Jap 和 Ganesan（2000）提出的相关假设只是得到了部分的支持。第四，各种治理机制之间的相互关系有待进一步探讨。由于交易者几乎不会在交易中孤立地使用单个治理机制，所以研究多个治理机制的联合治理效应显得更有意义（Achrol & Gundlach，1999）。这方面的研究（Stump & Heide，1996；Jap & Ganesan，2000；Poppo & Zenger，2002）旨在回答“不同的治理机制是相互补充的还是相互替代的”这个问题。迄今为止，相关研究几乎没有得出任何确定性的结论。以法律规制型与关系导向型治理机制之间的相互关系为例，大多数学者（如：Ghoshal & Moran，1996；Fehr & Gachter，2000）认为它们是相互替代的，但也有学者（如：Poppo & Zenger，2002）指出，法律规制型和关系导向型应该是相互补充的，并且有相关的经验性证据支持这样的假设。关于伙伴甄选和监控之间相互关系的研究也存在着类似的问题，具体参见“组织管理型”部分关于两者相互关系的论述，这里不再赘述。需要指出的是，第三个和第四个研究主题存在着密切的关系。如果能够更加深入地界定治理机制的适用情境，研究者就有可能进一步地理解各种治理机制的相互关系，比如：本研究可以合理地预期，适用情境明显不同的治理机制不大可能是相互补充的。

2.3 基于理论综述的研究构思

本研究拟探讨本土代工企业的专用性投资对于它们获取国际品牌客户的知识进而提升企业能力的影响。与本研究的内容相关性最强的理论成果来自 Wang，Huang 和 Lee(2001)，他们的实证结果大体上支持“代工企业的专用性投资促进共同行动进而支持它们的能力构建活动”这一论断；但该研究没有考虑专用性投资潜在的负面效应，而且，没有考虑到其他因素对于专用性投资效应的影响。根据本章的文献综述，可以清楚地看到，专用性投资的效应可能既有正面性质也有负面性质。在国际代工关系中，本土代工企业专用性投资的负面效应可能比较显著，忽视代工企业专用性投资的负面效应容易导致片面甚至错误的结论。

为克服这一不足，在研究代工企业专用性投资对于能力构建的作用机制时，本研究同时考虑可能的正面效应“促进企业间合作”和潜在的负面效应“滋生客户的机会主义行为”，力求从正反两个方面全面地剖析相应的作用机制。本研究认为，代工企业的专用性投资对于它们借助于品牌客户的能力构建活动的影响是通过“企业间合作”和“客户的机会主义行为”来传递的。之所以使用“企业间合作”和“客户的机会主义行为”来分别代表正负效应，是因为这两者都是学术界所认同的并且是具有高度概括性的。本研究所使用的“企业间合作”是一个内涵十分丰富的概念，包括代工双方在新产品开发、生产过程管理、成本控制、货物配送、人员培训和计划拟定等多个方面的配合；已有研究所使用的中介变量“共同行动(joint action)”(Wang，Huang & Lee，2001)和“共同决策(joint decision-making)”(徐惠菁，2004)等都和本研究中的“企业间合作”高度相关或者内含于“企业间合作”。本研究预期，“企业间合作”能够较好地体现代工企业的专用性投资促进其能力构建的作用机理。本研究使用“客户的机会主义行为”来代表代工企业专用性投资的负面效应，其中的原因不言而喻。机会主义行为和资产专用性最初是由交易成本理论的代表人物 Williamson 引入到新制度经济学的，这两者简直就是一对“连体婴”。今天，“机会主义行为”被学者们广泛使用，几乎已经成为专用性投资负面效应的代名词。至此，本研究解释了以"企业间合作"和"客户的机会主义行为"分别代表代工企业专用性投资正负效应的理由。那么，它们会不会对代工企业获取客户知识从而构建新能力的努力有所影响呢？企业间合作使得代工企业有更多的机会去接触、吸收品牌客户的先进技术和知识，而客户的机会主义行为使得客户有意识地加强对知识的保密工作。从这种意义上说，"企业间合作"和"客户的机会主义行为"都会对代工企业借助于品牌客户开展的能力构建活动发生直接的效应。综上所述，可以以"企业间合作"和"客户机会主义行为"作为中介来探讨代工企业的专用性投资对于能力构建的影响。

为提高专用性投资对于能力构建的促进作用，代工企业需要扩大专用性投资对于企业间合作的推动作用，抑制专用性投资对于客户机会主义行为的助长效应。根据前面的文献述评，恰当的治理机制可以帮助代工企业实现上述目标。本土代工企业身处新兴市场和国际交换的环境中，并且往往是实力相对弱小的交易方。这种具有特殊性的决策情境决定了各种类型的治理机制对代工关系有着不同的治理效应，甚至有些治理机制根本就不适用，这就要求代工企业学会采用有针对性的治理机制。本研究试图在这方面开展理论探讨并进行实证研究。考虑到降低研究复杂性的需要，我们不可能对上文提到的所有治理机制都进行实证检验，这里对治理机制进行初步的筛选，找出对本土代工企业可能具有普遍应用价值的治理机制。下面，本研究从代工企业的立场来评估各种治理机制的适用性。

就法律规制型的治理机制而言，影响这类治理机制效力的因素主要有两种。一是，本土代工企业处在中国这个世界上最大的新兴市场国家，而在新兴市场国家，合同签订后即被搁置一旁的现象比在发达国家普遍得多（Brown，1997）；二是，国际代工关系属于国际交换，代工过程中的合同纠纷可能存在无"法"可依以及执行效率低下等问题。但从相关的实证研究来看，在新兴市场国家和国际交换的环境中，交易者之间的合同仍在发挥着相当大的作用。汪涛和秦红（2006）发现，中国的汽车4S店通过签订明确的合同达到了抑制汽车制造商机会主义行为的目的；Luo（2007）的实证研究显示，位于中国境内的国际合资企业的母公司之间所签订合同的完备性与各自的机会主义行为显著负相关。这两项研究分别表明，在新兴市场国家和国际交换环境中交易者签订的合同比较有效地制约了交易者的行为。因此，本研究有理由推测，本土代工企业与国际品牌客户所签订的代工合同仍有可能发挥作用。本研究拟考察合同完备性（Luo，2002；Luo，2007）对于代工企业的专用性投资与企业间合作、客户的机会主义行为以及能力构建之间关系的作用。合同完备性包括合同包容性(contractual inclusiveness)和合同约束性(contractual obligatoriness)(Luo,2007)。合同包容性类似于“条款明确性(term specificity)”(Luo,2002),描述合同条款是否详细地规定了未来各种可能的情形以及在各种可能的情形下交易者的行动规则;合同约束性指的是合同各方受到合同条款的约束程度。合同只有同时具有很强的包容性和约束性,才能称得上是完备的。本研究选择合同完备性作为待检验的治理机制,是基于以下三点考虑:① 已有大量的实证研究检验并支持了合同期限、排他性和明确性的治理效应;② Luo(2002)所重新界定的合同完备性包含“明确性”的要求,针对这个构念的治理效应检验还比较少;③ 本研究采用的“合同完备性”内涵更丰富,除了“合同包容性”(类似于条款明确性)维度之外,还包含“合同约束性”维度,而合同约束性可能是一个可以体现新兴市场国家和国际交换环境中缔约特色的指标,这也使得“合同完备性”的针对性更强。

就组织管理型的治理机制来说,纵向一体化、伙伴甄选和监控不太适用于代工企业。一般来说,在交易关系中相对弱小的一方不宜采用纵向一体化(Heide & John,1988;Subramani & Venkatraman,2003)。与国际品牌客户相比,绝大多数本土代工企业要弱小得多,它们难以采用并购品牌客户的策略。虽然本土代工企业的反向 OEM 案例(如:中国的万向集团收购了它的国际品牌客户米勒公司)也有,但十分罕见。也就是说,绝大多数的本土代工企业不适宜采用纵向一体化。伙伴甄选和监控对代工企业也不具有普遍的适用性。一般来说,国际代工市场是典型的买方市场,本土的多数代工企业甄别并筛选客户的余地相当有限;就监控而言,买方(品牌客户)监控卖方(代工企业)的需要更为强烈,并且,监控的执行还需要被监控者接受实施监控方的监控权(Wathne & Heide,2000),而品牌客户是不会赋予相对弱小的代工企业这种权力的。基于上述分析,本研究认为,明确的甄选和监控手段对于代工企业也不太适用。①

下面来探讨组织管理型治理机制中的最后一种机制——“共同行动”。在其他条件相同的情况下,“共同行动”可能具有抑制客户机会主义行为的作用,但在本研究看来,“共同行动”的关键作用可能在于它是发挥专用性投资的价值创造效应的最好手段。本研究采用比“共同行动”内涵更丰富的“企业间合作”来描述专用性投资的价值创造机制。根据上面的论述,本研究不专门探讨组织管理型的治理机制在国际代工关系中的治理效应。

① 当然,隐性的监控手段(比如:共同行动)还是可行的。

接下来，本研究分析经济制约型的治理机制。首先来看准一体化。从代工企业的角度来看，准一体化指的是代工企业针对特定客户的代工业务量占其全部代工业务量的比例，这个比例越高，准一体化程度越高。那么，准一体化程度提高了是否就能达到制约品牌客户从而引导或规范客户行为的目标呢？对于多数本土代工企业来说，由于它们的规模较小，因此，即便代工企业对某个品牌客户的准一体化程度很高，它们承担的业务量占该客户全部业务量的比例通常仍然很有限，这使得准一体化程度的增加并不必然提高它们对客户的影响力。不仅如此，较高的准一体化程度还具有潜在的副作用，即增加代工企业对于客户的依赖性，加剧代工企业在现有代工关系中的被动程度。综上所述，准一体化的治理效应有限。下面，本研究分析弥补性专用性投资。代工企业的弥补性专用性投资是指它们针对上游供应商开展的专用性投资，其目的是为了提高在上游供应商中的影响力，进而增强它们对品牌客户的不可替代性和客户的可替代性。同样的原因，多数代工企业不大可能在上游供应商那里有足够的影响力从而达到影响客户行为的目的。基于这样的逻辑，弥补性专用性投资对于代工企业也不具有普遍的适用性。至于质押机制中的股权投资，对代工企业同样不具有普遍意义。本研究认为经济制约型中交互投资和声誉机制对代工企业可能具有一定的适用性。交互投资是指客户针对进行了专用性投资的代工企业开展了专用性投资，即客户的专用性投资，它使得代工双方处于双向承诺或相互抵押的状态之中，从而实现抑制客户机会主义行为并促进企业间合作的目的。这里所说的客户声誉指的是客户在代工企业群体那里是否具有可靠和公正的形象。对于声誉较好的客户来说，机会主义行为和“不合作”的行为一旦传播出去将会给它们带来更大的损失，因此它们会有意识地规范自己在国际代工关系中的表现。如果客户的声誉机制确实有效的话，这将是一种成本较低的治理机制。除了要考察客户专用性投资和客户声誉的治理效应之外，本研究还要检验代工企业整体代工能力的作用。代工企业的整体代工能力是指代工企业在承接订单时，为了能够在众多竞争者中脱颖而出所应该具有的一些有价值的、稀缺的、独特的、难以模仿的能力（Weber，1996）。整体代工能力越强，则客户的可替代性（Heide & John，1988）和代工企业的不可替代性就越强，这会限制客户的机会主义行为；同时，整体代工能力与客户从企业间合作中获得的收益正相关，因此，它会促进客户参与合作的积极性。从这个意义上来说，整体代工能力既可以提高代工企业的专用性投资对于企业间合作的促进效应，又可以降低代工企业的专用性投资对于客户机会主义行为的助长效应，从而增加代工企业专用性投资的能力构建效应。可以推断，整体代工能力是一种无形的却很有效的治理机制。本研究将利用实证数据来检验这一推断。

最后，本研究考察关系导向型的治理机制。国内外的学者对于企业间信任、关系型规范和关系延续性的调节作用进行过充分的理论探讨和实证检验。这三种机制存在着意义上的重叠，彼此密切相关，并且它们发挥调节作用的机理也比较相近。本研究检验关系型规范的治理作用，预期所得结论可以用于推断企业间信任和关系延续性对于代工企业的专用性投资和企业间合作、客户的机会主义行为以及能力构建之间关系的调节效应。需要指出的是，关系型规范等关系导向型的治理机制需要长时间的培育，并且往往比较脆弱；同时，这类机制是一系列因素综合作用的结果，有可能依赖于其他类型的治理机制，因而往往不能单独存在。

综上所述，依据各种机制对于代工企业的适用性，并考虑到降低研究复杂性的需要，本研究重点考察属于法律规制型治理机制的“合同完备性”，属于经济制约型治理机制的“客户专用性投资”、“整体代工能力”和“客户声誉”，以及属于关系导向型治理机制的“关系型规范”对于代工企业的专用性投资和企业间合作、客户的机会主义行为以及能力构建之间关系的调节效应。

2.4 本章小结

本章首先对和代工企业相关的研究进行了理论述评，指出了相关研究的三大主题，并评估了理论界在这三大主题上的研究进展和不足之处；接着，本章阐述了专用性投资正面效应、负面效应及治理机制方面的研究成果，详细论述了四种类型的治理机制，并指明了有待进一步研究的四个领域；最后，基于上面两部分的文献综述，详细介绍了本研究的构思过程和拟研究的内容。

第三章

多重理论视角下的交易专用性投资正负效应及其调节因素分析

3.1 交易成本理论视角下的专用性投资

交易成本理论是研究经济组织的比较制度理论。它以交易作为基本的分析单位，认为不同的经济组织是相互替代的，经济组织的核心是为了降低交易成本。Coase 是开交易成本研究风气之先的人物，他最早使用“交易成本”这一概念来解释企业的边界问题。20 世纪 70 年代到 80 年代，Williamson，Demsetz 和张五常等人将交易成本这一重要概念用于具体的交易分析，使得与交易成本有关的学术文献在这一时期取得了“指数式增长”。正是这些学者的杰出贡献奠定了交易成本理论在企业理论领域的主流地位。

Commons（1934）提出，应当把交易作为分析的基本单位，他从交易与交换的区别来界定交易，指出：“交易不是实际‘交货’那种意义上的‘物品交换’，它是个人与个人之间对物质东西的未来所有权的让与和取得，……交易是所有权的转移。”Commons 还进一步强调，建立经济组织，绝不单纯是为了解决各种技术上的问题——如规模经济、范围经济以及其他物理的或技术方面的问题——建立经济组织的目的往往是为了协调交易双方的矛盾，以避免实际的或可能发生的各种冲突（Commons，1934）。因此，人们本应从康氏的论点中得出以下看法，即建立经济组织的目的在于利用专门设计的治理结构增进交易关系的持续性；使签约方不致孤立无援，以至于只得听任这种关系因签约的重压而破裂（Williamson，1985）。但至少有两方面的原因使得 Commons 的观点没有受到当时的主流经济学家和法学家的足够关注。第一，当时流行的观点是解决冲突主要还得依靠法律诉讼的途径（Williamson，1985），因此，法学家们没有接受自我解决冲突的建议；第二，Commons 所代表的制度经济学，由于“对经济学标准理论传统采取一种仇视态度，并且缺乏实证研究纲领及方法”，而被视为“异端的见解”，长期受到正统经济学的非难（芮明杰和钱平凡，1998）。

Coase（1937）在《企业的性质》一文的开篇提出了一个发人深省的问题，即倘若价格机制能够有效地配置资源，那为何仍需在公司内对资源配置进行计划和指导？科斯的回答是：“创建公司成为有利可图之事的主要原因似乎在于：存在着利用价格机制的成本。”（第 390 页）这一成本包括“发现价格的成本”以及“谈判和签订合同的成本”。交易成本导致企业的产生，是因为与外部市场相比较，企业能够带来明显的成本节约。“交易成本”概念的提出在经济学界掀起了一场革命。但由于 Coase（1937）没有对“交易成本”概念进行很清晰的界定以及“交易成本”本身缺乏可操作性，这场革命姗姗来迟，《企业的性质》一文直到 1970 年代才开始受到经济学家的关注。1970 年代到 1980 年代，Williamson 等人的研究使得 coase 提出的“交易成本”更具操作性，理论体系和分析框架日臻完善，最终成为一种主流的经济理论。可以毫不夸张地说，迄今为止，Williamson 是交易成本理论的集大成者，是继 coase 之后交易成本理论研究中的最杰出代表。

Williamson 的相关贡献集中体现在 1975 年出版的《市场与层级组织》以及 1985 年出版的《资本主义的经济制度》这两本经典著作中。Williamson（1985）指出，使得技术上不可分的活动产生联系的行为都属于交易。这大大拓宽了交易的范围，并且使得交易活动更加具体化。并且，Williamson 还进一步阐述交易成本的内涵。他在《资本主义的经济制度》一书中指出，交易成本在经济中的作用相当于物理学中的摩擦力。他将交易成本细分为合同签订之前的交易成本和合同签订之后的成本。前者是指草拟合同、就合同内容进行谈判以及确保合同得以履行所付出的成本；后者指的是不适应成本、讨价还价成本、保证成本、启动及运营成本。Williamson 对交易费用理论的更突出贡献在于他建立了一个可操作性较强的分析框架，他把交易特性（包括资产专用性、交易频率、不确定性）和人性（有限理性和机会主义）作为影响交易成本属性的主要因素，研究如何匹配交易特性与治理机制之间的关系才能使交易成本达到最小。Williamson（1985，1996，1998）认为，交易应该总是选择适用成本最小的治理结构。Williamson 及其支持者都在尝试运用该分析框架来解释不同类型组织的存在原因。

根据 Williamson 等人的观点，资产专用性投资会产生锁定（Lock-in）效应，导致交易关系发生根本性的改变，有可能使事先的契约关系发生扭曲。专用性投资还可能产生威胁行为，这就是交易中的要挟（Holdup）问题，这种要挟会导致交易者试图将专用性资产的准租金（quasi-rents）据为已有的机会主义行为。当关系专用性投资的程度和重要性提升时,企业应考虑用纵向一体化等较为复杂的治理机制来替换现货市场交易。当然,在 Williamson 后来的著作以及 Klein 等人的许多著作中,却考虑用长期合约去代替纵向一体化,因为即使在一个纵向一体化企业的内部,交易成本也并非无足轻重。如果由于内部生产的不经济造成纵向一体化的不经济,协调独立交易者之间交易活动的长期合约安排将会出现,以节约交易成本(范黎波和李自杰,2004)。

交易成本经济学提出了"如果存在不确定性,并且具有机会主义倾向的交易者又是有限理性的话,资产专用性投资会增加交易双方的机会主义行为"这一重要的理论命题,其理论逻辑有助于我们探讨代工企业交易专用性投资的负面效应;而且,Williamson 等人提出的"治理机制应与交易性质匹配"的观点对于代工关系的治理机制设计也有较强的启示意义,例如,合同完备性的提高缩减了实践中的漏洞,有利于规范客户的行为,从而减少具有机会主义倾向的品牌客户执行机会主义行为的机会。但是,在解释专用性投资的效应时,交易成本理论也有一些力不从心的地方,具体表现为:① Williamson 关于人性的"机会主义假设"受到了越来越多的批评(Bromiley & Cummings,1995; Granovetter,1985),除了经济理性的追求外,人通常还有社会化的需要。过于夸大人性中"机会主义倾向"的作用,使得 Williamson 建议的治理机制具有较强的短期导向和功利主义色彩。机会主义假设使得交易成本理论只能看到专用性投资的经济因素,而忽略了社会性因素。② 交易成本理论具有非常明显的成本最小化倾向。很多交易安排除了具有降低交易成本的动机之外,还有联合创造价值的目标(Zajac & Olsen,1993)。交易成本的成本节约导向使得它无法充分认识到关系双方或单方的专用性投资所可能产生的价值创造效应。③ 交易成本理论的分析方法属于典型的比较静态分析,忽视了经济组织的动态性。Dow(1987)指出,行动者、交易和组织的特性应该是外生的,只有这样才能进行适当的比较静态分析。但利益相关者的战略有目的地改变了组织的特性。这类战略涉及向组织中的成员投资,为其提供学习和创新的机会。这些组织自身及内部的改变使得比较静态的分析方法无法充分解释治理结构的动态问题。

3.2 资源基础理论视角下的专用性投资

资源基础理论认为,企业是由一系列资源束所组成的集合,每种资源都有多种不同的用途,企业的竞争优势来自于企业所拥有的资源。外部的市场结构与市场机会对企业的竞争优势会产生一定的影响,但并不是决定性的因素。基于上述逻辑,资源基础论主要从资源的特性来解释企业竞争优势的形成和延续问题。标志着资源观兴起的是 Wernerfelt(1984)和 Rumelt(1984)等人对竞争优势的探讨(贺小刚,2006)。

Wernerfelt(1984)认为,从资源而非产品的视角分析企业的做法是行之有效的。他借鉴进入壁垒和增长—份额矩阵,提出了资源位势壁垒的概念以及资源—产品矩阵。他在论文中探讨了资源和赢利能力之间的关系,回答了"资源在什么情况下可以使得企业在较长时期内取得高额回报"的问题,指出,具有一般效应(general effects)和先发优势——资源位势壁垒(first mover advantages-resource position barriers)的资源有助于企业获得长期的竞争优势。资源位势壁垒和进入壁垒密切相关。如果仅有进入壁垒而无资源位势壁垒的话,企业难以抵御多元化进入者的威胁;如果仅有资源位势壁垒而无进入壁垒的话,企业则没有充分利用资源位势壁垒的价值。根据上述分析,Wernerfelt(1984)强调企业应该学会对资源进行动态管理,具体手段包括识别出那些能够带来资源位势壁垒的资源、在资源开发和利用之间取得平衡等。无疑,Wernerfelt(1984)有关资源、资源位势壁垒与竞争优势的分析框架为拓展战略管理理论的新领域奠定了基础(贺小刚,2006)。同年,Rumelt(1984)提出"隔绝机制"(isolating-mechanisms)的概念,强调了隔绝机制在企业获取竞争优势过程中的作用,认为隔绝机制,如信息不对称、原因模糊、生产者学习、购买者转换成本、搜寻成本、声誉、路径拥挤、专有资产的规模经济等,是可以保护竞争优势不受模仿并维持租金流的。可以充当"隔绝机制"的因素有很多,比如,经验基础上的企业家资源(Penrose,1959)、难以完全效仿的有价值的组织文化(Barney,1986)、产品声誉之类的难以模仿的无形资产(Eitomy,1987)、成功企业用于解决新问题的经验(Schoemaker,1990)等等。

资源基础理论研究的集大成者是 Barney。他在 1986 年提出了战略性要素市场的概念(strategic factor markets),认为产品市场战略回报规模将依赖于实施该战略的资源的成本,只有当资源实施成本明显低于其经济价值时企业才能从实施产品市场战略中获得超额回报,而资源成本依赖于相应的战略性要素市场的竞争特性。Barney 认为,由于战略性要素市场的不完备性,企业对战略的未来价值会作出精确度不同的评价,从而使经济租的产生成为可能。他认为,战略要素市场的不完备性及幸运的存在,将为企业带来超额价值,但他假定所有的要素是可以交易的。针对这一点,Dierickx 和 Cool(1989)指出,要素市场并不完全,并非所有的要素都是可以在公开市场上交易的，如产权未明确界定的资源、商誉、信任以及高度专有性的资产。当企业不拥有实施其产品市场战略所需的不可交易资源时，它就需要构建这种资源。Dierickx 和 Cool 进一步指出，企业可持续的竞争优势来源于其战略资源储备。企业的战略资源是通过一定时期内选择恰当的时间路径而积累起来的那些不可交易、不可模仿、不可替代的资源。资源储备的可模仿性通常会由于资源积累过程的时间压缩不经济性、资源积聚效应、资源储备间相互联系性和原因模糊性等原因而削弱。Dierickx 和 Cool 强调，流量是可以瞬间调整的，而储备是一系列连贯流积累而成的，不能在瞬间调整，因而，只有那些具有储备特性的流量才对企业现实的竞争优势具有现实的威胁性。Barney（1991）在 Journal of Management 上发表了《企业资源与持续竞争优势》这篇具有开创性的论文。他认为，当一个企业实施能创造价值的战略，而同时其他任何既存企业和潜在的竞争对手无法实施该战略时就拥有了竞争优势。但可持续竞争优势除满足这些条件外，还应包括“竞争对手不能复制此战略的优势”这一条件。Barney（1991）根据其对持续竞争优势的定义，认为持续竞争优势的源泉应该满足四个条件，即有价值、稀缺性、不完全模仿（如独特的历史条件、原因不明、社会复杂性）、不可替代性。不久，Peteraf（1993）也提出了一个与 Barney 极为相似的获取可持续竞争优势的观点。他认为，持续竞争优势应该包括四个条件：① 产生租金的资源具有异质性；② 事后为维持租金对竞争的限制；③ 不完全移动性；④ 为确保成本低于租金而对竞争对手的事前限制。许多学者基于这些理论框架对持续竞争优势进行研究。Hall（1993）研究了不同的无形资产与持续竞争优势之间的关系；Black 和 Boal（1994）将资源按其交易性及流动性具体分为四种类型，即可交易资产流量、不可交易资产流量、可交易资产存量、不可交易资产存量，并结合影响持续竞争优势的三个特性，即网络类型（Dierickx & Cool，1989；Grant，1991）、替代关系（Barney，1991；Grant，1991）和说服力（包括补偿关系、促进关系、抑制关系）（Schoemaker，1991）指出，不同类型的资源对持续竞争优势的贡献程度是不一样的。

资源基础论的研究一般将企业内部拥有和控制的资源作为基本的分析单元。不过，随着 20 世纪 90 年代战略联盟的兴起，企业越来越重视所有权之外的因素，“不求所有，但求所用”的资源管理理念正为越来越多的企业所认可。在这种情况下，学者们开始将眼光转向那些在企业之外的资源。Dyer 和 Singh（1998）指出，一个企业的关键资源可能超越了企业的边界。学者们尝试用资源特征来解释企业间战略合作关系的成因、类型以及成效（Hamel，1991；Hill & Hellriegel，1994；Eisenhardt & Schoonhoven，1996；Dyer

& Singh,1998;Gulati,1999;Das & Teng,2000)。Eisenhardt 和 Schoonhoven(1996)指出,战略性因素和社会性因素推动着企业建立战略联盟。那些在具有很强竞争性或新生的产业中开展业务的企业,以及那些试图执行技术领先战略的企业,通常面临着更高的资源需求,因而倾向于通过战略联盟来获得它自身欠缺而又亟须的资源;此外,高层管理团队的规模、成员经验等因素会提高企业的社会地位,吸引其他企业与之结成联盟。Gulati(1999)提出了"网络资源"(network resources)的概念。根据他的定义,网络资源是企业间联系网络中所蕴含的信息优势。这种信息优势表现为三种方式,即信息的可获得性(access)、及时性(timing)以及推荐性(referrals),这些方式都会影响企业在建立新联盟时的战略选择空间。Das 和 Teng(2000)认为,企业建立战略联盟的动机在于获取它们亟须的资源,并保护现有资源不受侵害。仅仅存在资源需求还不能充分解释战略联盟存在的理由。有资源需求的企业需要在内部开发、外部购买和战略联盟之间做选择,只有当亟须的资源具有难以流动性、不完全模仿性和不完全替代性时,建立战略联盟才可能是企业理性的选择。资源互补性(complementarity)(Dyer & Singh,1998;Das & Teng,2000)和增补性(supplementarity)(Das & Teng,2000)可以增强联盟绩效。资源增补性有利于企业分担风险,增强市场权力,构筑进入壁垒,在研发、生产和营销等活动中获得规模经济和范围经济(Das & Teng,2000);而资源互补性可以创造两种资源单独使用所无法创造的价值,从而提高企业资源的使用效益,例如,雀巢和可口可乐结成的战略联盟将雀巢在品牌、开发与生产咖啡和茶饮料方面的优势与可口可乐在国际分销网络上的优势成功地结合起来,从而获得了相对于日本企业的竞争优势(Dyer & Singh,1998)。

随着战略联盟数量的增加和重要性的提升,学者们尝试把网络理论融合到资源基础理论中来,从而对原有的资源基础理论进行拓展。Dyer 和 Singh(1998)提出"关系租金"的概念,指出关系租金是在交易关系中联合创造的超常利润,这种超常利润不是交易各方单独创造的,而只能通过特定的联盟伙伴成员联合的独特贡献而获得。企业间关系专用性投资、知识共享惯例、互补的资源和能力、有效的治理机制共同构成关系租金的来源。Lavie(2006)构建理论模型,将企业资源分为共享资源和非共享资源。非共享的资源产生内部租金(internal rent),联盟企业的共享资源产生可占用的关系租金(appropriated relational rent),焦点企业(focal firms)的资源(包括共享资源和非共享资源)可能会被联盟伙伴超出合作范围加以利用,产生外流的溢出租金(outbound spillover rent),同样,联盟伙伴的资源(包括共享资源和非共享资源)可能会被焦点企业超出合作范围加以利用,产生回流的溢出租金(inbound spillover rent)。在这个模型中,焦点企业的资源产生租金的能力取决于联盟伙伴的资源、议价能力以及隔绝机制等,这个模型高度抽象地说明了战略联盟中的企业在资源价值方面的相互依赖关系。

资源基础理论可以较好地解释交易专用性投资的价值创造效应。其中至少存在三种作用机制。第一,专用性投资可以增强合作双方的资源互补性或增补性,从而创造价值。第二,资源互补性或增补性为联盟的价值创造提供了潜在的可能,但这种可能性能够在多大程度上实现取决于诸多因素。专用性投资促进双方的资源衔接,从而加强资源整合的效率。第三,专用性投资本身构成了异质性价值的来源。这是因为,专用性投资既具有价值性,可以提高对方资源的使用效率或促进对方的资源创造活动,又具有稀缺性,其价值在其他交易关系中难以充分实现。当企业乐于进行交易专用性投资时,价值链上的收益增加就极有可能(Perry,1989)。Dyer(1996a)指出,企业间更高程度的人力资产共同专门化(co-specialization)导致高效的协调、信息共享和组织学习。代工企业通过物质资产、人力资源以及地点的专用性投资,可以促进双方协作性的共同努力(Claro, Claro & Hagelaar,2006)或共同决策(徐蕙菁,2004),而共同决策又会提高双方从合作中可能获得的利益(Jap,1999;Saxton,1997)。

依据资源基础论,代工企业的整体代工能力是品牌客户所需要的互补资源,这些能力会表现在代工企业新产品开发速度、产品价格、交货期等指标上,从而对品牌客户产生吸引力。整体代工能力越强,合作的潜在价值就越大,品牌客户参与共同价值创造的动力和行为随之增加。因此,整体代工能力对于代工企业关系专用性投资与企业间合作行为的关系起着调节作用,即整体代工能力越强,两者的关系强度越高。采用相近的理论逻辑,我们可以推论,在促进双方合作的作用方面,品牌客户的专用性投资与整体代工能力起着类似的作用。我们还可以用资源基础理论来解释关系型规范对于代工企业专用性投资和企业间合作之间关系的调节作用。高水平的关系型规范促进了代工双方含有隐性知识的资源的结合,为相互间的知识转移、资源吸收和结合提供了便利。

类似地,从资源基础理论的视角出发,客户在代工企业群体中的声誉是一项可以提升其竞争优势的无形资源。拥有较高声誉的客户需要精心地维护这项资源,尽量避免因为代工合作过程中的短视行为而造成重大损失,声誉因此成为客户加强自我约束的"枷锁"。从这个意义上说,代工企业的专用性投资与客户的机会主义行为、企业间合作之间的关系可能会受到客户声誉的调节。

运用资源基础理论，本研究厘清了交易专用性投资的价值创造逻辑，认识到整体代工能力、国际品牌客户的专用性投资以及关系型规范对于代工企业专用性投资的价值创造效应的调节作用，并且理解了客户声誉对于客户行为的规范作用。

3.3 资源依赖理论视角下的专用性投资

资源依赖理论将组织视为一个开放系统，组织在一个不确定的环境中运作，没有一个组织能够持有赖以生存和发展所需要的全部资源，大量攸关组织生存的稀缺和珍贵的资源都存在于组织的外部环境中。因此，所有的组织在某种程度上都依赖于外部环境，环境影响到组织的战略选择、组织结构甚至领导人的继任，这给组织的运营带来了很多限制因素。当然，尽管组织明显受到所处形势和环境的制约，但还是有机会做自己的事情的，组织的战略选择不但是可能的，而且在某些情况下（虽然不是必然的）是有效的。在 Pfeffer 和 Salanick（1978）看来，组织的最基本目标是生存，其次是权力。为达到以上目标，组织需要积极地与外部资源控制者进行互动。组织的处理原则是：设法降低对外部资源的依赖性或者提高外部组织对组织资源的依赖性，从而实现增强自身权力的目的。

在社会系统和社会相互交流中，只要参与者不能够完全地控制实现某一行动和从行动中获得渴望的成果的所有必要条件，就存在着相互依赖。一个组织对其他组织的依赖程度取决于以下三个关键因素：① 资源的重要性，表现在两个方面，即交换的相对数量和资源的关键程度。在其他条件相同的情况下，所需资源的重要性水平越高，组织对持有这种资源的组织依赖性就越大。② 组织对其他参与者所掌控的资源的分配和使用的决定权。资源的决定权表现为多种形式，是指决定资源分配和使用的能力。③ 其他参与者在资源控制力方面的集中程度。在其他条件相同的情况下，集中程度越高，组织用其他资源替代原有资源的能力就越弱，因而对提供资源者的依赖程度就越高。某个组织主导组织间关系的基础不只是资源的集中，还由于其他组织不能够集中同等的力量或集中对等的反对力量。如果在资源依赖程度上存在着不对称性，对他方依赖程度较低的组织就会主宰组织间关系的性质。综上所述，一个组织影响其他组织的可能性来自以下三个条件：① 控制着其他组织所需要的资源；② 替代性资源是稀缺的；③ 其他组织没有此种资源的抵消性资源。

面对外部的限制因素，组织需要对环境进行管理和控制，采取各种各样的战略行动以减少其对外部环境的依赖和来自外部环境的制约。对环境需求的管理本身并不意味着组织应该立刻服从这些要求。顺从的弊端显而易见，顺从意味着决定权的损减，也承认了自主权的有限性。组织一旦受到影响，就会面临更多的组织间影响的制约。结果是，组织的行为和决策日益受到外部环境的限制，组织的自主权也逐渐消失。因此，组织不应该简单地被动地满足环境的要求，而是应该主动地积极地管理它们与环境的关系。具体而言，有以下方法。

第一，适应或回避外部需求。避免外部要求带来的限制因素的最有效办法是首先避免对需求进行顺从的条件的产生。组织的应对之策有：① 对利益群体的需求进行控制，不让它们公开提出。比如，在利益群体感觉到道德压力，或者利益群体感觉如果再提要求的话，既得利益将受到威胁，或者通过提供利益被满足的表象等情形下，新的利益要求被提出的可能性下降。② 通过控制利益群体对交流渠道的使用程度来消除需求。比如，可以通过行政助理和接待人员使得个人远离他们的老板。③ 召开正式会议来公开自己的需求，但是所安排的会议的时间和地点对不受欢迎的利益群体来说是不适宜的，或者将不受欢迎的个人吸收到组织之中去。④ 减少组织在行为选择上的自由度，没有回应能力往往可以作为应对其他利益群体需求的“挡箭牌”。⑤ 为消除依靠单一的资源交换所带来的依赖，组织可以采用缓冲策略、控制投入或产出的交换成本、控制提供所需资源或吸纳产出的组织、开展替代性的交换、进行多样化发展和吸纳潜在的敌对局外人进入组织等方式。

第二，通过并购和多元化增长来改变组织与环境的相互依赖关系。垂直一体化代表着一种扩大组织对那些影响组织运转的关键交互控制力的方法；横向一体化是获取优势的一种方法，用来增加组织在交换关系中的力量，并减少竞争带来的不确定性；多元化通过增加替代性选择来减少组织对其他占优势的组织的依赖性。

第三，通过组织间的协作来协调组织与环境的关系。并购需要资源，而且在某些情况下是不被允许的。即使组织不能够相互合并，但这也并不意味着相互之间的依赖就不能加以协调。存在着很多非正式的机制和半正式的组织间联系，能够被用来协调各种社会参与者的利益。这些机制包括增选法、贸易协会、卡特尔、互惠贸易协定、协调委员会、顾问委员会、董事会、企业联盟和社会规范等。合作与通过所有权来管理依赖相比优势在于更加灵活，不过也在一定程度上形成了对组织自身的约束力量，并进一步加深了组织与环境的依赖关系。

第四，通过法律和政治活动来改变社会对合法性的定义。组织不仅受到经济、社会、政治和法律环境的制约，而且事实上，法律、社会规范、价值观和政治成果也部分地反映了组织为了实现生存、增长和增进利益所采取的行动。组织改变或者适应外部环境的努力几乎是无限的。当根源于相互依赖的问题用其他方法处理不了，或者实现协调一致的行动必需的资源极为分散时，组织将会利用更大的社会力量来改善自己运行的环境，当政府干预开始影响到它们的经济福利和确定性时，组织就很可能开始参与政治活动。通过调控和其他形式的政治活动，努力营造有利的环境。此外，组织采取行动实现社会合法性，并有时通过与其他合法的社会参与者合作的方式来获得合法性（Pfeffer & Salanick，1978）。

本土代工企业与国际品牌客户存在着资源上的相互依赖性。一般来说，代工联盟参与者之间具有资源和能力的互补性。国际品牌客户一般拥有较强的市场能力和研发能力，但它们的生产成本偏高；而本土代工企业的优势和劣势正好相反。由于彼此都需要对方的特定资源，因而代工企业与品牌客户之间是相互依赖的。但由于国际品牌客户的市场能力和研发能力是更加稀缺的资源，所以，与国际品牌客户相比，本土代工企业更难找到替代性资源，因而对国际品牌客户存在着较强的单向依赖关系。代工企业一旦进行或增加了专用性投资，就会增加转换成本，原先的单向依赖关系必然加重，这使得国际品牌客户拥有了更强的主导代工关系的能力。这种加剧了的不对称的依赖关系导致品牌客户容易发生机会主义行为，提出超出合理份额的利益分割要求或发生其他损害代工企业利益的行为，因为它们不太担心代工企业的报复，它们知道，报复的最坏结果就是关系破裂，而关系破裂往往对代工企业的影响更大，因而这种最坏的结果是不大可能发生的。从代工企业的角度来看，防范品牌客户机会主义行为的最佳做法就是提高客户因为机会主义行为而需要承担的成本，增强报复的力度和可置信程度。而要达到这一目的，代工企业就需要减少对品牌客户的依赖性或增加品牌客户对它的依赖性，从而使单向依赖关系向双边依赖关系发展。依据资源依赖理论，整体代工能力以及品牌客户的专用性投资可以起到抑制机会主义行为的目的。其内在逻辑如下：品牌客户的专用性投资可以提高品牌客户对代工企业的依赖程度，而整体代工能力的提升不仅可以提高品牌客户的依赖程度，同时还可以降低代工企业对品牌客户的依赖，这两种手段都可以削弱代工企业对品牌客户的单边依赖程度，进而降低品牌客户机会主义行为的潜在收益或增加其机会主义行为的成本，达到抑制其机会主义行为的目的。

3.4 关系交换理论视角下的专用性投资

近几十年来，介于企业与市场之间的中间组织日益增多，对社会经济生活的影响越来越大。学者们对这些中间组织的类型、成因、特征以及绩效开展了大量的研究，相关的研究赋予了这些中间组织各种各样的名称，包括准企业（Eccles，1981）、关系型缔约（Macaulay，1963）、混合型组织（Powell，1987）以及网络组织（Powell，1990；1992）。这类组织表现出了很强的生命力，有时可以同时拥有市场和企业的全部优点（Dyer，1996b；Powell，1992）。一些学者从关系的性质来解释中间组织的活力。Powell（1992）指出，成功的中间组织非常依赖互惠、协作、互补性、声誉、关系基础以及致力于追求共同利益的非正式氛围。围绕着中间组织参与者之间关系的性质、前因和后果，学者们开展了很多研究，取得了丰硕的成果，关系交换理论是这类研究成果的集中体现，并且也是其中一部分研究所采用的理论视角。

关系交换理论认为，大多数交易关系都含有社会交换的性质，交易决策者嵌入到各种具体的关系网络之中，关系网络的结构以及具体网络关系的性质影响到决策者的行动选择和绩效表现。正因为如此，行为主体应当把关系作为战略资源加以管理。

最早正式阐述关系交换理论的学者是新经济社会学的主要倡导者Granovetter。他在1985年发表了一篇具有开创性的论文《经济行动与社会结构：嵌入性问题》。在该文中，他批判了绝大多数社会学家、人类学家、政治学家和历史学家所持有的“社会化过度”（over-socialization）假设以及绝大多数经济学家所认同的“社会化不足”（under-socialized）假设。他指出，社会化不足和社会化过度均把个人的决策和行为与他（们）所处的社会关系割裂开来，这两种在某些方面存在重大差异的观点实质上都认同个体行为的“原子化”（atomized）：依据“社会化不足”假设，原子化来源于对自我利益的狭隘的功利的追求，而依据“社会化过度”的相关论述，原子化产生于个人业已被内化的行为模式。Granovetter认为，现实中行为主体既不可能脱离社会背景而孤立地行事，也不是完全受社会限制、按社会外在规范行事，而是在具体、动态的社会关系中追求自身多重目标体系的实现（黄中伟和王宇露，2007）。这种观点有两层意思：第一，行为主体在决策时要充分考虑到关系嵌入提供的机会或带来的约束；第二，行为主体间的交易既是经济交换，也是社会交换。除了经济目标之外，友谊、赞许、地位和权力等也可能构成行为主体的目标。可以看出，这种观点实质上并不是简单地否定社会化不足和社会化过度的任何一方，而是主张两者之间的相互支持与相互融合。在《经济行动与社会结构：嵌入性问题》发表之后，Granovetter 本人一直在努力推动着这方面的研究。他在 1992 年出版的《经济生活社会学》一书中，将嵌入分为“关系嵌入”与“结构嵌入”两种类型。其中，关系嵌入指的是单个行为主体的经济行为嵌入到与他人互动形成的关系网络之中，人际关系网络中的某些因素，如各种规则性期望、对相互认同的渴望、互惠性准则，都会对行为主体的决策和行为产生重要的影响。2005 年，Granovetter 进一步阐述了他的思想，认为，“许多社会生活都围绕着一个非经济的中心运行。因此，当经济活动和非经济活动相互混合时，非经济活动会影响经济活动的成本和可用技术。这种活动混合就是所谓的经济活动的‘社会嵌入’，包括经济活动在社会网络、文化、政治和宗教中的嵌入”。Granovetter 的上述观点得到了很多经验性证据的支持（Romo & Schowartz，1995；Uzzi，1996）。Romo 和 Schowartz（1995）指出，1960 年到 1985 年间纽约州附属性生产工厂的产业转移符合结构嵌入理论的预期，这些附属性工厂往往不是因为本地生产成本过高而转移到其他地域，促成它们转移的直接原因是它们所依赖的核心工厂转移到了其他地方。

在 Uzzi（1996，1997）看来，嵌入性是一种交易逻辑，不同于纯粹市场行为的经济逻辑。以市场的等价交换与企业的行政权威逻辑为两个极端，嵌入性逻辑位于两者之间，接近于市场的交易逻辑为低嵌入性，接近于企业的交易逻辑为高嵌入性。高嵌入性的企业间关系呈现以下特征：① 企业间存在高度的信任，这有利于企业相互交换信息和资源。② 存在完善的信息转移。信息转移的范围较大，一些私密的、隐性的信息可以得到有效的传送；而且，信息转移的效率更高，社会关系使得信息更具可信性、更容易被理解。Uzzi 和 Lancaster（2003）指出，相互高度嵌入的企业会彼此传递私有信息，并开展探索式学习（explorative learning）。③ 企业会合力解决交易中出现的问题。当困难或意外发生时，企业会迅速地开展沟通，联合商讨对策。嵌入性影响到行为主体的期望和机会。一方面，通过聚合企业间资源、合作以及协调性适应来增进经济绩效；另一方面，嵌入性使得企业难以接近网络之外的信息或机会，这增加了企业的脆弱性，从而降低绩效。这种正反两方面的效应使得嵌入性有个最优阈值：在达到这个阈值之前，嵌入性提升企业绩效；超过阈值之后，嵌入性降低企业绩效。

除了嵌入性之外，另一些学者以关系承诺（如：Morgan & Hunt，1994）、信任（如：Zaheer & Venkatraman，1995）以及关系型规范（如：Heide & John，1990）等概念为切入点来研究关系的治理效应。这些切入点密切相关，存在相互包含关系或相互重叠性。例如,“嵌入性”和“关系型规范”属于层次较高的概念,“信任”和“关系承诺”则属于较低层次的概念。尽管切入点存在一定的不同,但相关研究的理论逻辑是完全一致的,均属于关系交换理论的范畴。

依据关系交换理论,代工企业的专用性投资对于企业间合作以及机会主义行为有直接的效应。专用性投资是一种关系型投资,可以用来发送积极的关系信号(Madhok,2000)。代工企业加大专用性投资增加了它们的转换成本和遭受品牌客户机会主义行为威胁的风险,这就传递了两层意思:第一,“我是可靠的(trustworthiness)”;第二,“我是信任你的”。这有助于激发品牌客户参与合作关系的信心和动力。此外,专用性投资,特别是人力资本的专用性投资,本身就意味着双方信息交流和互动频率的增加,这有利于代工企业与品牌客户联合解决问题(Uzzi,1996);并且使得品牌客户的机会主义行为更容易被探知,这会抑制客户的机会主义行为。另外,代工企业与客户的关系性质还具有治理效应,调节着代工企业的专用性投资与企业间合作、客户的机会主义行为以及代工企业的能力构建之间的关系。本研究的观点是,随着关系性质向高度嵌入性或高水平的关系型规范的转变,企业之间的行为导向会在关系的某一阈值点发生重大的变化;行为导向的变化具体表现为,从短期导向转变为长期导向、从完全自利导向转向利我和利他导向并存、从个体利益导向转向整体利益导向;这样的转变使得专用性投资与企业间合作行为之间的正相关关系更为显著,也使得代工企业的专用性投资与品牌客户的机会主义行为之间的关系由正相关转变为负相关。

3.5 四种理论视角的融合

3.5.1 综合使用四种理论视角的必要性

本研究试图全面地理解代工企业专用性投资的正面效应和负面效应,以“企业间合作”(正面效应)和“客户的机会主义行为”(负面效应)为中介来剖析代工企业的专用性投资对于其借助于品牌客户的能力构建活动的作用机制。并且,本研究还将考察属于法律规制型的合同完备性,属于经济制约型机制的客户专用性投资、整体代工能力和客户声誉,属于关系导向型的关系型规范等治理机制对于交易专用性投资和企业间合作、客户的机会主义行为、能力构建之间关系的调节作用。根据本章3.1~3.4四个部分的理论探讨,交易成本理论、资源基础理论、资源依赖理论和关系交换理论都可以帮助我们探讨部分变量之间的关系,但没有任何一种理论可以解决本研究试图回答的全部问题(表3.1)。研究目标和研究内容决定了本研究需要综合使用交易成本理论、资源基础理论、资源依赖理论和关系交换理论四种理论视角来审视代工企业的专用性投资对于能力构建活动的作用机制以及相关治理机制的调节作用。

表 3.1 四种理论视角对本研究主题的解释能力

研究主题 \ 理论视角	交易成本理论	资源基础理论	资源依赖理论	关系交换理论
正面效应	无	有	无	有
负面效应	有	无	有	无
合同的治理效应	有	无	无	有
客户专用性投资的治理效应	无	有	有	有
整体代工能力的治理效应	无	有	有	无
声誉的治理效应	无	有	无	无
关系型规范的治理效应	无	有	无	有

3.5.2 综合使用四种理论视角的可行性

综上所述，只有综合地使用交易成本理论、资源基础理论、资源依赖理论和关系交换理论，我们才能比较全面地把握代工企业专用性投资的效应及其调节因素。近年来，国际顶级的学术刊物上出现了越来越多的将不同理论融合起来使用的例子。学者们之所以综合运用多个理论视角，是因为单一的理论往往是对复杂事物某一方面的高度抽象，要想全面地了解这个事物就需要从多个不同的视角来洞悉它，因此，研究同一现象的不同理论视角只要它们不是根本对立的，就可以考虑将它们结合起来使用。

就上文所说的四种理论视角而言，将这四种理论视角中的两种或更多种联合起来使用的研究并不鲜见。例如：Madhok 和 Tallman（1998）将资源基础理论和交易成本理论作为研究交易关系的视角，他们指出，交易成本理论关注交易成本的控制机制，资源基础理论考察交易价值的创造问题，联合使用这两种理论有助于我们全面地审视交易中同时存在的价值创造和成本降低问题。除了这个例子，一些研究者（Lado，Dant & Tekleab，2008；Lai、Liu，Yang，Lin & Tsai，2005）还试图联合使用看似根本对立的交易成本理论和关系交换理论。Lado，Dant 和 Tekleab（2008）指出，随着企业间商业关系的日趋成熟以及彼此间联系的扩大，跨组织交易关系中信任和机会主义行为并存的现象日益普遍；只有将交易成本理论和关系交换理论结合起来，才能理解这种悖论式的关系性质。这些例子表明，综合使用多种视角有助于我们更全面地认识事物的原貌。

那么,本研究可以综合运用交易成本理论、资源基础理论、资源依赖理论和关系交换理论这四种理论视角吗?要想回答这一问题,我们需要来分析这四种理论关于人性的不同假设是否有融合的可能性。企业间关系的研究往往被两种不同的人性假设即"经济人"和"英雄人(heroic man)"(Boulding,1969)所主导。"经济人"假设强调人是理性的精于算计的行为主体。"英雄人"强调人的非理性、非计算性特征(Lado,Dant & Tekleab,2008)。资源基础理论、资源依赖理论、交易成本理论把人作为"经济人"来看待,尤其是交易成本理论,它刻画了一个极端自私、损人利己的"经济人"形象,而关系交换理论的倡导者(Lewicki & Bunker,1996;Uzzi, 1997)提倡"英雄人"假设,他们强调信任在塑造并维持创造价值的关系交换中发挥着至关重要的作用。根据 Boulding(1969),Lado,Dant 和 Tekleab(2008)的观点,过于强调任何一个极端都不足以完全揭示组织间关系的真实面貌。因此,我们有必要采取一种综合的视角来审视人性,既要看到人性黑暗的一面,也要看到其光辉的另一面。现实中的行为主体在具体、动态的社会关系中追求自身多重目标体系的实现(黄中伟和王宇露,2007),不同的关系性质和不同的目标追求使得行为主体在决策时有不同的表现,这导致在一些情境中"经济人"的假设更恰当,在另一些情景中"英雄人"的假设更为恰当。也就是说,我们要以一种权变的眼光来看待这四种理论关于人性假设的适用性。在国际代工关系中,代工双方的决策情境由实力对比和关系性质等一系列因素组成,这使得代工企业一定会面临不同的决策情景和决策规则,"经济人"和"英雄人"的假设都有各自的用武之地。综合以上分析,四种理论视角的综合使用可以帮助我们全面地、权变地思考代工企业专用性投资的效应及治理机制的作用。

3.6 本章小结

与交易专用性投资的效应及其调节因素研究密切相关的理论视角主要包括交易成本理论、资源基础理论、资源依赖理论和关系交换理论。本章简要阐述了这四种理论,并用这些理论来解读交易专用性投资的效应以及本研究拟考察的五种治理机制的调节效应。在此基础上,本章论述了上述四种理论视角的融合对于构建理论框架和实现研究目标的必要性和可行性。以上四种理论视角和下一章所述的动态能力理论一起构成了本研究所采用的五种理论视角。

第四章

理论假设与研究模型

本章综合运用交易成本理论、资源基础理论、资源依赖理论、关系交换理论和动态能力理论等多种理论视角提出理论假设。在此基础上,构建理论模型和实证模型,为后续的假设检验提供框架。

4.1 理论假设的提出

4.1.1 代工企业的专用性投资与企业间合作的关系

在战略联盟盛行的今天,企业间的合作日益普遍,企业通过直接的合作来利用其他企业的资源,从而提高企业的绩效(Lavie,2006)。企业间合作的深度和广度取决于合作的资源基础和合作意愿,资源基础和合作意愿一起构成了企业间有效合作的充分必要条件。具体来说,合作的资源基础包括资源的匹配性以及企业的相对吸收能力(Lane & Lubatkin,1998)。参与合作的企业应该具有互补的(Lavie,2006;Dyer & Singh,1998)或相似的(Laive,2006)资源,同时,参与合作的企业还应该具有较强的相对吸收能力,即这些企业应该有能力去评估、吸收并运用某(些)特定合作伙伴的资源。合作意愿的大小取决于企业通过合作所能获得的净收益。企业有机会通过合作来创造关系租金(Dyer & Singh,1998),实现互补或相似资源之间的协同效应,但企业并不必然能够通过合作创造关系租金,企业间的合作受到绩效风险和关系风险(Das & Teng,1999)的干扰。关系风险指的是由于企业对联盟缺乏承诺以及可能的机会主义行为而危及联盟的前景。这意味着,企业的合作行为既具有价值创造的效应,同时又可能带来合作的关系风险,从而使得合作方陷入“囚徒困境”之中(Parkhe,1993;Das & Teng,1998),进而使得合作程度处于比较低的水平。根据相关的研究,增加企业从高水平合作与低水平合作中所获收益的差额(Zeng & Chen,2003)以及减少由于贪婪而引发的威胁或恐惧(Zeng & Chen,2003;Das & Teng,1998),都可以有效地提高企业间的合作水平。

代工企业与品牌客户开展合作的基础在于它们之间存在的互补性资源。资源的互补性体现为，品牌客户具有较强的品牌资源和技术资源，但生产成本偏高；而代工企业的资源特征正好相反。互补性的资源使得代工企业和品牌客户扬长避短，发挥各自的比较优势。代工企业可以凭借所在地拥有的较低的成本禀赋以及它们积累的生产专长嵌入到国际品牌客户的价值链中，获取经济收益，并努力学习品牌客户在技术和营销方面的知识；而品牌客户也可以通过合作来实现诸多目标。作为世界上第一家也是唯一一家专注于外包活动的全球性权威机构，美国外包协会于1995年完成了一项外包调研报告（徐姝，2003），该报告从战略、战术和变革的角度分别提出了外包的优势（参见表4.1）。周俊和薛求知（2008）认为，代工合作可以帮助品牌企业实现以下利益：① 利用运营成本的国别差异。国际品牌客户可把生产和部分研发活动转移到成本较低的国家或地区，以降低成本。② 实施“归核化”战略。代工合作有利于品牌客户对价值活动进行聚焦，将业务重点放在它们擅长的品牌经营和核心研发活动上，从而可以更快更好地满足迅速变化的市场需求。③ 提升战略柔性。在日益动荡复杂的竞争环境下，剥离非核心业务活动，有助于企业及时进行战略转变。

表4.1　外包的优势

战术优势	战略优势	变革优势
降低和控制经营成本；减少对非核心业务的投资；注入现金；获得内部缺少的资源；克服职能管理失控的困难	改善业务关注点；获取世界一流的先进技术；促进组织重组；分担风险；释放资源用于其他用途	为顾客带来更快、更新的解决方案；对日益缩短的产品生命周期作出反应；重新确定与供应商及合作伙伴的关系；超越竞争对手；以较低的风险进入新的市场

资料来源：美国外包协会1995年外包调研报告。

代工企业和品牌客户尽管可以通过合作发挥各自在资源上的比较优势，进而实现各自的目标，但这样的目标往往不能够自动地实现。在合作的过程中，代工企业和品牌客户都面临某些风险。就代工企业而言，它们大多面临着很大的产业风险和关系风险；就品牌客户来说，它们在外包过程中往往面临难以控制产品质量、时机以及知识外溢等风险。其中，知识外溢风险主要来自两个方面：第一，品牌客户转移给代工企业的知识可能会超过代工业务的实际需要。一般来说，在代工过程中，代工企业往往具有或强或弱的知识获取动机。Hamel，Doz & Plahalad（1989）指出，亚洲伙伴往往通过 OEM 交易来学习西方竞争者的技术或技能，从而在某些价值创造活动中取代了来自西方国家的客户。针对台湾地区企业的研究也提供了类似的支持性证据。从台湾地区信息产业的发展历程来看，台湾地区企业往往能取得外部先进的技术与知识，进而发展本身的技术能力（Ernst，2000；Hobday，1995）。多数国际品牌客户都能清楚地意识到这一点，它们采取了严格的技术保密措施，除了必要的技术合作之外，代工企业很难有其他的知识获取途径（黄延聪，2002）。第二，代工企业可能会将某品牌客户的私有信息传递给其他的品牌客户。如果某品牌客户担心知识外溢的话，它就会有意识地限制合作的深度和广度。要想提高品牌客户参与合作的积极性，代工企业需要想方设法降低品牌客户对于风险的感知，增加客户对于代工企业的合作能力和合作意愿的信任有助于上述目标的实现。

综上所述，品牌客户与代工企业之间的合作程度取决于两大要素，即双方资源的互补程度以及各自对合作风险的感知水平。一般来说，在其他条件相同的情况下，资源的互补程度越高，各自对合作风险的感知水平越低，代工双方的合作水平就越高。

下面，本研究依据上面的理论逻辑来探讨代工企业的专用性投资与企业间合作之间的关系。

代工企业的专用性投资为代工企业与品牌客户之间的合作提供了资源储备，并提高了双方从合作中所能获得的经济利益，从而提高相关企业开展合作的能力和动力。为了帮助品牌客户实现某些战略需求，提高响应客户的能力，代工企业往往需要针对品牌客户进行专用性投资，这些专用性投资可能涉及物质资产（如：厂房、设备、工具等）、人力资产（如：人际关系和专门知识）、业务流程、特殊的地点要求等诸多因素。这些专用性投资构成了企业间合作的资源储备。本研究以物质资产专用性、人力资产专用性和地点专用性为例来论述这一观点。就物质资产专用性而言，满足客户要求的厂房、设备或工具可以改善代工企业与客户之间的资源耦合度，提高各自资源的使用效率。就人力资产专用性而言，为了更好地配合品牌客户，代工企业可能需要指派专门的人员与特定的品牌客户打交道。久而久之，这些跟特定品牌客户打交道的人员就可能形成了特定的人际关系和专门知识，他们因而能够帮助代工企业与品牌客户开展更有效的互动。就地点专用性来说，它至少有三个方面的作用。第一项作用体现为降低成本，包括库存成本和运输成本。Dyer（1996a，1996b，1997）对比了美日的汽车供应商网络，指出日本的丰田和日产与它们的供应商的平均距离要显著小于美国的三大汽车厂商相应的距离，这使得日本的汽车制造商，特别是丰田，能够在不影响生产供应的前提下，保持较低的库存水平。Joskow（1988）进行的一项研究表明，美国的火电厂一般会设在煤炭企业的附近，以节约运输成本。地点专用性的第二项作用是接近客户和最终市场。代工企业的国际化动因，除了有降低生产成本的需要，还有一个动机就是，跟随全球性客户去世界各地设厂从而满足各地的差异化需求。地点专用性的第三项作用就是便利沟通，促进合作。我们知道，地理距离会对人际沟通的频率和效果产生不利的影响，即便在交通技术和通信技术高度发达的今天，情况依旧如此。Saxenian在1994发表的一篇论文指出，惠普以及其他硅谷公司通过与地理位置相近的供应商发展长期伙伴关系而大大地提高了绩效，她给出的一条原因是：地理位置的接近极大地改善了沟通，促进了企业之间的合作，使得它们能够更好地适应高科技产业日益动态复杂的技术要求。由于代工企业的专用性投资为代工企业与品牌客户之间的合作提供了资源储备，因而专用性投资提高了它们开展相互合作的能力；在其他条件相同的情况下，随着代工企业专用性投资的增加，品牌客户和代工企业之间因合作行为而获得的收益也相应地增加，从而增强了他们参与合作的动力。

代工企业的专用性投资可以降低品牌客户感知到的合作风险，从而提高它们参与合作的积极性。代工企业的交易专用性投资提高了它们的转换成本，使得它们不可能在不损失投资价值的前提下灵活地将所做的投资从原先的国际代工关系转移到其他的交易关系中。如果投资的数额足够大，专用性足够强，则这样的投资会成为代工关系的“抵押物”（Williamson，1983），成为代工企业“立誓”（Anderson & Weitz，1992）的手段，成为代工企业与品牌客户开展长期合作关系的“可置信承诺”。在这种情况下，品牌客户就不会太担心知识的溢出问题，因为它们可以合理地预期代工企业不会轻易地破坏交易关系，而且，必要时，它们可以利用代工企业由于进行了专用性投资而产生的依赖性来向代工企业施压。

代工企业的专用性投资还会促使代工企业以企业间的合作作为一种影响品牌客户的手段。学者们的研究表明，联合行动（Heide & John，1990）、联合决策（Subramani & Venkatraman，2003）以及协作性的共同努力（Claro，Claro & Hagelaar，2006）是专用性资产的投资方常用的防卫手段。企业间的合作是一种具有行政体系部分功能的监控机制。通过企业间合作，代工企业可以及时、准确地获知品牌客户的行动信息，从而减少由于信息不对称带来的客户机会主义行为；代工企业还可以试图通过合作使得品牌客户做出有利于代工企业的决策和行动。

综上所述，从价值创造的角度来看，代工企业的专用性投资提供了代工企业与品牌客户开展合作的资源储备和经济激励；从关系管理的角度来看，代工企业的专用性投资降低了品牌客户感知到的合作风险，代工企业也可以通过企业间的合作来达到制约品牌客户的目的。可以看出，代工企业的专用性投资提高了双方参与合作的能力和动力。

基于以上的理论探讨，本研究提出：

假设1：代工企业的专用性投资与企业间的合作行为正相关。

4.1.2 代工企业的专用性投资与客户机会主义行为的关系

代工双方在开展企业间合作时，可能同时存在着机会主义行为。考虑到研究的目的，本研究这里只阐述客户的机会主义行为。客户的机会主义行为表现在多个方面。比如，品牌客户凭借较强的讨价还价能力和各种其他手段来争取关系租金中的较大份额；品牌客户可能会违背合同条款或提出各种违反缔约双方原有心理契约的要求；单方面地减少订单或降低标的价格，甚至会提前解除合同。

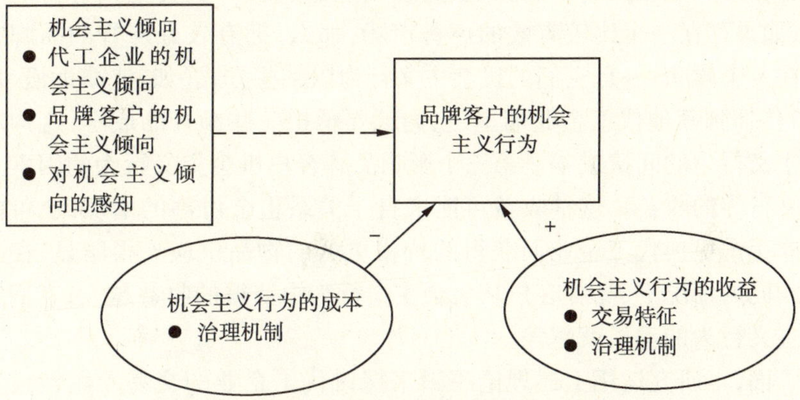

图4.1 品牌客户机会主义行为的影响因素

资料来源：根据 Ghoshal 和 Moran(1996)的理论模型整理而得。

品牌客户的机会主义行为发生的频率、范围和程度主要取决于三大因素（见图4.1）。第一个因素是，代工双方的机会主义倾向以及它们对对方机会主义倾向的感知。如果品牌客户具有较强的机会主义倾向，或者感知到代工企业具有较强的机会主义倾向，它们就有可能发生机会主义行为。在 Williamson 的理论框架中，机会主义倾向是外生的；而依据另一些学者(Ghoshal & Moran, 1996)的观点，机会主义倾向是内生的，依赖于一些特定的情境。在本研究看来，机会主义倾向既有外生的因素，也有内生的成分。

即，机会主义倾向是交易者的一种禀赋，有些交易者机会主义倾向较强，有些则较弱；同时，交易者的机会主义倾向又具有内生性，受到某些情境变量的影响，比如，交易关系的性质影响到交易者与特定交易对象开展交易时的机会主义倾向。一般来说，如果交易者彼此认同，相互信任，关系亲密，则它们的机会主义倾向往往较低（Williamson，1993；Dyer，1997）。从这个意义上来说，在关系密切的代工关系中，代工双方的机会主义倾向较弱。影响品牌客户机会主义行为的第二大因素是品牌客户执行机会主义行为的成本，成本较高，发生机会主义行为的概率就较低。品牌客户机会主义行为的成本包括直接成本和间接成本，直接成本是品牌客户实施机会主义行为本身的成本，间接成本体现为代工企业的报复行为以及品牌客户的声誉损害等带来的成本。如果代工双方之间的互动比较频繁，代工企业就可以及时探知品牌客户可能的机会主义行为，从而采取预防或遏制措施，这会增加品牌客户机会主义行为的直接成本；如果代工企业的整体代工能力较强，那么它们与品牌客户之间的依赖不对称性会减弱，从而代工企业的反击行动可能会对品牌客户产生较大的不利影响，这会增加品牌客户机会主义行为的间接成本；如果存在一个比较有效的声誉市场，那么，拥有较好声誉的品牌客户就存在一个软肋：一旦它们的机会主义行为以某些方式（如：法律诉讼、口碑宣传）传播到其他代工企业那里，它们就要承担一些额外的成本，这构成了机会主义行为的间接成本。第三个影响品牌客户机会主义行为的因素是机会主义行为的收益。这种收益可能来自于关系租金份额的增加，也可能产生于非正常更换代工企业而获得的价格更低的物品供应。很明显，在其他条件相同的情况下，品牌客户从机会主义行为中获得的收益越大，它们实施机会主义行为的动机就越强。

下面，本研究运用上述理论逻辑来探讨代工企业的交易专用性投资对品牌客户机会主义行为的影响。

代工企业的投资专用性的增强可能会增加品牌客户从机会主义行为中获得的收益。根据交易成本理论，在其他条件相同时，代工企业的投资专用性越强，产生的可占用性准租就越高，代工企业和品牌客户针对可占用性准租的分配问题开展的争夺就越激烈（Klein，Crawford & Alchian，1978），为了能够获取较大比例的可占用性准租，代工双方会出现种种不道德的或机会主义行为。一般来说，在国际代工关系中，代工企业对于品牌客户的依赖程度要甚于品牌客户对于代工企业的依赖。依据资源依赖理论，代工企业的专用性投资加剧了双方的依赖不对称性，这增强了品牌客户对于代工关系的控制能力，品牌客户可能会利用得到了增强的控制能力，以此作为谈判的筹码，来攫取更大份额的可占用性准租，发生机会主义行为。依据交易成本理论和资源依赖理论，如果代工企业的专用性投资增加，品牌客户就会有更强的经济激励来从事机会主义行为。交易成本理论和资源依赖理论的上述逻辑推理得以成立的前提之一是品牌客户存在较强的机会主义倾向，它们特别关注自身的短期利益；前提之二是，在代工企业增加专用性投资之后，品牌客户因而增加的机会主义行为成本低于增加的机会主义行为收益。这里需要指出的是，以上两个前提并不必然成立。就第一个前提而言，品牌客户的机会主义倾向并不总是很明显的，它取决于一些情境因素。当代工双方彼此高度嵌入时，品牌客户在开展交易活动时可能会遵循长期导向和互惠原则。从关系交换理论的视角来看，在双方关系高度嵌入时，品牌客户往往会将代工企业的专用性投资视为一种善意的关系承诺，视为一种价值创造的机会，因而增强对代工企业的关系承诺，抑制自身的机会主义倾向。这就是说，代工关系的性质可能会改变代工企业专用性投资和品牌客户机会主义行为之间的关系。就第二个前提来说，品牌客户机会主义行为的成本大小受制于整体代工能力、品牌客户的专用性投资以及声誉等因素，这些因素的变化可能会使得品牌客户从机会主义行为中获得的收益要小于相应的成本。比如：当代工企业的整体代工能力足够强大的时候，品牌客户可能会碰到上述情形，此时，品牌企业会选择控制机会主义行为。

基于上面的论述，本研究认为，应该以权变的观点审视代工企业的专用性投资对品牌客户机会主义行为的影响。从整体上看，国际代工关系中的代工双方由于存在语言、文化距离和地理距离等方面的沟通障碍，它们不大容易建立起高度嵌入性关系；而且，与国际品牌客户相比，代工企业普遍处于弱势，它们惩罚品牌客户机会主义行为的能力相当有限。在这些原因的综合作用下，交易成本理论和资源依赖理论的逻辑推理可能比较适用于大多数国际代工关系。基于这样的分析，本研究提出：

假设 2：代工企业的专用性投资与品牌客户的机会主义行为正相关。

4.1.3 企业间合作与代工企业能力构建的关系

依据动态能力的理论视角，在动态复杂的环境中，企业的持续竞争优势依赖于其动态能力，即整合、构建和重组内外部资源以修正运营操作能力，从而适应动态复杂快速变化环境的能力（Teece, Pisano & Shuen, 1997; Zahra, Sapienza & Davidson, 2006）。动态能力的倡导者认为，每一种具体形式的创造租金的能力终将消亡，企业需要不断更新原有的能力，因此，有效竞争的关键在于提高转变的能力，即动态能力，动态能力使得企业可以获得由无数个“临时性”的竞争优势组成的持续竞争优势。动态能力对于代工企业的持续发展至关重要，这主要是因为动态能力有助于代工企业应对其他代工企业的模仿，有助于代工企业满足品牌客户持续增加的要求。组织学习是代工企业提高动态能力从而不断构建新能力的关键。组织学习包括个体层次、群体层次、组织层次（Crossman，Lane & White，1999），甚至组织间的学习（Levitt & March，1988）。近年来，在经济全球化和技术变革的推动下，企业越来越多地使用国际性的联盟来学习新知识。从组织学习的角度来看，在代工过程中，通过代工关系向国际品牌客户学习先进的技术知识和管理知识，从而提高自身的能力是代工企业构建新能力的一项重要来源。Hamel，Doz 和 Prahalad（1989）指出，亚洲代工伙伴往往通过贴牌方式来学习西方竞争对手的技术或技能，从而在某些价值创造活动中取代西方国家的客户。针对我国台湾企业的研究也提供了支持性的证据。从台湾地区信息产业的发展历程来看，台湾地区企业往往能取得外部先进的技术与知识，进而发展和提高自身的技术能力（Hobday，1995）。

依据知识管理方面的相关理论，代工企业借助代工关系构建能力的过程可以分为知识获取、知识处理和知识应用等三大过程（Huber，1991；Nevis，DiBella & Gould，1995；DiBella，Nevis & Gould，1996）。知识获取是组织取得知识进行学习的过程，知识处理是组织内部传递、诠释、转换、转移及扩散知识的过程，而知识应用是指组织储存、使用或是整合、结合、制度化所学知识。其中，知识获取过程与国际品牌客户的行为直接相关。品牌客户从以下两个方面影响代工企业的知识获取，进而影响到代工企业的能力构建。首先是品牌客户的激励意向（Gupta & Govindarajan，2000），即品牌客户向代工企业转移知识的主观意愿，激励意向与代工企业的知识获取效果正相关。从企业能力的角度来看，品牌企业的优势在于拥有稀缺的、难以模仿的、难以替代的、难以流动的对代工企业有价值的能力，这些能力造就了品牌企业在代工关系中的强势谈判地位（Hamel，1991），使得它们可以左右代工关系的性质。因此，品牌客户一般会降低主动涉入程度（Lyles & Salk，1996），控制组织透明度和技能透明度（Hamel，1991），采取严格的技术保密措施。除了必要的技术合作之外，代工企业很难找到其他获取知识的途径（黄延聪，2002）。当然，以上只是一种笼统的刻画。实际上，品牌客户的激励意向是包括关系资本（Kale，Singh & Perlmutter，2000）和组织间信任（Inkpen，1996；Inkpen，2000）在内的一系列因素综合作用的结果。影响代工企业知识获取的另一个因素是传输渠道的多寡。可以充当知识传输渠道的有人员互派、技术共享以及人际互动等（Inkpen，1998）。人员的互派是促使私人知识流动的一种有效方式，帮助代工双方的成员从多个角度理解当前的业务;技术共享有利于代工企业快速掌握通过内部开发需要很长时间才能培养起来的能力;人际互动使得代工企业的员工可以接触品牌客户的显性知识和隐性知识,促进知识的转移和结合。

下面,本研究运用上面的理论逻辑来探讨企业间合作与能力构建之间、客户的机会主义行为和能力构建之间的关系。

代工双方的企业间合作可以促进代工企业的能力构建。首先,为了提高合作的效率和效益,品牌客户必要时需要帮助代工企业提高能力,这使得品牌客户具有一定程度的知识转移激励意向。从价值网络的观点来看,品牌客户和代工企业各自提供了一部分顾客让渡价值,品牌客户在最终产品市场中的竞争力受到代工企业能力的影响。正因为如此,品牌客户需要帮助那些在某些方面还达不到合作要求的代工企业构建新的能力。IBM 公司于 1966 年在台湾地区设立国际采购中心(IPO/International Procurement Office),当时 IBM 为了让台湾地区代工企业在产品开发、流程运作以及质量管理等方面达到 IBM 的标准,转移 IBM 的制度规范给台湾地区企业,要求它们进行学习并改进,IBM 还定期派遣工程师拜访台湾地区供应商,对生产及后勤设施进行检验,并协助改进整体生产效率。其次,为了利用代工企业的某些知识,品牌客户可能会让代工企业介入到生产环节之外的价值创造活动之中,这增加了代工企业的员工广泛接触客户知识的渠道。例如:品牌客户可能会要求代工企业参与新产品开发活动,这使得它们有机会了解市场需求的发展趋势和新产品的主要规格,了解品牌客户的管理倾向和工作文化(Vonderembse & Tracey,1999)。最后,随着企业间合作水平的提升,代工双方互动的机会也在增加,代工企业更容易接近客户的知识,这为代工企业的知识获取进而为能力构建创造了条件。依据边界跨越(boundary spanning)的观点,边界跨越者(boundary spanner)是连接企业内部信息和外部信息的纽带(Tushman & Scanlan,1981)。在代工关系中,代工企业的边界跨越者就是那些与品牌客户打交道的代工企业工作人员。随着合作的扩大,代工企业的边界跨越者在数量上和层级上会相应增加,这提高了代工企业的边界跨越者接触品牌客户知识并将其传输到企业内部其他成员脑中的可能性。即便品牌客户规定了严密的技术转移范围,它们的边界跨越者还是有可能在与代工企业边界跨越者的互动过程中无意识地泄露限定范围之外的信息和知识(Hamel,1991)。综上所述,企业间合作增强了客户向代工企业转移知识的激励意向,并且增加了知识传输的渠道,这提高了代工企业的知识获取效果,进而为代工企业的能力构建提供了前提。根据上面的论述,本研究认为:

假设3:代工双方的企业间合作与代工企业借助于品牌客户开展的能力构建效果正相关。

4.1.4 客户机会主义行为与代工企业能力构建的关系

根据Hamel(1991)的观点,企业是技能的组合体。为了弥补能力缺陷,企业可以加入学习联盟(learning alliances)来接近并内部化联盟伙伴的能力。在学习联盟中,联盟企业开展着"学习竞赛",学得快的企业在联盟内部和外部的地位将越来越重要,学得慢的企业将逐渐被边缘化甚至被联盟伙伴所淘汰。学习联盟中的企业一般会尽可能地接触并消化吸收伙伴的知识,同时保护它们的核心私有资产免受伙伴机会主义的威胁(Kale,Singh & Perlmutter,2000)。依据资源依赖的理论观点,品牌客户在研发和营销方面的关键技能是维持关系支配力的关键。当品牌客户拥有很强的关键技能时,即便它们发生了针对代工企业的机会主义行为,代工企业也往往无法采取有力的报复措施;但如果代工企业学到了品牌客户的某些关键技能,代工企业还击客户机会主义行为的能力就会有所增加。因此,当客户的机会主义行为比较频繁、比较严重的时候,它们会刻意地降低代工企业潜在的报复行为所可能导致的损失,它们会因此而格外地关注关键技能的保密工作,采取各种措施降低这些技能的组织透明度和技能透明度(Hamel,1991)。这会减少代工企业的员工接触品牌客户关键技能的机会,限制了代工企业汲取新技能从而构建新能力的选择空间。基于此,本研究提出:

假设4:品牌客户的机会主义行为与代工企业借助于品牌客户开展的能力构建效果负相关。

4.1.5 企业间合作和客户机会主义行为的中介效应

根据以上论述,本研究提出一个完全中介效应假设。即,代工企业的专用性投资对于它们借助于品牌客户的能力构建活动的影响是通过企业间合作和客户机会主义行为这两种机制联合传递的。企业间合作的中介效应指的是,代工企业的专用性投资增强了代工双方参与合作的能力和动力,进而增强了客户转移知识的激励意向并增加了知识从客户向代工企业转移的渠道,从而促进能力的构建;而客户机会主义行为的中介效应指的是,代工企业的专用性投资滋生了客户的机会主义行为,进而降低了客户转移知识的激励意向,促使客户有意识地减少知识转移的渠道,从而阻碍代工企业借助于客户开展的能力构建活动。除了这两种中介作用机制之外,是否还会有其他的机制呢?在本研究中,企业间合作是一个内涵十分丰富的概念,包括代工双方在新产品开发、生产过程管理、成本控制、货物配送、人员培训和计划拟定等多个方面的配合。已有研究所使用的中介变量包括"共同行动

(joint action)"(Wang,Huang & Lee,2001)和"共同决策(joint decision-making)"(徐惠菁,2004),这些变量和本研究的"企业间合作"高度相关或者内含于"企业间合作"。应该说,"企业间合作"比较全面地代表了代工企业获得客户的知识溢出进而开展能力构建的渠道;而"客户机会主义行为"则较好地体现了客户的知识发送意愿。这两者高度地概括或代表了与客户相关的影响代工企业知识获取和能力构建效果的绝大部分因素。基于这样的考虑,本研究提出:

假设5:企业间合作和客户机会主义行为在代工企业的专用性投资和能力构建之间发挥着完全中介的作用。

4.1.6 治理机制的调节效应

1. 合同完备性的调节效应

合同规制是法学家和交易成本经济学家研究得较多的治理模式。合同一般会对交易者的权利和义务进行界定,说明交往规则和运作流程,明确对违反合同者的惩罚措施。Williamson(1999)指出:"可置信的缔约很大程度上是一种富有远见的缔约,交易各方借以展望未来,识别风险,设计风险转移机制,从而实现共同的收益。"事先制定的合同提供了交易者之间合作的制度框架(Luo,2002;Poppo & Zenger,2002),是惩罚违反合同者的依据。合同完备性有助于转移事后的机会主义行为,规避投资扭曲现象(Williamson,1979);而不完备的合同则为机会主义行为创造了机会,催生了在合作性关系中的道德风险(Goldberg,1976)。合同完备性包括合同包容性(contractual inclusiveness)和合同约束性(contractual obligatoriness)(Luo,2007)。合同包容性类似于"条款明确性(term specificity)"(Luo,2002),描述合同条款是否详细地规定了未来各种可能的情形以及在各种可能的情形下交易者的行动规则;合同约束性指的是合同各方受到合同条款的约束程度。合同只有同时具有很强的包容性和约束性,才能称得上是完备的。合同的条款规定如果过于粗略的话,则必然存在漏洞,滋生道德风险;而且,合同条款即使再详细,但如果对合同签订者缺乏约束力的话,也只是一纸空文,谈不上完备。

完备的合同详细规定了代工双方在设计、生产、配送以及售后服务等方面的活动范围,这有助于它们明晰各自的责权利,降低管理决策的复杂性,减少无效率的商讨和工作延误等现象,从而提高合作的效果和效率。完备的合同还可以降低代工双方感知到的合作风险,从而促进合作。代工双方的合作行为不是自然产生的,因为如果不能确保代工伙伴以一种互惠的方式开展合作的话,合作的行为就不符合每个交易者的利益(Gibbons,1992)。导致共同得益最大化的行为并不必然导致个体利益的最大化,如果代工企业和品牌客户都在寻求个体利益的最大化，那么，它们既不能最大化个体利益，也不能最大化共同得益，这就是所谓的“囚徒困境”。如果能够改变博弈的支付结构，使得个体利益最大化的行为同时也导致整体利益的最大化，互惠型的合作就产生了（Parkhe，1993）。合同完备性提供了确保企业间互惠合作的事前机制以及抑制单方面寻求个体利益的约束性框架，同时使得各方的行为更易于被另一方所观察到，从而孕育彼此的信任和互惠性的包容（Luo，2002）。

假设6a：随着合同完备性的增加，代工企业进行的专用性投资与企业间合作的正向关系得到增强。

如果代工合同能够较好地反映交易过程中可能发生的各种情况以及在各种情况下的应对策略，如果合同条款足够详细、明确并具有预见性，那么，品牌客户钻合同漏洞的可能性就下降了。也就是说，合同包容性的增强减小了品牌客户机会主义行为的选择空间，有助于保障代工企业的利益不受侵犯。除了合同包容性以外，合同约束性也是构成合同完备性的一个维度。合同约束性越强，品牌客户由于那些违反合同的机会主义行为而受到惩罚的可能性和力度就越大，这增加了品牌客户实施机会主义行为的成本。因此，合同完备性有利于减弱代工企业专用性投资对品牌客户机会主义行为的正向影响。但合同完备性不会从根本上改变代工企业专用性投资对于客户机会主义行为的作用性质。我们知道，机会主义行为包括两种：违反合同的机会主义Ⅰ型和没有违背合同但侵害代工双方原有心理契约的机会主义Ⅱ型。显然，合同是无法抑制第二种类型的机会主义的。因此，随着合同完备性的增强，品牌客户还是会通过机会主义Ⅱ型来获取私有利益。根据上面的讨论，本研究认为：

假设6b：随着合同完备性的增加，代工企业进行的专用性投资与品牌客户机会主义行为的正向关系减弱。

根据假设1～假设5、假设6a和假设6b，在其他条件相同的情况下，合同完备性越低，代工企业的专用性投资“促进企业间合作”的正面效应越小，而“滋生客户机会主义行为”的负面效应就越大，这样，代工企业专用性投资通过“企业间合作”和“客户机会主义行为”这两个中介影响“能力构建”的总效应就越小。当合同完备性低于某一水平的时候，专用性投资通过“客户机会主义行为”对“能力构建”的影响可能会超过专用性投资通过“企业间合作”对能力构建的影响，导致总效应为负。同样的道理，在其他条件相同的情况下，随着合同完备性的增加，专用性投资促进企业间合作进而推动能力构建的正面效应将会不断增加，而专用性投资滋生客户机会主义行为从而阻碍能力构建的负面效应将会不断减小,因而,专用性投资对于代工企业借助于客户的能力构建活动的总效应就不断增加。当合同完备性超过某一水平的时候,该总效应转变为正。根据以上的讨论,本研究提出:

假设6c:合同完备性正向调节了代工企业进行的专用性投资与其借助于客户的能力构建之间的关系:当合同完备性低于某一水平时,代工企业进行的专用性投资与其借助于客户的能力构建效应负相关;当合同完备性达到某一水平之后,该相关关系转变为正,并随着合同完备性的提高,这种正相关关系不断增强。

2. 客户专用性投资的调节效应

当国际品牌客户针对代工企业进行专用性投资时,品牌客户和代工企业之间构成了交互投资的情形。专用性投资对于投资者来说是带有风险的,品牌客户进行的专用性投资可能会增强它们相对于代工企业的脆弱性。一般来说,品牌客户的专用性投资决策具有较强的自主性,它们的这种主动承担更大风险的行为往往是出于对现有代工关系的信心和承诺。品牌客户的专用性投资可能会被进行了专用性投资的代工企业视为某种"信任"行为和关系承诺,依据关系交换理论,这会激发代工双方的双向承诺,使得他们将合作过程中关注的焦点由相互提防转向互利共赢,降低它们感知到的合作风险,从而提高它们参与合作的积极性。依据资源基础论,品牌客户的专用性投资进一步增强了代工双方开展合作的资源基础,提高了双方在物质资源、人力资源以及运作流程等方面的耦合程度,使得代工各方在合作行为上的单位投入能够获得更高的回报,从而提高了它们开展合作的经济激励。交互的专用性投资有利于增强代工双方在决策过程、信息和控制系统、技术标准等方面的兼容性(compatibility),促进它们之间的相互交流,有助于知识的交换。本研究以汽车制造业为例来说明上述观点。将部分内部活动外包是汽车制造企业广泛采用的经营实践(Takeishi,2001)。一个典型的客车由30 000多个零部件组成。虽然原始设备制造商(如:通用和丰田汽车公司)组装整车,外部的供应商却承担了大量的设计和制造任务,在一些汽车公司,外部供应商决定了70%左右的生产成本和50%左右的工艺成本(Clark & Fujimoto,1991)。这意味着汽车制造商的竞争力很大程度上依赖于供应商的能力以及它们与供应商协调关系的能力(Takeishi,2001)。Dyer在1996年和1997年的系列研究表明,日本汽车制造商与它们的供应商之间存在着重大的交互投资,这使得它们保持着较低的库存成本,并且在产品开发的速度上领先于主要的美国汽车企业。Dyer(1996a)指出,与美国的汽车制造企业相比,丰田和日产同它们的供应商有着更频繁的面对面接触,并且，这两家日本汽车企业向供应商派出了更多的访问工程师（guest engineers），这促进了供求方人员的相互沟通，有助于缩短新模型的开发周期。可见，品牌客户的专用性投资降低了代工双方对于合作风险的感知水平，并提高了它们参与合作的经济激励。基于上面的论述，本研究认为：

假设6d：随着客户专用性投资的增加，代工企业进行的专用性投资与企业间合作的正向关系得到增强。

如果客户针对代工关系进行了专用性投资，代工双方就构成了交互投资的情形。依据关系交换理论，这可以孕育双方的相互信任和关系承诺，降低它们的机会主义倾向，减少品牌客户发生机会主义行为的主观动机。依据资源依赖理论，客户的专用性投资增加了它们实施机会主义行为的成本。一旦客户针对某代工企业进行了专用性投资，它对该代工企业的依赖性就有所增强，因为它从专用性投资中所获得的收益依赖于代工企业的反应，这些专用性投资使得它无法在不遭受价值损失的情况下将专用性投资从一种代工关系转移到另一种代工关系中。代工企业因而可以通过降低合作程度等途径来惩罚客户。也就是说，品牌客户的专用性投资增加了代工企业惩罚客户的能力。综上所述，品牌客户的专用性投资具有降低品牌客户机会主义倾向和增加客户机会主义行为成本的效应，当这些专用性投资达到一定水平之后，品牌客户的机会主义倾向会变得非常弱，并且其实施机会主义行为的成本可能会超过从机会主义行为中获得的收益，从而可能会降低客户机会主义行为的发生概率。基于此，本研究提出：

假设6e：客户的专用性投资负向调节了代工企业进行的专用性投资与品牌客户机会主义行为之间的关系：当客户的专用性投资低于某一水平时，代工企业进行的专用性投资与品牌客户的机会主义行为正相关；当客户的专用性投资达到某一水平之后，代工企业进行的专用性投资与品牌客户的机会主义行为负相关。

根据假设1~假设5、假设6d和假设6e，在其他条件相同的情况下，客户的专用性投资越小，代工企业的专用性投资“促进企业间合作”的正面效应越小，而“滋生客户机会主义行为”的负面效应越大，这样，代工企业专用性投资通过“企业间合作”和“客户机会主义行为”这两个中介影响“能力构建”的总效应就越小。当客户的专用性投资低于某一水平的时候，专用性投资通过“客户机会主义行为”对“能力构建”的影响可能会超过专用性投资通过“企业间合作”对能力构建的影响，导致总效应为负。同理，在其他条件相同的情况下，随着客户专用性投资的增加，专用性投资“促进企业间合作进而推动能力构建”的正面效应将会不断增加，而专用性投资“滋生客户机会主义行为从而阻碍能力构建”的负面效应将会不断减小，因而，专用性投资对于代工企业借助于客户的能力构建活动的总效应就不断增加。当客户专用性投资超过某一水平的时候，该总效应转变为正。综上所述，本研究认为：

假设6f：客户的专用性投资正向调节了代工企业的专用性投资与能力构建之间的关系：当客户的专用性投资低于某一水平时，代工企业进行的专用性投资与其借助于客户而开展的能力构建效应负相关；当客户专用性投资达到某一水平之后，该相关关系转变为正，并随着客户专用性投资的增加，这种正相关关系不断增强。

3. 整体代工能力的调节效应

自20世纪90年代末期开始，战略性外包开始出现。外包在品牌企业中的地位得到了迅速的提升，正从战术性活动转为战略性活动。具体表现为：① 外包的目标从单纯降低成本转向增强整体竞争力，品牌企业试图使外包活动成为为它们赢得竞争优势的战略工具。② 外包活动的重点从外包零部件和硬件子系统转向以知识为基础的系统提供。Quinn（1999）指出，戴尔电脑公司致力于执行战略性外包政策，它将自身的资源集中于更高层次的顾客知识、下游支持系统以及用来加强与上游供应商关系的共享信息系统，而外部供应商则承担了戴尔计算机所需要的全部零部件设计、创新、软件以及生产活动。③ 发包企业在某些活动中的投入比例呈下降趋势。这种表现在汽车和电子等行业比较明显。以笔记本电脑的制造为例，近年来，品牌企业自制的比率持续下降，2008年第一季度笔记本电脑品牌厂商的自制比率仅为14.5%左右（《电子与电脑》，2008年第7期）。④ 在很多行业，代工业务的供应商集中度呈上升趋势。实行战略性外包的品牌企业一般会根据某些标准选择战略性供应商，和它们建立长期伙伴关系，共享信息，相互信任，协调相互依赖的活动，共同创造关系租金（Dyer & Singh，1998）。在笔记本电脑的代工市场上，代工量前5名的厂商依次为广达、仁宝、纬创资通、英业达和和硕联合，它们在2008年第一季度的出货量占笔记本电脑全球代工总量的90%，这五家企业是世界上主要品牌商的战略性供应商。品牌企业在最终产品市场上的竞争力在较大程度上取决于与它们开展合作的战略性供应商。依据资源基础论，一家代工企业如果能够为品牌客户提供具有价值性、稀缺性、难以模仿性、难以流动性以及难以替代性的互补性资源，它将可以为品牌客户带来竞争优势，因而更有可能成为战略性供应商。根据相关研究，代工企业的整体代工能力越强，它们提供互补性资源的能力就越强。代工企业的整体代工能力是指代工企业在承接订单时，为了能够在众多竞争者中脱颖而出所应该具有的一些有价值的、稀缺的、独特的、难以模仿的能力（Weber，1996）。整体代工能力是一个多维度的概念，包括生产制造能力、研发设计能力、全球运营管理能力、关键零组件的采购能力以及财务能力（黄铭章，2002；孙扬澄，2003）。整体代工能力较强的企业更有可能受到国际品牌客户的青睐，因为它们更有能力帮助品牌客户实现各种战略目标和战术目标。由于在合作上的单位投入能够带来更大的边际收益，品牌客户更乐于与整体代工能力强的代工企业开展价值活动的对接，双方在信息交换、联合完成某些特定任务上的投入也就更大。

假设6g：随着代工企业整体代工能力的增强，代工企业进行的专用性投资与企业间合作的正向关系得到增强。

代工企业的整体代工能力提高了客户实施机会主义行为的潜在成本。依据资源依赖理论，代工企业的整体代工能力越强，品牌客户对代工企业的依赖性越强，代工企业对品牌客户的依赖性就越弱。对于品牌客户来说，实力较强的代工企业往往比较稀缺，品牌客户需要支付较高的成本才能找到替代性的供应商；对于代工企业来说，它们有更多的机会选择替代性的品牌客户。这就使得代工企业有更强的能力去报复实施了机会主义行为的客户。当代工企业的整体代工能力达到一定水平之后，品牌客户实施机会主义行为的成本可能会超过从机会主义行为中获得的收益，从而抑制了客户的机会主义行为。

假设6h：代工企业的整体代工能力负向调节了代工企业进行的专用性投资与客户机会主义行为之间的关系：当整体代工能力低于某一水平时，代工企业进行的专用性投资与品牌客户的机会主义行为正相关；当代工企业的整体代工能力达到某一水平之后，代工企业进行的专用性投资与品牌客户的机会主义行为负相关。

根据假设1～假设5、假设6g和假设6h，在其他条件相同的情况下，整体代工能力越弱，代工企业的专用性投资“促进企业间合作”的正面效应越小，而“滋生客户机会主义行为”的负面效应就越大，这样，代工企业专用性投资通过“企业间合作”和“客户机会主义行为”这两个中介影响“能力构建”的总效应就越小。当整体代工能力低于某一水平的时候，专用性投资通过“客户机会主义行为”对“能力构建”的影响可能会超过专用性投资通过“企业间合作”对能力构建的影响，导致总效应为负。同理，在其他条件相同的情况下，随着整体代工能力的增强，专用性投资“促进企业间合作进而推动能力构建”的正面效应将会不断增加，而专用性投资“滋生客户机会主义行为从而阻碍能力构建”的负面效应将会不断减小，因而，专用性投资对于代工企业借助于客户的能力构建活动的总效应就不断增加。当整体代工能力达到某一水平之后，该总效应转变为正。基于这样的理论逻辑，本研究提出：

假设6i：整体代工能力正向调节了代工企业进行的专用性投资与其借助于客户而进行的能力构建活动之间的关系：当整体代工能力低于某一水平时，代工企业进行的专用性投资与其借助于客户而进行的能力构建效应负相关；而当整体代工能力达到某一水平之后，该相关关系转变为正，并随着整体代工能力的增强，这种正相关关系不断增强。

4. *声誉的调节效应*

根据Fombrun和Rindova(1996)所下的定义："企业声誉是企业过去一切行为及结果的综合体现，这些行为及结果反映了企业向各类利益相关者提供有价值的产出的能力。企业声誉可用来衡量一个企业在与内部员工及外部利益相关者的关系中所处的相对地位，以及企业的竞争环境和制度环境。"声誉是一种可以给企业带来持续竞争优势的无形资源(Porter，1980；Barney，1991；Hall，1993)，在人们对商业伦理等道德因素越来越重视的今天，声誉已成为企业最为重要的战略资源之一。Hall(1993)对英国的一些首席执行官进行了调研，被调查的管理者将公司声誉和产品声誉列为对企业绩效影响最大的无形资源。声誉的价值体现在它是一种吸附其他资源的资源，查尔斯(2004)在《声誉与财富》一书中，用"磁场效应"来形容无形资源的这种作用。这种磁场效应不仅包括吸引给企业带来效益的利益相关者的吸附效应，而且包括吸引高质量利益相关者的筛选效应和自我加强效应。企业声誉具有历史累积性，源自企业特殊的发展历史和此前的资源配置；企业声誉还具有社会复杂性，本质上是企业与它们的各种利益相关者全部交往经历的综合反映。企业声誉的上述两种特性使得它们很难被其他企业快速模仿。除了具有难以模仿性之外，企业声誉的作用也是其他资源或治理机制难以替代的。Klein，Crawford & Alchian(1981)指出，企业可以采用担保或签订长期合同等途径而不是树立正面声誉的方式来使得它们的顾客或供应商安心。Barney(1991)对此观点持保留意见，他提出了一个问题："声誉和担保事实上如果是相互替代的，那为什么有些企业会同时在担保和积极声誉上进行投资呢？"Hall(1993)调查的首席执行官们认为，公司声誉、产品声誉和员工的诀窍是企业需要花费很长时间才能加以替代的，因而对企业的持续竞争优势有重大贡献。尽管声誉一旦形成会对企业的竞争优势有持久性的贡献，但良好的声誉需要长时间的培育，并且是一项十分脆弱的资源，很可能由于企业的一些错误行动而毁于一旦。因此，声誉在给企业带来价值的同时，也给企业增加了约束。具有良好声誉的企业必须精心地管理自己的这项资源，这样才能维持甚至增加声誉的价值。要想达到这个目的，从利益相关者的角度来看，企业必须向自己的投资者、顾客、供应商、社区和政府等利益相关者提供超出其他声誉较差的企业所能提供的利益，只有这样，企业才能维持并强化关键的利益相关者对它们的较高评价。

对于国际品牌客户来说，在代工企业中拥有良好的声誉有利于它们以较低的成本、在较短的时间内吸引到优质的代工企业，有利于它们获得现有代工企业的信任进而促进价值的联合创造。从组织管理的角度来看，在代工企业中声誉可靠的品牌企业往往具有善待供应商的企业文化和相应的规章制度，这使得它们较少地侵犯代工企业的利益，更善于与代工企业开展合作；从经济理性的角度来看，声誉较好的品牌企业和它们的代工企业在交往过程中比较不容易陷入“囚徒困境”。因为这些品牌企业“不合作”或实施机会主义行为的代价比声誉较差的品牌企业要大，这些代价体现为声誉的破坏，从而使得它们以后需要付出较高的搜寻成本（Saxton，1997），甚至难以吸引到优秀的代工企业，需要与代工企业分担由于声誉较差而导致的监督成本（Hill，1990）；不容忽视的是，声誉的损害还将限制品牌客户与其他代工企业之间合作的深度和广度。这样，对于声誉好的品牌企业来说，它们在与特定代工企业交易过程中出现的“不合作”或机会主义行为带来的收益可能会低于相应的行为所带来的成本。因此，依据成本—收益分析，声誉好的品牌企业更有积极性与它们的代工企业开展合作，并能较好地控制潜在的机会主义行为。

基于以上分析，本研究认为：

假设 6j：品牌客户在代工企业群体中的声誉越好，代工企业进行的专用性投资与企业间合作的正向关系越强。

假设 6k：品牌客户在代工企业群体中的声誉负向调节了代工企业的专用性投资与客户机会主义行为之间的关系：当客户声誉低于某一水平时，两者呈正相关关系；而当客户声誉达到某一水平之后，两者出现负相关关系。

根据假设 1 ~ 假设 5、假设 6j 和假设 6k，在其他条件相同的情况下，客户在代工企业群体中的声誉越差，代工企业的专用性投资“促进企业间合作”的正面效应越小，而“滋生客户机会主义行为”的负面效应越大，这样，代工企业专用性投资通过“企业间合作”和“客户机会主义行为”这两个中介影响“能力构建”的总效应就越小。当声誉低于某一水平的时候，专用性投资通过“客户机会主义行为”对“能力构建”的影响可能会超过专用性投资通过“企业间合作”对能力构建的影响，导致总效应为负。同理，在其他条件相同的情况下,随着客户声誉的提升,专用性投资"促进企业间合作进而推动能力构建"的正面效应将会不断增加,而专用性投资"滋生客户机会主义行为从而阻碍能力构建"的负面效应将会不断减小,因而,专用性投资对于代工企业借助于客户的能力构建活动的总效应就不断增加。当客户声誉达到某一水平之后,该总效应转变为正。根据上面的论述,本研究认为:

假设6l:品牌客户在代工企业群体中的声誉正向调节了代工企业开展的专用性投资与其借助于客户的能力构建活动之间的关系:当客户声誉低于某一水平时,两者呈负相关关系;而当客户声誉达到某一水平之后,两者出现正相关关系。

5. 关系型规范的调节效应

依据关系交换理论,交易者的决策和行动受到它们所处的社会联系的影响,这些社会联系给交易者提供了某些机会,同时又对它们构成了实实在在的约束。关系的性质决定交易者的行为取向进而内化到它们的决策偏好函数中,也就是说,关系的性质提供并限定交易者的决策框架和行为选择空间。

代工企业和品牌客户之间的交易行为受到它们之间的主导规范的影响。主导规范可以分为两种类型,即离散型和关系型规范(Macneil,1980)。在离散型规范下,交易者主要关注个体利益,有可能做出损人利己的行为;相反,关系型规范主导下的交易者重视互惠原则,注重个体利益和整体利益的协调。关系型规范是一个包含柔性(flexibility)、信息交换(information exchange)和团结性(solidarity)等三个维度在内的高阶构念(Heide & John,1992)。柔性指的是交易者乐于随着环境的变化而做出调整的双边期望,使得交易关系始终保持着较强的建设性;信息交换指的是各方会主动地提供对伙伴有用的信息的双边期望,这可以降低信息的不对称;团结性指的是交易者高度重视整体价值的双边期望,它抵制追求单方面利益的行为。

关系型规范可以促进代工企业和品牌客户之间的合作行为。理由有两点:① 在关系型规范主导下的代工双方会将决策重心和资源配置的目标从防范对方的机会主义行为、降低交易成本转向联合创造协作专用准租金(Madhok & Tallman,1998)。团结性规范为代工双方创造了一种"自己人"的感觉或认同感(Takahashi,2000),引导它们联合创造价值而不是狭隘地索取个体利益(Ghosh & John,1999)。如果使用Ellickson(1989,1994)的表述,团结性规范是一种"财富最大化"的规范。柔性有助于代工双方在面对变化时能够采取及时的、善意的调整,合作本身是一种推动变化的行为,柔性使得通过合作创造的租金能够得到合理的分配,减少代工双方对于合作风险的认知，有利于它们集中精力开展合作。Sun（2006）研究发现，在信任水平较高时，代工企业不太担心它们掌握的知识被客户泄露给其他代工企业，因而敢于与品牌客户联合开展新产品开发；随着信任水平的增加，代工企业专用性投资与联合新产品开发活动的正向关系不断加强。② 关系型规范增加代工双方互补性资源结合的机会、深度和广度，从而提高资源结合的效率和效果。借鉴 Madhok 和 Tallman（1998）的理论逻辑，当代工双方拥有互补性的资源并且其中的一方或双方投入了交易专用性资产后，它们就具备了通过合作来创造关系租金（Dyer & Singh，1998）的可能。关系型规范有助于代工双方充分发挥互补性资源和专用性投资的价值创造潜力。代工双方的战略性资源往往含有某些隐性知识，具有组织嵌入性和来由模糊性，这使得某一方的资源难以被另一方准确地加以界定和认知，导致代工双方在结合各自资源时存在着较大的难度。为了促进那些含有隐性知识的资源的结合，代工双方需要建立"密切的联系"（Loasby，1994；Dodgson，1994；Ring & Van de Ven，1994）。在关系型规范下，代工双方会频繁地进行互动，信息交流的内容可能会超出目前交易的最低要求，愿意主动提供对方需要的包含某些私有信息在内的信息。代工双方因而可以获得在离散型规范主导下难以获得的信息，这为相互间的知识转移、资源吸收和结合提供了便利。Clark 和 Fujimoto（1991）指出，买方和供应方设计工程师的信息共享和互动使得他们能够更准确地解读行动方案、降低错误、快速传输和吸收新知识（特别是隐性知识），以改进质量并提高新产品的开发速度。综上所述，关系型规范引导代工双方共同创造价值，并提高了它们从合作的单位投入中所能获得的收益。假设如下：

假设 6m：品牌客户和代工企业之间的关系型规范越强，代工企业进行的专用性投资与企业间合作的正向关系越强。

Noorderhaven（1996）建立的分裂内核模型假设，人的本性既有值得信任的一面，同时也有机会主义的一面；何种倾向居于主导地位取决于具体的情境。关系的性质对机会主义倾向有重大影响，在亲密的私人关系中，决策者的算计性减弱（Williamson，1993；Craswell，1993）。在高水平的关系型规范下，品牌客户的机会主义倾向得到抑制，互惠、利他的动机得到增强。此时，代工企业的专用性投资被客户视为积极的关系承诺，从而提高了品牌客户的关系承诺水平并可降低品牌客户的机会主义倾向。由于关系型规范主导下的代工双方比较频繁地进行各种信息的交流，这降低了信息的不对称性，使得品牌客户的机会主义行为能够被代工企业及时探知，代工企业因而可以采取某些预防措施或在客户机会主义行为发生之后及时地采取有效的对策，这往往能够降低品牌客户从机会主义行为中获得的收益，增加它们实施机会主义行为的成本。根据上面的论述，本研究认为，从社会学的意义来看，关系型规范改变了品牌客户的行为导向，降低了它们主观上的机会主义倾向；从管理学的角度来说，关系型规范有助于代工企业防患于未然，降低客户机会主义行为发生的可能；从经济激励的观点来看，关系型规范降低了品牌客户机会主义行为的收益，增加了它们执行这类行为的成本。基于此，本研究假设：

假设 6n：品牌客户与代工企业之间的关系型规范负向调节了代工企业进行的专用性投资与客户机会主义行为之间的相关关系：当关系型规范低于某一水平时，代工企业进行的专用性投资与客户机会主义行为呈正相关关系；而当关系型规范达到某一水平之后，代工企业进行的专用性投资与客户机会主义行为呈负相关关系。

根据假设 1～假设 5、假设 6m 和假设 6n，在其他条件相同的情况下，代工双方间的关系型规范越弱，代工企业的专用性投资“促进企业间合作”的正面效应越小，而“滋生客户机会主义行为”的负面效应越大，这样，代工企业专用性投资通过“企业间合作”和“客户机会主义行为”这两个中介影响“能力构建”的总效应就越小。当关系型规范低于某一水平的时候，专用性投资通过“客户机会主义行为”对“能力构建”的影响可能会超过专用性投资通过“企业间合作”对能力构建的影响，导致总效应为负。同理，在其他条件相同的情况下，随着关系型规范的提升，专用性投资“促进企业间合作进而推动能力构建”的正面效应将会不断增加，而专用性投资“滋生客户机会主义行为从而阻碍能力构建”的负面效应将会不断减小，因而，专用性投资对于代工企业借助于客户的能力构建活动的总效应就不断增加。当关系型规范达到某一水平之后，该总效应转变为正。根据上面的观点，本研究提出：

假设 6o：品牌客户与代工企业之间的关系型规范正向调节了代工企业进行的专用性投资与其借助于客户而进行的能力构建之间的相关关系：当关系型规范低于某一水平时，代工企业进行的专用性投资与其借助于客户而进行的能力构建效应负相关；而当关系型规范达到某一水平之后，该相关关系转变为正，并随着关系型规范的提升，这种正相关关系不断增强。

4.2 研究模型

综合以上分析，本研究构建理论模型和实证模型。图 4.2 的理论模型表述了“代工企业的专用性投资”对于“能力构建”的作用机制以及相应治理机制的调节作用。代工企业的专用性投资对能力构建的影响是通过“企业间合作”和“客户的机会主义行为”来传递的：一方面，代工企业的专用性投资推动企业间合作进而促进代工企业借助于品牌客户进行的能力构建活动；另一方面，代工企业的专用性投资滋生了客户的机会主义行为从而阻碍代工企业的能力构建活动。而属于法律规制型治理机制的“合同完备性”，属于经济制约型治理机制的“客户的专用性投资”、“整体代工能力”和“客户的声誉”，属于关系导向型治理机制的“关系型规范”等五种治理机制正向调节了代工企业的专用性投资和企业间合作之间、代工企业的专用性投资和能力构建之间的关系，同时负向调节了代工企业的专用性投资和客户的机会主义行为的关系。“代工企业的专用性投资”对“能力构建”没有直接的影响，因此，这两个变量之间的路径关系在图 4.2 中以虚线表示。

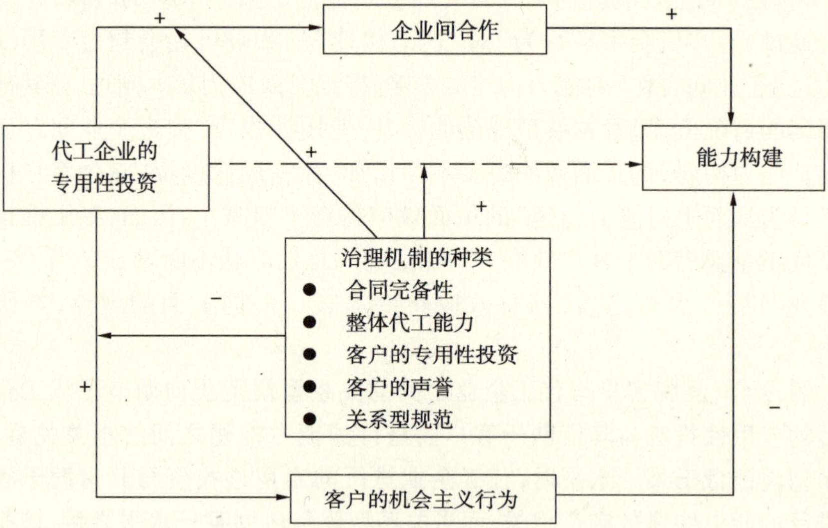

图 4.2　本研究的技术路线

为验证图 4.2 所示的理论模型，本研究构建的实证模型如图 4.3。该模型全面涵盖了本研究实证检验的内容。该实证模型是一个包含中介效应以及调节效应的综合实证模型，本研究在实证检验时将该模型分拆为中介效应模型和调节效应模型，分别在第六章和第七章开展相应的检验工作。中介效应模型是一个结构方程模型，而调节效应模型是线性回归模型，本研究将在具体检验时说明它们所对应的经济计量模型，在此从略。简洁起见，该模型并没有显示从观测变量到潜在变量的诸多测量模型，也没有显示多维度潜在变量的内在维度。另外，根据假设 5，“代工企业的专用性投资”对“能力构建”没有直接的作用关系，因此，这两个变量之间的路径关系在图 4.3 中以虚线表示。

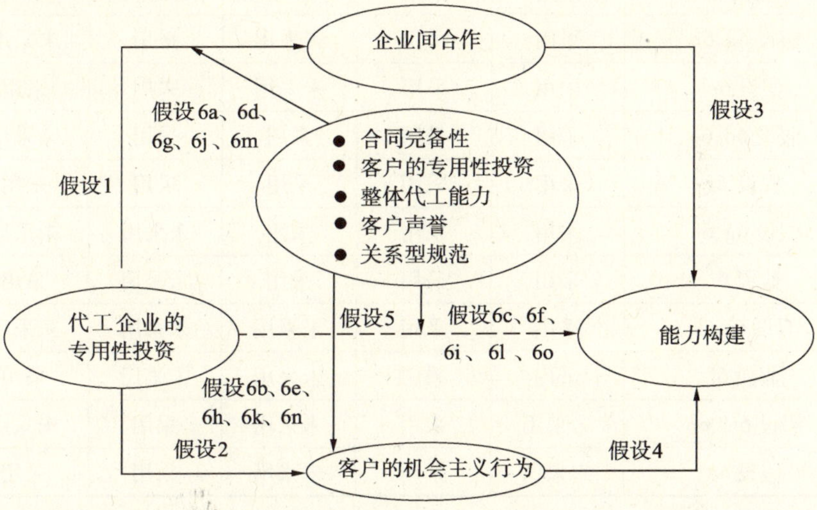

图 4.3　代工企业的专用性投资对于能力构建的作用路径及调节因素的假设模型

4.3　本章小结

本章综合运用交易成本理论、资源基础理论、资源依赖理论、关系交换理论和动态能力理论等多种理论视角来提出理论假设（表 4.2），分析了代工企业的专用性投资影响其借助于品牌客户开展能力构建活动的路径，并探讨了影响代工企业的专用性投资和能力构建、企业间合作以及客户的机会主义行为之间关系的调节因素。在此基础上，构建了包含中介效应以及调节效应在内的综合性理论模型和实证模型。本研究将在第六章和第七章对实证模型进行分解，分别检验关于中介效应的理论假设以及关于调节效应的理论假设。

表 4.2 理论假设所依据的理论视角

理论视角 理论假设	交易 成本理论	资源 基础理论	资源 依赖理论	关系 交换理论	动态 能力理论
假设 1	采用	采用	未采用	未采用	未采用
假设 2	采用	未采用	采用	采用	未采用
假设 3	未采用	未采用	未采用	未采用	采用
假设 4	未采用	未采用	未采用	未采用	采用
假设 5	采用	采用	采用	采用	采用
假设 6a、6b	采用	采用	未采用	采用	未采用
假设 6c	采用	采用	未采用	采用	采用
假设 6d、6e	采用	采用	采用	采用	未采用
假设 6f	采用	采用	采用	采用	采用
假设 6g、6h	采用	采用	采用	未采用	未采用
假设 6i	采用	采用	采用	未采用	采用
假设 6j、6k	采用	采用	未采用	未采用	未采用
假设 6l	采用	采用	未采用	未采用	采用
假设 6m、6n	未采用	采用	未采用	采用	未采用
假设 6o	未采用	采用	未采用	采用	采用

第五章

实证研究设计

5.1 样本选择与数据来源

本研究采用问卷调查的方式来收集样本。样本的选取标准是:① 登记注册类型应该为内资企业,具体标准遵照中华人民共和国国家统计局2001年发布的《关于划分企业登记注册类型的规定》;② 所选企业为制造业企业;③ 承担外国企业交付的代工业务。抽样方式为非概率抽样,依靠研究者本人以及导师、朋友、同事、同学的人际关系进行“滚雪球”调研,调研时间为2008年11月初到2009年1月初,历时2个月。发放问卷的具体途径包括:① 请那些跟研究者有直接社会联系的在代工企业工作并负责同国外客户打交道的人员直接填写;② 请认识上述人员并跟研究者有直接社会联系的人员帮助转发并负责回收问卷;③ 请相关政府部门的正职或副职领导安排发放问卷,这是本研究发放、回收问卷的主要途径。虽然跟研究者有直接或间接社会关系的政府官员数量有限,但每位愿意提供支持的领导可以收集相当数量的问卷。浙江省委组织部、温州市组织部和经贸委、苏州工业园区经贸发展局、常熟市科技局、常熟市沙家浜镇镇长办公室等部门为问卷的收集提供了极大的便利。问卷有纸质和电子两种形式,研究者发放纸质问卷400份,本人直接用电子邮件形式发放的问卷有37份(因无法获知其他人发放的电子问卷数量,故不能确定电子问卷的发放总量)。最终,本研究回收问卷193份,其中,纸质问卷113份,电子问卷80份;符合上述样本选取标准的有效问卷为158份,其中,纸质问卷91份,电子问卷67份。纸质问卷的回收率和有效回收率分别为28.25%和22.75%。

下面,本研究从样本企业、代工业务以及问卷填答者的角度来分析样本的特征。

5.1.1 企业特征

本研究从样本企业的地域分布、行业分布、所有制分布、成立年限和员工人数的角度来论述样本企业的特征（表 5.1）。从地域分布来看，样本企业处在江苏、浙江、上海、广东和北京五个省市，分别有 68 家、65 家、11 家、8 家和 6 家，占总数的 43.0%、41.1%、7.0%、5.1%以及 3.8%。可见，绝大多数样本企业位于长三角。从行业分布来看，样本企业涉及 11 个行业，其中，“纺织服装和鞋、帽制造业”、“电气机械及器材制造业”、“通信设备、计算机及其他电子设备制造业”、“塑料制品业”的企业占样本总数的比例均在 10%以上，分别为 22.8%、15.8%、15.8%、10.8%，累计比例为 63.2%。从所有制分布来看，私营企业所占的比例最大，为 50.0%，其次是股份有限公司和有限责任公司，所占比例分别为 13.9%和 12.1%。从样本企业的成立年限来看，成立时间处在 4 到 32 年不等，平均成立年限为 10.13 年，成立

表 5.1　样本企业的基本特征

特性	类型	样本数	百分比
地域	江苏	68	43.0%
	浙江	65	41.1%
	上海	11	7.0%
	广东	8	5.1%
	北京	6	3.8%
行业	纺织服装、鞋、帽制造业	36	22.8%
	电气机械及器材制造业	25	15.8%
	通信设备、计算机及其他电子设备制造业	25	15.8%
	塑料制品业	17	10.8%
	金属制品业	12	7.6%
	化学原料及化学制品制造业	11	7.0%
	家具制造业	11	7.0%
	医药制造业	7	4.4%
	工艺品及其他制造业	6	3.8%
	专用设备制造业	5	3.1%
	造纸及纸制品业	3	1.9%

特性	类型	样本数	百分比
所有制分布	私营企业	79	50.0%
	股份有限公司	22	13.9%
	有限责任公司	19	12.1%
	国有企业	15	9.5%
	集体企业	7	4.4%
	联营企业	7	4.4%
	股份合作企业	5	3.2%
	其他企业	4	2.5%
成立年限	20 年以上	10	6.3%
	10 ~ 19 年	57	36.1%
	6 ~ 9 年	77	48.7%
	4 ~ 5 年	14	8.9%
员工人数	10 000 人以上	2	1.3%
	1 000 ~ 5 000 人	30	19.0%
	500 ~ 999 人	47	29.7%
	100 ~ 499 人	71	44.9%
	20 ~ 99 人	8	5.1%

年限处在6到9年的企业数量最多,有77家;其次是成立年限处于10到19年的,企业数量为57家。从员工人数来看,企业拥有员工23人至50 000人不等,平均员工人数为992人,其中,员工人数在100~999之间的企业数量最多,有118家,占总数的74.6%。

5.1.2 代工业务的特征

本研究从代工业务收入占总收入的比例、针对特定品牌客户的业务收入占代工企业全部收入的比例、代工类型、合作年限等四个方面阐述代工业务的特征(表5.2)。从代工业务收入占总收入的比例来看,绝大多数样本企业的代工业务收入占总收入的比例在50%以下,仅有占总数29.7%的47家企业的代工业务收入占总收入的比例在50%以上。从针对特定品牌客户的业务收入占代工企业全部收入的比例来看,样本企业数量最多的比例范围是10%~30%,有61家,占样本总数的38.6%。从代工类型来看,“纯粹OEM”、“负责生产,并承担一部分研发设计任务”、“负责生产,并承担大部分研发设计任务”、“纯粹ODM”四种类型的企业数量分别为61家、51家、40家和6家,这显示大多数样本企业主要承担制造环节的价值创造活动,对于研发设计环节的渗透尚很有限。从合作年限来看,样本企业与特定品牌客户的合作年限处在1到14年之间,平均合作年限为4.61年,除了占总数2.5%的4家企业与特定品牌客户的合作年限在10年以上之外,其余154

表5.2 代工业务的基本特征

特性	类型	样本数	百分比
代工业务收入占总收入的比例	10%以下	57	36.1%
	10%~30%	24	15.2%
	30%~50%	30	19.0%
	50%~80%	6	3.8%
	80%以上	41	25.9%
代工类型	纯粹OEM	61	38.6%
	负责生产,并承担一部分研发设计任务	51	32.3%
	负责生产,并承担大部分研发设计任务	40	25.3%
	纯粹ODM	6	3.8%
针对特定品牌客户的业务收入占代工企业全部收入的比例	10%以下	36	22.8%
	10%~30%	61	38.6%
	30%~50%	25	15.8%
	50%~80%	11	7.0%
	80%以上	25	15.8%
合作年限	10年以上	4	2.5%
	5~9年	70	44.3%
	1~4年	84	53.2%

家企业（占总数的97.5%）与特定品牌客户的合作年限不到10年。

5.1.3 问卷填答者的特征

本研究从问卷填答者在样本企业的工作年限和工作职位两个角度来分析它们的特征（表5.3）。从工作年限来看，问卷填答者在样本企业的工作年限处于1到11年不等，平均工作年限为5.28年。除9名填答者在样本企业的工作时间在两年之内以外，其余149人在样本企业均工作3年（含）以上。较长的工作年限有助于问卷填答者更好地把握所在企业的代工业务，便于他们作出更准确的判断。从工作职位来看，销售经理/主管、业务经理/主管、办公室主任、副总经理所占比例均在10%以上，这四类职位的累计比例为73.4%。

表5.3 问卷填答者的特征

特性	类型	样本数	百分比
工作年限	10年以上	4	2.5%
	6~9年	63	39.9%
	3~5年	82	51.9%
	1~2年	9	5.7%
工作职位	销售经理/主管	44	27.9%
	业务经理/主管	37	23.4%
	办公室主任	19	12.0%
	副总	16	10.1%
	总经理	12	7.6%
	高级经理	11	7.0%
	秘书	9	5.7%
	财务经理	7	4.4%
	人事	2	1.3%
	董办副经理	1	0.6%

5.2 变量的测量

为保证研究中所使用的量表具有足够的效度和信度，本研究尽量使用国内外现有文献已经使用过的、经检验具有较高效度和信度的量表，必要时对部分量表作尽可能少的修改,这些修改都具有足够的文献和理论支持,并且是在咨询了相关领域的专家之后进行的调整。对于英文量表,首先由作者翻译成中文;再由一位不了解原英文量表的英语专业研究人员将中文稿翻译成英文,对比原英文量表和经过回译后的量表,判断有无出入,如出现较大出入,则需查明原因再作修改;最后将经过上述程序之后的量表中文版咨询中文专业人士的意见,力求问卷中使用的中文量表能够符合汉语的语言习惯。

本研究在检验调节效应时的控制变量为员工人数的对数和代工合作年限的对数,无须设置专门的量表来测量这两个变量。本研究在这里依次介绍代工企业的专用性投资、企业间合作、客户的机会主义行为、能力构建、合同完备性、客户的专用性投资、整体代工能力、客户声誉以及关系型规范等9个变量的测量方法。这9个变量的量表均采用7点李克特量表。

5.2.1 代工企业的专用性投资

本研究设计了包括8个题项的量表,所用题项源自高维和、黄沛和王震国(2006),Rokkan,Heide 和 Wathne(2003),以及 Jap(1999)等人的量表。本研究从投资的数量、特殊性(针对性)以及沉没性3个方面来测量代工企业的专用性投资。

5.2.2 企业间合作

Luo(2002)测量了国际合资企业母公司之间的合作行为,他列举了9种可能的合作领域,请问卷填答者判断双方在每个领域的合作程度。一个与"企业间合作"非常相近的构念是"共同行动"(joint action)。Wang,Huang和Lee(2001)测量了代工双方的"共同行动",要求被调查者回答双方在五个领域中的合作情况,在他们的研究中,该量表的 Cronbach's α 值为0.827 7,信度较高。Claro,Claro 和 Hagelaar(2006)认为,共同行动包括联合计划和联合解决问题两个维度,他们用包含7个题项的7点李克特量表测量了该构念。可见,学者们在测量时采用了相同的逻辑,即首先设想一些可能的合作领域,再请问卷填答者判断合作程度。本研究采用这样的理论思路,在 Wang,Huang 和 Lee(2001)量表的基础上稍作修改得到本研究的量表。Wang,Huang 和 Lee(2001)列举了新产品开发、成本降低、货物配送、人员培训以及长期规划等五个合作领域,本研究的量表增加了一个领域,即生产过程的管理。最终,本研究使用的是包含6个题项的李克特量表。

5.2.3 客户的机会主义行为

机会主义行为的量表有很多种,John(1984),Brown,Dev 和 Lee(2000),Gundlach,Achrol 和 Mentzer (1995),Achrol 和 Gundlach(1999),Vazquez,

Iglesias 和 Bosque(2007)以及 Lado, Dant 和 Tekleab(2008)都曾构建不完全相同的量表。本研究采用 Lado 等人(2008)的量表,在他们的研究中,该量表具有很高的信度,Cronbach's α 值为 0.90。该量表包含 5 个题项。

5.2.4 能力构建

Wang、Huang 和 Lee(2001)测量了“能力构建”,他们要求问卷填答者回答品牌客户在多大程度上帮助代工企业提高了相关的能力。本研究的量表是以 Wang、Huang 和 Lee(2001)的量表为依据设计的,共有 6 个题项,衡量客户在帮助代工企业提高劳动生产率、降低生产成本、提高综合管理水平、提高配送速度、增强产品设计能力以及加强响应能力等 6 个方面的作用。

5.2.5 合同完备性

学者们最初将合同完备性视为单维度的构念(Bernheim & Whinston, 1998),将合同完备性定义为“合同条款的详细程度”。Luo(2002)将合同完备性发展为包括条款明确性(term specificity)和相机适应性(contingency adapatability),即在原有内涵的基础上扩充了“合同随着外部环境的变化而灵活调整”的内涵。Luo(2007)提出了另一种维度划分方式,将其分为合同包容性(contractual inclusiveness)和合同约束性(contractual obligatoriness),合同包容性类似于“条款明确性(asset specificity)”(Luo,2002)。考虑到在发展中国家和新兴市场国家合同被侵犯但又缺乏有效处理办法的情况比较普遍,本研究采用后一种维度划分方式。所用量表中测量“合同包容性”维度的题项有 5 个,依据 Luo(2007)测量“合同包容性”和 Luo(2002)测量“条款明确性”的题项设定;而“合同约束性”的测量主要参照 Luo(2007),有 3 个题项。

5.2.6 客户的专用性投资

“客户的专用性投资”量表设计精神和题项来源与“代工企业的专用性投资”量表相同,只是提问的角度有所不同。同样地,本研究也是从投资的数量、特殊性(针对性)以及沉没性 **3** 个方面来测量客户的专用性投资。

5.2.7 整体代工能力

从资源基础理论的观点出发,整体代工能力是代工企业满足品牌客户的需求、超越同类代工企业的基础。本研究采用的量表是在黄铭章(2002)的基础上修改所得。黄铭章(2002)的量表一共包括产品设计研发能力、产品生产制造能力、国际运筹管理能力、关键零组件采购能力和财务能力等五个维度。本研究将“国际运筹管理能力”和“关键零组件采购能力”维度整合为后勤能力维度。考虑到在大陆的运营环境下,产品质量是困扰国际采购商的一个重要因素(Lyles, Flynn & Frohlich,2008),构成了品牌客户评价本土代工企业的一个重要标准,因此,本研究增加了“质量控制能力”这一维度。这样,本研究使用的"整体代工能力"量表共有五个维度,即研发设计能力、制造能力、后勤能力、财务能力以及质量控制能力。除了维度上的修改之外,本研究对黄铭章(2002)量表中题项也进行了一定的修改。本研究删除了大陆的问卷填答者不容易理解的题项,比如:"在制程上的弹性很好"不符合大陆的语言习惯,而且,"制程"这个概念的意义比较模糊。同时还删除了一些系统变异可能很小的题项,比如:"在全球有多个生产制造的工厂或发货仓库。"当然,除了题项的删减工作,本研究还增加了一些新的题项,包括衡量质量控制能力的3个题项。最后,本研究采用的是包含18个题项的7点李克特量表。

5.2.8 客户声誉

Saxton(1997)设计了一个含有20个题项的量表,要求问卷填答者从高管团队的经验水平、资产的使用效率、产品退回或返工比率等20个方面来全方位地评估联盟伙伴的声誉。Dyer(1997)在测量美日主要汽车制造商在供应商群体中的声誉时,采用了单一题项的量表,直接要求供应商评估制造商的公正程度。Saxton(1997)的量表虽然比较全面,但很复杂,并且,其中很多题项与本研究拟考察的内容不吻合,本研究只需要测量品牌客户在与它们的供应商(代工企业)群体打交道时的表现。因此,本研究采用与Dyer(1997)相似的做法,直接要求代工企业的相关人员评价品牌客户在代工企业群体中的公正性和可靠性,使用的量表共有2个题项。

5.2.9 关系型规范

Heide和John(1992)最先开发了关系型规范的量表,他们认为该构念包含柔性、团结性和信息交换等三个维度。后来的学者多直接采用该量表或对该量表稍作修改即予以采用,以往的研究表明,该量表具有较高的效度。Jap和Ganesan(2000)结合Heide和John(1992)及Dwyer和Oh(1988)的研究成果提出了一个和Heide和John(1992)有所不同的量表,不同之处主要表现在他们提出了不同的维度划分方法:Jap和Ganesan(2000)也构建了三个维度,不过,他们以"参与度"(participation)代替了Heide和John提出的"柔性"(flexibility)。考虑到Heide和John(1992)的量表应用得更为广泛,其效度和信度得到了大量实证研究的检验,本研究基本采用这两位学者的量表。不过,在信息交换维度的4个题项中增加了Jap和Ganesan(2000)所使用的1个题项。最终,本研究采用的量表有11个题项,用来测量信息交换、团结性和柔性维度的题项分别有5个、3个和3个。

5.3 数据处理程序与方法

本研究的数据处理包括两大部分，即中介效应检验以及调节效应检验（图5.1）。为检验中介效应假设，本研究构建了结构方程模型，运用Lisrel 8.70软件来评估测量模型的效度和信度，并依据修正建议和理论意义对测量模型进行必要的修正；随后，根据理论逻辑和拟合度指标来比较完全中介效应模型和部分中介效应模型，选择和数据拟合得更好同时又和理论逻辑相契合的理论模式（具体可参见第六章）。为检验调节效应假设，本研究运用Lisrel 13.0对自变量、因变量和调节变量的量表进行效度和信度分析；接着，进行描述性统计分析，了解变量数据的基本特征，初步分析各变量间的联系；最后，采用多元调节线性回归法检验调节效应的存在性。第一步，确认相关数据是否适合进行线性回归。采用的方法如下：通过K-S检验来判断因变量的正态分布性，运用Durbin-Waston值分析来了解残差的序列相关性，利用标准化残差检验分析是否存在强影响点，使用方差膨胀因子（VIF）

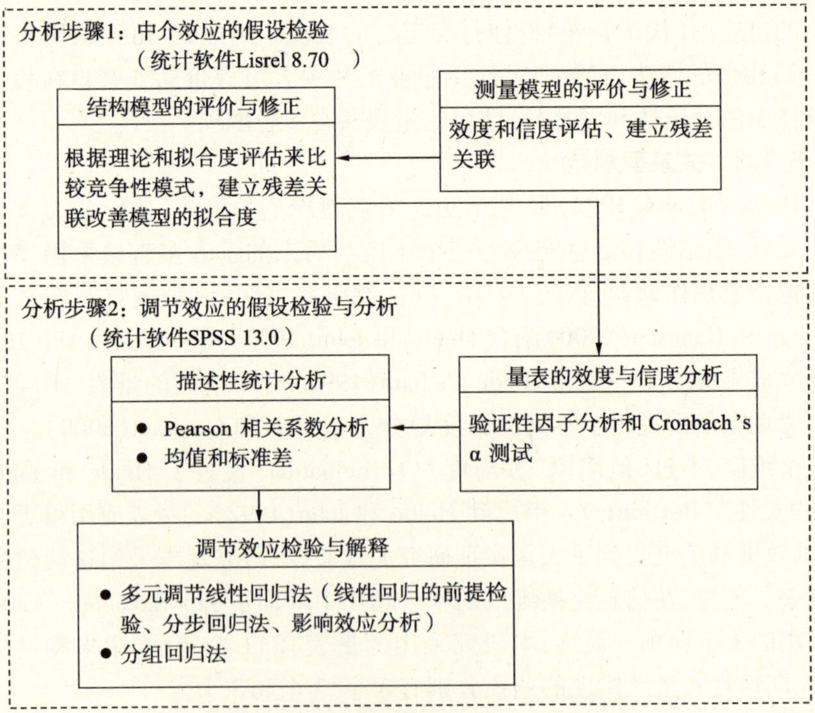

图5.1 数据处理过程与方法示意图

来诊断线性回归方程多重共线性的严重程度。第二步，如果数据适于进行线性回归的话，则解读并比较未包含乘积项和包含乘积项的方程回归结果。若调节效应存在的话，则通过影响效应分析法探索调节效应的作用大小，并使用常见的分组回归分析法来解释调节效应的表现形式。

5.4 本章小结

本章是实证研究设计部分。首先，阐述了样本选取的标准、问卷发放和回收的方式以及样本的数量、回收率等情况，并从样本企业、代工业务以及问卷填答者的角度来分析样本的特征；随后，依次论述了代工企业的专用性投资、企业间合作、客户的机会主义行为、能力构建、合同完备性、客户的专用性投资、整体代工能力、客户声誉以及关系型规范等9个变量的测量方法；最后，介绍了实证检验的内容、程序和方法。

第六章 中介效应的假设检验

本章检验在第四章提出的关于中介效应的理论假设(假设1～假设5)，运用结构方程模式(SEM)来分析变量间整体的相互影响关系，所用统计软件为Lisrel 8.70。结构方程模式是一种用实证资料来验证理论模式的统计方法，它融合了因子分析和路径分析两种统计技术，是当代社会科学量化研究中最重要的新兴统计方法之一，有助于确认存在相互影响关系的变量之间的结构(谢洪明、罗惠玲、王成和李新春，2007)。本章之所以采用结构方程模式而不采用线性回归或路径分析方法，是因为只有结构方程模式能够展现有多个自变量和因变量同时存在时的复杂路径关系，而且，处理结构方程模式的应用软件(如Lisrel)提供了修正指数和修正建议，有助于研究者理解理论模型与实证数据之间的拟合程度，从而评估理论模型的适用性，进而可以比较不同的理论模式。

本章首先进行验证性因子分析，目的有二，一是验证潜在变量的逻辑结构，二是修正观测变量之间的关系，以减少由于测量模型的拟合程度较差造成结构模型被否定的可能；随后，本章检验包含中介效应的实证模型，并评估、修正该模型；最后，本章构建并解释修正后的理论模型。

6.1 关于中介效应的实证模型

图6.1所示的实证模型以“代工企业的专用性投资”为潜在外生变量，以“能力构建”、“企业间合作”和“客户的机会主义行为”为潜在内生变量。假设的关系如下：“代工企业的专用性投资”对“企业间合作”(假设1)和“客户的机会主义行为”(假设2)有正向作用；“企业间合作”对“能力构建”有促进效应(假设3)，而“客户的机会主义行为”抑制了代工企业借助于客户而开展的“能力构建”(假设4)；并且，“企业间合作”和“客户的机会主义行为”在“代工企业的专用性投资”与“能力构建”之间发挥着完全中介(假设5)的作用。

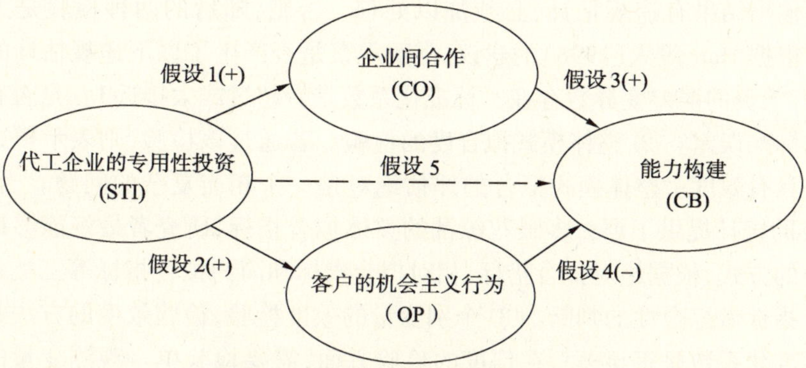

图 6.1　关于中介效应的实证模型

本章运用结构方程模型来检验图 6.1 关于中介效应的实证模型。测量模型对应的方程有四组，具体如下：

$$STI_i = \lambda_i * STI + \delta_i \tag{1}$$

$$CO_j = \lambda_{y_{j1}} * CO + \varepsilon_{j1} \tag{2}$$

$$OP_k = \lambda_{y_{k2}} * OP + \varepsilon_{k2} \tag{3}$$

$$CB_l = \lambda_{y_{l3}} * CB + \varepsilon_{l3} \tag{4}$$

其中，$i = 1 \sim 8$；$j = 1 \sim 6$；$k = 1 \sim 5$；$l = 1 \sim 6$。STI 表示外生潜在变量“代工企业的专用性投资”，CO、OP、CB 分别表示内生潜在变量“企业间合作”、“客户的机会主义行为”以及“能力构建”；STI_i、CO_j、OP_k 和 CB_l 分别代表 STI、CO、OP 和 CB 的第 i、j、k、l 个观测变量；δ_i、ε_{j1}、ε_{k2} 和 ε_{l3} 分别代表观测变量 STI_i、CO_j、OP_k 和 CB_l 的测量误差；λ_i、$\lambda_{y_{j1}}$、$\lambda_{y_{k2}}$、$\lambda_{y_{l3}}$ 分别代表 STI_i 对 STI、CO_j 对 CO、OP_k 对 OP、CB_l 对 CB 的因子负载。

结构模型对应的方程组如下：

$$\begin{pmatrix} CO \\ OP \\ CB \end{pmatrix} = \begin{pmatrix} \gamma_{11} & 0 & 0 \\ \gamma_{21} & 0 & 0 \\ 0 & \beta_{31} & \beta_{32} \end{pmatrix} \begin{pmatrix} STI \\ CO \\ OP \end{pmatrix} + \begin{pmatrix} \zeta_1 \\ \zeta_2 \\ \zeta_3 \end{pmatrix} \tag{5}$$

其中，γ_{11}、γ_{21}、β_{31}、β_{32} 分别代表从 STI 到 CO、从 STI 到 OP、从 CO 到 CB、从 OP 到 CB 的路径系数；ζ_1、ζ_2、ζ_3 为结构方程的误差项。

6.2　潜在变量的验证性因子分析

利用结构方程模式来进行验证性因子分析时，我们需要考察的内容包括效度和信度评价。效度的评价共需包括三种检验：① 违规估计。如果模式的输出结果有违规估计，必须加以处理。否则，随后的两种检验是无效的。根据 Hair 等人（1998）的建议，需要观察是否产生了以下违规估计的现象：有无负的误差变异数存在？标准化系数是否超过或太接近1？是否有太大的标准误差？② 整体模式拟合度的检验。若通过该检验，则表示模式整体上具有效度。整体模式拟合的评估绝对是一个相当复杂的问题。当然，SEM 的统计提供了那么多眼花缭乱的整体拟合指标，研究者最好能够根据分类的方式，根据绝对拟合指标、相对拟合指标和简约拟合指标等三类整体拟合指标做综合性的判断。③ 个别变量的效度检验，检验效度的方法是观察标准化系数是否显著。在信度的检验方面，需要检验单一观测变量的信度以及潜在变量（提取出来的因子）的信度（黄芳铭，2005）。由验证性因子分析计算出变量的 R^2，它就是一般在多元回归中所称的 R^2，其范围从 0.00 到 1.00，可以将其作为信度指数（Bollen，1989）。根据黄芳铭（2005）的建议，对单一观察变量和因子分别可以采用 0.5 和 0.6 作为最低标准。

6.2.1 "代工企业的专用性投资"之验证性因子分析

1. 效度检验

依照 Hair 等人（1998）的建议，我们首先检验是否产生了违规估计的现象。标准化系数介于 0.53 到 0.88 之间，均小于 1；没有负的误差变异数；标准误差较小。这显示，没有所谓的违规估计现象。

接下来，我们检验模式的整体拟合情况（表 6.1）。除了简约拟合指数中的简约规范拟合指数 PNFI >0.5 符合拟合要求之外，其余拟合指数均达不到最低要求，这意味着原有模式被拒绝。因此，我们需要进行模式的修正工作。利用统计结果来做理论模式的修正，这种修正是理论与实证资料之间一种妥协的结果。但是，无论如何，理论还是必须优先考虑的（黄芳铭，2005）。在具体的修正过程中，我们应该综合考虑修正的理论基础和修正对于模式拟合的改进程度。一般来说，可利用统计软件输出的修正指标（MI）来了解导致模式拟合度不佳的来源，利用期望参数改变值（EPS）来判断拟合的改进程度。依据 Joreskog（1993）的建议，如果最大的修正指标无法具有理论的意义，则选择次大的指标，直到找到有意义的指标或关系修正才可以给予估计。在使用修正指数时，一般建议一次只能释放一个参数，因为释放一个参数将可能降低或消除第二个要释放参数的拟合度改进情形（黄芳铭，2005）。我们首先考察 M1A 模式（在观测变量间没有建立任何残差关联）的修正建议，发现相当多的 MI 值大于 3.84。其中，观察变量 STI4 的测量残差项和观察变量 STI6 的测量残差项之间的 MI 为 55.8，是最大的 MI 值；并

表 6.1 “代工企业的专用性投资”测量模型的拟合指数

	拟合指标	M1A	M1B	M1C	M1D	M1E	M1F	M1G
绝对拟合指数	卡方(概度比率卡方考验值)	251.74	138.29	128.64	100.41	83.31	63.89	26.33
	RMSEA(近似误差均方根)	0.272	0.200	0.190	0.180	0.160	0.140	0.074
	SRMR(标准化均方根残余)	0.097	0.100	0.092	0.080	0.076	0.066	0.042
	GFI(良性拟合指标)	0.71	0.82	0.84	0.86	0.88	0.91	0.96
	AGFI(调整的良性拟合指标)	0.48	0.66	0.68	0.70	0.74	0.78	0.90
相对拟合指数	CFI(比较拟合指数)	0.86	0.90	0.92	0.94	0.95	0.96	0.99
	IFI(增值拟合指数)	0.86	0.90	0.92	0.94	0.95	0.96	0.99
	NFI(规范拟合指数)	0.85	0.89	0.91	0.93	0.94	0.95	0.98
	RFI(相对拟合指数)	0.78	0.84	0.86	0.88	0.89	0.91	0.96
	NNFI(非规范拟合指标)	0.80	0.86	0.87	0.90	0.91	0.93	0.98
简约拟合指数	卡方值/d.f.(规范卡方)	12.58	7.28	7.15	5.91	5.21	4.26	1.88
	PNFI(简约规范拟合指数)	0.60	0.60	0.58	0.56	0.54	0.51	0.49
	PGFI(简约良性拟合指标)	0.40	0.43	0.42	0.41	0.39	0.38	0.37
	CN(胡特的临界数)	28.76	38.34	43.48	53.24	61.31	76.15	174.77
	AIC(理论模式)	283.74	172.29	154.18	140.81	121.83	104.43	69.92
	AIC(饱和模式)	72.00	72.00	72.00	72.00	72.00	72.00	72.00
	AIC(独立模式)	1 397.67	1 397.67	1 397.67	1 397.67	1 397.67	1 397.67	1 397.67

注:M1A 模式未建立任何残差关联,M1B 建立 STI4 和 STI6 之间的残差关联,M1C 建立 STI3 和 STI8 之间的残差关联,M1D 建立 STI7 和 STI8 之间的残差关联,M1E 建立 STI5 和 STI7 之间的残差关联,M1F 建立 STI5 和 STI6 之间的关联,M1G 建立 STI5 和 STI4 之间的残差关联。

且,“STI4 为了满足该品牌客户的要求,本企业在人员培训上花费了大量的金钱和时间”与“ STI6 为了加强沟通,本企业花费了大量的人力和物力”在内容和逻辑上有比较明显的关联。基于上述考虑,我们建立 STI4 和 STI6 之间的残差关联,得到修正后的模型 M1B。根据拟合指标,M1B 的拟合度并没有明显的改进。采用上述方法,我们先后在 STI8 和 STI3,STI7 和 STI8,STI5 和 STI7,STI5 和 STI6,STI4 和 STI5 之间建立残差关联,先后得到修正后的模型 M1C、M1D、M1E、M1F、M1G。与其他模型相比,M1G 的拟合度有比较明显的改进。在绝对拟合指数方面,M1G 的概率比率卡方考验值为 26.33,明显小于其他模型的考验值;近似误差均方根 RMSEA 值为 0.074,处于 0.05 到 0.08 之间,表示拟合程度可以接受(Browne & Cudeck,1993);标准化均方根残余 SRMR 值为 0.042,达到最低可接受要求(邱皓政,2003);良性拟合指标 GFI 和调整后的良性拟合指标 AGFI 分别为 0.96 和 0.90,不低于 0.90,表明拟合程度很好(Bentler,1990)。在相对拟合指数方面,比较拟合指数 CFI、增值拟合指数 IFI、规范拟合指数 NFI、相对拟合指数 RFI、非规范拟合指标 NNFI 分别为 0.99、0.99、0.98、0.96 和 0.98,均大于 0.95,这表明假设的理论模型与数据的拟合度非常好。在简约拟合指数方面,规范卡方值为 1.88,小于 Browne 和 Cudeck(1993)设定的临界值 2,符合简约性要求;理论模式的 AIC 指标为 69.92,小于饱和模式的 AIC 值 72.00 和独立模式的 AIC 值 1 397.67,也符合模式的简约性要求;不过,简约规范拟合指数 PNFI、简约良性拟合指标 PGFI、胡特的临界数 CN 分别为 0.49、0.37 和 174.77,略低于简约拟合指数的最低标准。综合来看,M1G 模型的各种绝对拟合指数和相对拟合指数均符合拟合要求,但该模型的简约拟合指数不全符合相关的标准。虽然该模型的简约性稍差,但总体上看还是可以接受的。如果继续修正,模型的绝对拟合指数和相对拟合指数改进的幅度有限,并且会大大增加模型的复杂性。基于这样的考虑,本研究采用 M1G 模型。

表 6.2 “代工企业的专用性投资“测量模型的参数估计表

参数	非标准化参数值	标准误差	t 值	标准化参数值
STI→STI1	2.36	0.35	11.98	0.81
STI→STI2	1.22	0.17	14.60	0.91
STI→STI3	1.42	0.20	14.08	0.89
STI→STI4	1.59	0.45	10.57	0.74

续表

参数	非标准化参数值	标准误差	t 值	标准化参数值
STI→STI5	1.68	0.72	6.99	0.53
STI→STI6	1.61	0.52	9.65	0.69
STI→STI7	0.72	0.65	7.92	0.59
STI→STI8	0.73	0.74	6.59	0.51

最后,本研究针对 M1G 模型进行个别变量的效度检验。所有的标准化系数均有很高的显著性水平,多数标准化系数较大(表 6.2),表明观测变量能够较好地反映“代工企业的专用性投资”这个潜在变量。

2. 信度检验

8 个观察变量的信度处在 0.37 至 0.90 之间,其中的 5 个观察变量 STI1,STI2,STI3,STI4 和 STI6 的信度大于 0.5(表 6.3),通过 0.5 的标准(黄芳铭,2005),其余 3 个观察变量 STI5,STI7 和 STI8 的信度小于 0.5,低于标准。这表明,这三个观察变量的信度需要改进。不过,平均变异抽取量为 0.62,超过 0.5 的标准。总体来看,衡量“代工企业的专用性投资”的 8 个观察变量具有较好的信度。

表 6.3 观察变量的信度与平均变异抽取量

观察变量	R^2	平均变异抽取量
		0.62
STI1	0.75	
STI2	0.90	
STI3	0.87	
STI4	0.65	
STI5	0.41	
STI6	0.58	
STI7	0.45	
STI8	0.37	

综上所述,“代工企业的专用性投资”量表具有较好的结构效度,而且 8 个观察变量总体上具有适当的系统性,因此,可以用量表测量的 8 个观察变量组成一维变量来反映潜在变量“代工企业的专用性投资”。图 6.2 显示了 M1G 模式的路径图以及路径标准化系数。

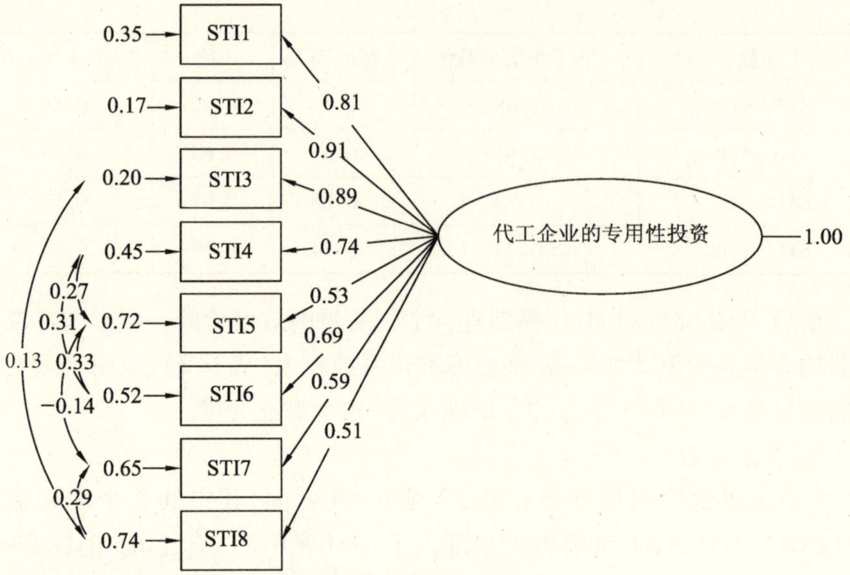

图 6.2　M1G 模式的路径图

6.2.2　“客户的机会主义行为”之验证性因子分析

1. 效度检验

依照 Hair 等人(1998)的建议,我们首先检验是否产生了违规估计的现象。标准化系数介于 0.77 到 0.86 之间,均小于 1;没有负的误差变异数;标准误差较小,介于 0.26 到 0.40 之间。这表明,没有所谓的违规估计现象。

下面,我们检验模式的整体拟合情况(表 6.4)。在绝对拟合指数方面,近似误差均方根 RMSEA 值为 0.098,低于 0.10,为好的拟合(Steiger,1990);良性拟合指标 GFI 和调整的良性拟合指标分别为 0.97 和 0.90,不低于 0.90,表明拟合程度很好(Bentler,1990);标准化均方根残余 SRMR 值为 0.023,满足邱皓政(2003)提出的“SRMR 小于 0.08”的要求。在相对拟合指数方面,比较拟合指数 CFI、增值拟合指数 IFI、规范拟合指数 NFI、相对拟合指数 RFI、非规范拟合指标 NNFI 分别为 0.99、0.99、0.98、0.96 和 0.98,均大于 0.95 时,这代表假设的理论模型与数据的拟合度非常好。在简约拟合指数方面,规范卡方值为 2.79,小于 3,是可接受拟合度的标志(陈晓萍、徐淑英和樊景立,2008);理论模式的 AIC 指标为 33.26,小于独立模式的 AIC 值 752.39,略大于饱和模式的 AIC 值 30.00,不完全符合模式的简约性要求(黄芳铭,2005);简约规范拟合指数 PNFI 和简约良性拟合指数 PGFI 分别为 0.59 和 0.51,大于 0.50 的临界值(Mulaik et al.,1989);胡特的临界数 CN 为 220.57,不小于 200,满足 Hoetler(1983)提出的标准。综上所述,不做任何修正的 M2A 模型在绝对拟合指数、相对拟合指数和简约拟合指数方面的表现较好,整体拟合程度符合要求。

表 6.4 "客户的机会主义行为"测量模型的拟合指数

	拟合指标	M2A
绝对拟合指数	卡方(概度比率卡方考验值)	13.97
	RMSEA(近似误差均方根)	0.098
	SRMR(标准化均方根残余)	0.023
	GFI(良性拟合指标)	0.97
	AGFI(调整的良性拟合指标)	0.90
相对拟合指数	CFI(比较拟合指数)	0.99
	IFI(增值拟合指数)	0.99
	NFI(规范拟合指数)	0.98
	RFI(相对拟合指数)	0.96
	NNFI(非规范拟合指标)	0.98
简约拟合指数	卡方值/d.f.(规范卡方)	2.79
	PNFI(简约规范拟合指数)	0.59
	PGFI(简约良性拟合指标)	0.51
	CN(胡特的临界数)	220.57
	AIC(理论模式)	33.26
	AIC(饱和模式)	30.00
	AIC(独立模式)	752.39

最后,本研究针对 M2A 模型进行个别变量的效度检验(表 6.5)。所有的标准化系数均有很高的显著性水平,多数标准化系数较大,表明 5 个观测变量能够较好地反映"客户的机会主义行为"这个潜在变量。

表 6.5 "客户的机会主义行为"测量模型的参数估计表

参数	非标准化参数值	标准误差	t 值	标准化参数值
OP→OP1	0.41	0.40	11.22	0.77
OP→OP2	0.60	0.26	13.25	0.86
OP→OP3	0.55	0.27	13.06	0.85

续表

参数	非标准化参数值	标准误差	t 值	标准化参数值
OP→OP4	0.51	0.37	11.68	0.79
OP→OP5	0.72	0.26	13.17	0.86

2. 信度检验

5 个观察变量的信度处在 0.60 至 0.74 之间，均通过 0.5 的标准（黄芳铭，2005）；平均变异抽取量为 0.69，超过 0.5 的标准。总体来看，衡量“客户的机会主义行为”的 5 个观察变量具有较好的信度（表 6.6）。

表 6.6 观察变量的信度与平均变异抽取量

观察变量	R^2	平均变异抽取量
		0.69
OP1	0.60	
OP2	0.74	
OP3	0.73	
OP4	0.63	
OP5	0.74	

综上所述，“客户的机会主义行为”量表具有较好的结构效度，而且 5 个观察变量总体上具有较高的系统性，因此，可以用该量表测量的 5 个观察变量组成一维变量来反映潜在变量“客户的机会主义行为”。图 6.3 揭示了 M2A 模式的路径图以及路径标准化系数。

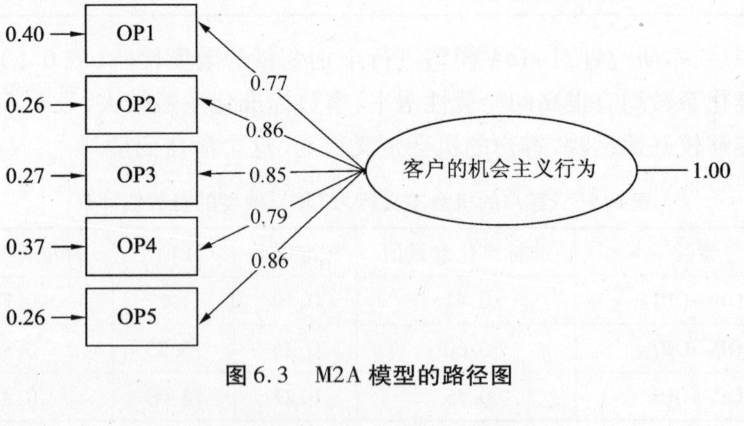

图 6.3 M2A 模型的路径图

6.2.3 “企业间合作”之验证性因子分析

1. 效度检验

依照 Hair 等人(1998)的建议,我们首先检验是否产生了违规估计的现象。标准化系数介于0.75到0.87之间,均小于1;没有负的误差变异数;标准误差较小,处于0.23到0.43之间。这表明,没有所谓的违规估计现象。

接下来,我们检验模式 M3A(在观测变量间没有建立任何残差关联)的整体拟合情况(表6.7)。绝对拟合指数中的 RMSEA 值为0.13,超过0.1,表示该模型与数据的拟合度较差(陈晓萍、徐淑英和樊景立,2008)。除此之外,简约拟合指标中的规范卡方值、简约良性拟合指标 PGFI、胡特的临界数 CN、Akaike 讯息标准指标 AIC 均不符合最基本的标准要求。这表明,M3A 模型的整体拟合情况不甚理想,有待改进。通过考察 M3A 模式的修正建议,我们发现,有三项修正的 MI 值大于3.84。其中,观察变量 CO3 的测量残差项和观察变量 CO6 的测量残差项之间的 MI 为16.3,是最大的 MI 值;并且,“CO3 本企业在货物配送方面与该品牌客户开展大量的合作”与“CO6 本企业在生产过程管理方面与该品牌客户开展大量的合作”存在逻辑上的正相关关系。基于上述考虑,我们建立 CO3 和 CO6 之间的残差关联,得到修正后的模型 M3B。根据拟合指标,M3B 的拟合度发生了明显的改进。在绝对拟合指数方面,M3B 的概率比率卡方考验值为15.49,明显小于 M3A 的考验值30.81;近似误差均方根 RMSEA 值为0.074,处于0.05到0.08之间,表示拟合程度可以接受(Browne & Cudeck,1993);标准化均方根残余 SRMR 值为0.024,达到最低可接受要求(邱皓政,2003);良性拟合指标 GFI 和调整后的良性拟合指标 AGFI 分别为0.97和0.92,超过0.90,表明拟合程度很好(Bentler,1990)。在相对拟合指数方面,比较拟合指数 CFI、增值拟合指数 IFI、规范拟合指数 NFI、相对拟合指数 RFI、非规范拟合指标 NNFI 分别为0.99、0.99、0.98、0.98和0.99,均大于0.95,这代表假设的理论模型与数据的拟合度非常好。在简约拟合指数方面,规范卡方值为1.94,小于 Browne 和 Cudeck(1993)设定的临界值2,符合简约性要求;理论模式的 AIC 指标为40.88,小于饱和模式的 AIC 值42.00和独立模式的 AIC 值1 176.25,也符合模式的简约性要求;简约规范拟合指数 PNFI 为0.53,满足 Mulaik 等人(1989)提出的“PNFI >0.5”的标准;胡特的临界数 CN 为204.64,大于200,模式的简约性可被接受(Hoelter,1983);表6.7所列出的全部简约拟合指标中仅有简约良性拟合指标 PGFI 为0.37,不符合“超过0.5”的要求(Mulaik et al.,1989)。基于上面的考察,本研究认为,M3B 模式的绝对拟合指数、相对拟合指数和简约拟合指数很好,整体拟合程度符合要求。

表 6.7 “企业间合作”测量模型的拟合指数

	拟合指标	M3A	M3B
绝对拟合指数	卡方(概度比率卡方考验值)	30.81	15.49
	RMSEA(近似误差均方根)	0.13	0.074
	SRMR(标准化均方根残余)	0.031	0.024
	GFI(良性拟合指标)	0.93	0.97
	AGFI(调整的良性拟合指标)	0.84	0.92
相对拟合指数	CFI(比较拟合指数)	0.98	0.99
	IFI(增值拟合指数)	0.98	0.99
	NFI(规范拟合指数)	0.97	0.99
	RFI(相对拟合指数)	0.96	0.98
	NNFI(非规范拟合指标)	0.97	0.99
简约拟合指数	卡方值/d.f.(规范卡方)	3.85	1.94
	PNFI(简约规范拟合指数)	0.58	0.53
	PGFI(简约良性拟合指标)	0.40	0.37
	CN(胡特的临界数)	111.42	204.64
	AIC(理论模式)	57.74	40.88
	AIC(饱和模式)	42.00	42.00
	AIC(独立模式)	1 176.25	1 176.25

注：M3A 模式未建立任何残差关联，M3B 建立 CO3 和 CO6 之间的残差关联。

最后，本研究针对 M3B 模型进行个别变量的效度检验(表 6.8)。所有的标准化系数均有很高的显著性水平，标准化系数较高，表明 6 个观测变量能够较好地反映“企业间合作”这个潜在变量。

表 6.8 “企业间合作”测量模型的参数估计表

参数	非标准化参数值	标准误差	t 值	标准化参数值
CO→CO1	0.72	0.33	12.29	0.82
CO→CO2	0.67	0.31	12.56	0.83
CO→CO3	0.86	0.43	10.82	0.75
CO→CO4	1.03	0.25	13.47	0.87
CO→CO5	0.59	0.28	13.04	0.85
CO→CO6	0.59	0.23	13.63	0.87

2. 信度检验

6 个观察变量的信度处在 0.57 至 0.77 之间,均通过 0.5 的标准(黄芳铭,2005);平均变异抽取量为 0.70(表 6.9),超过 0.5 的标准。总体来看,衡量"企业间合作"的这 6 个观察变量具有较好的信度。

表 6.9　观察变量的信度与平均变异量

观察变量	R^2	平均变异抽取量
		0.70
CO1	0.67	
CO2	0.69	
CO3	0.57	
CO4	0.75	
CO5	0.72	
CO6	0.77	

综上所述,"企业间合作"量表具有较好的结构效度,而且 6 个观察变量总体上具有较高的系统性,因此,可以用该量表测量的 6 个观察变量组成一维变量来反映潜在变量"企业间合作"。图 6.4 揭示了 M3B 模式的路径图以及路径标准化系数。

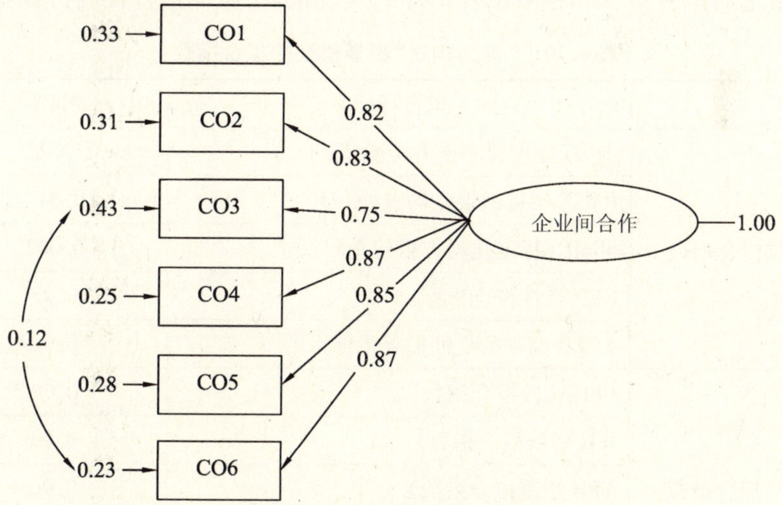

图 6.4　M3B 模型的路径图

6.2.4　"能力构建"之验证性因子分析

1. 效度检验

依照 Hair 等人(1998)的建议,我们首先检验是否产生了违规估计的现象。标准化系数介于0.43到0.77之间,均小于1;没有负的误差变异数;标准误差较小,介于0.41到0.82之间。这表明,没有所谓的违规估计现象。

下面,我们检验模式的整体拟合情况(表6.10)。在绝对拟合指数方面,近似误差均方根RMSEA值为0.047,低于0.05,是非常好的拟合(Steiger,1990);良性拟合指标GFI和调整的良性拟合指标分别为0.97和0.94,超过0.90,表明拟合程度很好(Bentler,1990);标准化均方根残余SRMR值为0.042,满足邱皓政(2003)提出的"SRMR小于0.08"的要求。在相对拟合指数方面,比较拟合指数CFI、增值拟合指数IFI、规范拟合指数NFI、相对拟合指数RFI、非规范拟合指标NNFI分别为0.99、0.99、0.96、0.94和0.98,均大于0.90,这代表假设的理论模型与数据的拟合度好。在简约拟合指数方面,规范卡方值为1.36,小于2,该项拟合指标非常好;理论模式的AIC指标为36.11,小于独立模式的AIC值333.29和饱和模式的AIC值42.00,符合模式的简约性要求(黄芳铭,2005);简约规范拟合指数PNFI为0.58,大于0.50的临界值(Mulaik等人,1989);简约良性拟合指数PGFI为0.42,低于Mulaik等人(1989)规定的临界值;胡特的临界数CN为278.14,不小于200,满足Hoetler(1983)提出的标准。综上所述,除了简约拟合指数中的简约良性拟合指数不符合要求以外,其余的简约拟合指数和全部的绝对拟合指标和相对拟合指标的表现很好,整体拟合程度符合要求。

表6.10 "能力构建"测量模型的拟合指数

	拟合指标	M4A
绝对拟合指数	卡方(概度比率卡方考验值)	12.27
	RMSEA(近似误差均方根)	0.047
	SRMR(标准化均方根残余)	0.042
	GFI(良性拟合指标)	0.97
	AGFI(调整的良性拟合指标)	0.94
相对拟合指数	CFI(比较拟合指数)	0.99
	IFI(增值拟合指数)	0.99
	NFI(规范拟合指数)	0.96
	RFI(相对拟合指数)	0.94
	NNFI(非规范拟合指标)	0.98

	拟合指标	M4A
简约拟合指数	卡方值/d.f.(规范卡方)	1.36
	PNFI(简约规范拟合指数)	0.58
	PGFI(简约良性拟合指标)	0.42
	CN(胡特的临界数)	278.14
	AIC(理论模式)	36.11
	AIC(饱和模式)	42.00
	AIC(独立模式)	333.29

最后,本研究针对 M4A 模型进行个别变量的效度检验(表 6.11)。所有的标准化系数均有较高的显著性水平,多数标准化系数较高,表明 6 个观测变量能够较好地反映"能力构建"这个潜在变量。

表 6.11 "能力构建"测量模型的参数估计表

参数	非标准化参数值	标准误差	t 值	标准化参数值
CO→CO1	0.35	0.71	6.58	0.54
CO→CO2	0.48	0.41	10.02	0.77
CO→CO3	0.36	0.59	8.02	0.64
CO→CO4	0.33	0.58	6.96	0.57
CO→CO5	0.25	0.82	5.03	0.49
CO→CO6	0.46	0.59	8.04	0.64

2. 信度检验

6 个观察变量的信度处在 0.41 至 0.79 之间,其中的 5 个通过 0.5 的标准(黄芳铭,2005);平均变异抽取量为 0.58,超过 0.5 的标准。总体来看,衡量"能力构建"的 6 个观察变量具有较好的信度(表 6.12)。

表 6.12 观察变量的信度与平均变异抽取量

观察变量	R^2	平均变异抽取量
		0.58
CB1	0.51	
CB2	0.79	
CB3	0.62	

续表

观察变量	R^2	平均变异抽取量
CB4	0.54	
CB5	0.41	
CB6	0.63	

综上所述,“能力构建”量表具有较好的结构效度,而且6个观察变量总体上具有较高的系统性,因此,可以用该量表测量的6个观察变量组成一维变量来反映潜在变量“能力构建”。图6.5揭示了M4A模式的路径图以及路径标准化系数。

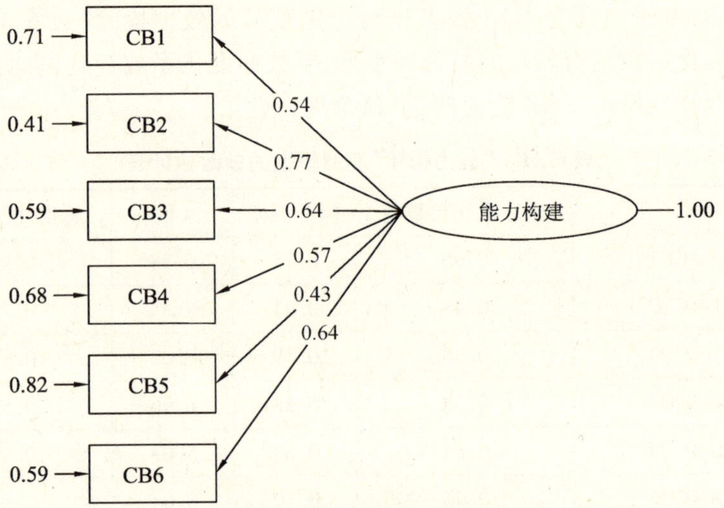

图6.5　M4A模型的路径图

6.3　结构模型的评估与修正

下面,本研究运用Lisrel 8.70软件来验证潜在变量之间的结构关系,检验结果见表6.13。我们构建M5A模型和M5B模型。M5A模型为基础模型,建立在假设1~假设5的基础上,假定客户的机会主义行为和企业间合作起着完全中介的作用;与M5A模型不同的地方是,M5B模型假定客户的机会主义行为和企业间合作起着部分中介的作用。本研究利用三类拟合指数来检验M5A和M5B的整体拟合情况。

首先来分析M5A的整体拟合程度。从绝对拟合指数来看,除了近似误差均方根 RMSEA 指标良好以外,标准化均方根残余 SRMR、良性拟合指标 GFI 和调整的良性拟合指标 AGFI 均未达到良好的水平;从相对拟合指数来看,比较拟合指数 CFI、增值拟合指数 IFI、规范拟合指数 NFI、相对拟合指数 RFI 和非规范拟合指数 NNFI 分别为 0.96、0.96、0.93、0.92 和 0.95,均超过 0.90,表明这些指数达到了良好的水平;从简约拟合指数来看,除了胡特的临界数 CN 值低于 200 的水平之外,其他各项指标良好。综合以上分析,本研究认为,M5A 模型的拟合程度不太理想,需要做进一步的修正工作。进一步考察 MI 指数发现,如果建立从潜在变量"客户的机会主义行为"到"企业间合作"的路径关系,修正建议提示这种做法的 MI 值为 89.9,远大于 MI 的临界修正值 3.84;并且,这种新的路径关系是符合逻辑的,这是因为当客户的机会主义行为比较频繁、比较严重的时候,它们会格外地关注关键技能的保密工作,减少合作从而减少知识溢出的渠道是自然的方法之一。基于这样的考虑,本研究建立了从"客户的机会主义行为"到"企业间合作"的路径关系,这就构成了 M5C 模型。在 M5C 模型的三类拟合指数中,除了胡特的临界数 CN 低于 200 以外,其他指数均达到了良好的水平,部分指标(如:CFI,IFI,NFI,NNFI 和规范卡方值)甚至达到了非常好的水平。这表明 M5C 模型的整体拟合情况良好。M5C 模型有 5 条关于建立残差关联的修正建议,其 MI 值均超过了 3.84,但由于这些修正建议没有明确的理论支持,因此本研究不予采纳。

接下来,我们来分析 M5A 模型的竞争性模型 M5B。M5B 的整体拟合情况与 M5A 相近,需要加以修正。根据修正建议,我们建立了从潜在变量"客户的机会主义行为"到"企业间合作"的路径关系,从而构建了 M5D 模型。与 M5C 模型的拟合度类似,除了胡特的临界数 CN 低于 200 以外,其他指数均达到了良好的水平,有的甚至达到了非常好的水平。

下面,我们考察"客户的机会主义行为"和"企业间合作"是否在"代工企业的专用性投资"和"能力构建"之间扮演了完全中介的作用。M5A 和 M5C 模型为完全中介模型,而 M5B 和 M5D 模型为部分中介模型。如果"客户的机会主义行为"和"企业间合作"在"代工企业的专用性投资"与"能力构建"之间的关系中发挥着部分的中介作用,则 M5A 模型和 M5B 模型、M5C 模型和 M5D 模型在三类拟合指数上应该有比较明显的差异;反之,如果"客户的机会主义行为"和"企业间合作"发挥了完全中介作用,则 M5A 模型和 M5B 模型、M5C 模型和 M5D 模型在三类拟合指数上不会有显著的差异。从表 6.13 的结果可以看出,M5A 和 M5B,M5C 和 M5D 的绝对拟合指数、相对拟合指数和简约拟合指数不存在显著的差异。与 M5A 模型相比,M5B 模型减少了 1 个自由度,但卡方值仅减少了 0.41,远远小于 3.84;与 M5C 模型相比,M5D 模型减少了 1

个自由度，而卡方值仅仅减少了0.06，同样远远小于3.84。因此，从拟合度的比较结果可以看出，"客户的机会主义行为"和"企业间合作"扮演了完全中介的作用。除了运用整体拟合度来判断，我们还可以利用路径系数的显著性来考察中介的类型。在M5D模型中，从"代工企业的专用性投资"到"能力构建"的路径系数为0.02，T值为0.44（$p=0.66$），该路径系数较小，且不显著。从整体拟合程度的比较以及相关路径系数的显著程度来看，完全中介模型M5C更为合理。因此，本研究选择该模型为最终的解释模型。

表6.13 结构模型的拟合指数

	拟合指标	M5A	M5B	M5C	M5D
绝对拟合指数	卡方（概度比率卡方考验值）	433.49	433.08	356.92	356.86
	RMSEA（近似误差均方根）	0.069	0.070	0.048	0.048
	SRMR（标准化均方根残余）	0.21	0.21	0.057	0.057
	GFI（良性拟合指标）	0.84	0.84	0.95	0.95
	AGFI（调整的良性拟合指标）	0.77	0.77	0.90	0.90
相对拟合指数	CFI（比较拟合指数）	0.96	0.96	0.98	0.98
	IFI（增值拟合指数）	0.96	0.96	0.98	0.98
	NFI（规范拟合指数）	0.93	0.93	0.95	0.95
	RFI（相对拟合指数）	0.92	0.92	0.94	0.94
	NNFI（非规范拟合指标）	0.95	0.95	0.97	0.97
简约拟合指数	卡方值/d.f.（规范卡方）	1.76	1.76	1.45	1.46
	PNFI（简约规范拟合指数）	0.77	0.76	0.78	0.78
	PGFI（简约良性拟合指标）	0.62	0.62	0.64	0.64
	CN（胡特的临界数）	87.59	87.39	116.70	116.32
	AIC（理论模式）	589.49	591.08	514.92	516.86
	AIC（饱和模式）	650.00	650.00	650.00	650.00
	AIC（独立模式）	8 124.47	8 124.47	8 124.47	8 124.47

6.4 假设检验

6.4.1 假设的检验结果

图6.6显示了修正后的M5C模型的标准化解。由路径系数及显著性水平可知，假设1、假设3、假设4和假设5得到完全的支持，假设2得到部分支持（见表6.14）。实证数据显示，"客户的机会主义行为"对"企业间合

作"发生直接的负效应，路径系数为 -0.83（$p<0.01$），在理论假设中没有提及这种相互作用关系。

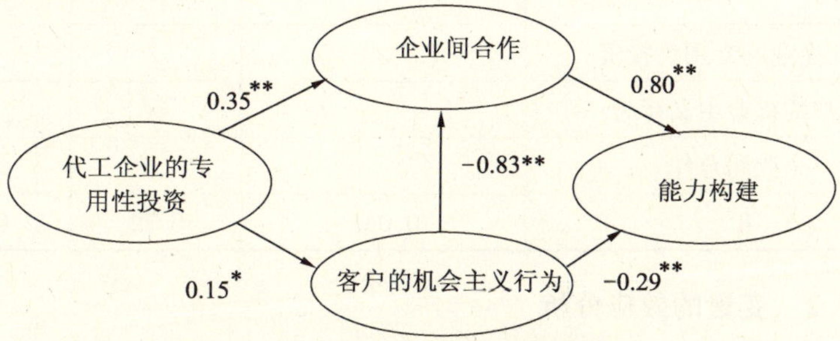

图 6.6 最终结构模型的标准化解

表 6.14 中介效应的假设检验结果汇总

假 设	检验结果	备注
代工企业的专用性投资与企业间合作正相关（假设 1）	完全支持	
代工企业的专用性投资与客户的机会主义行为正相关（假设 2）	部分支持	边际显著
企业间合作与能力构建正相关（假设 3）	完全支持	
客户的机会主义行为与能力构建负相关（假设 4）	完全支持	
企业间合作和客户的机会主义行为在代工企业专用性投资和能力构建之间发挥着完全中介的作用（假设 5）	完全支持	

6.4.2 模型的解释力

Lisrel 8.70 软件输出的 R^2 表示各潜在内生变量的变异被解释的程度，代表了模型的解释力。表 6.15 列出了结构模型对应方程的 R^2。"客户的机会主义行为"被"代工企业的专用性投资"解释的程度最低，R^2 仅为 0.021。这说明，整体而言，"客户的机会主义行为"受"代工企业的专用性投资"的影响很小。"代工企业的专用性投资"和"客户的机会主义行为"共同解释了"企业间合作"变异的 72%，而"能力构建"变异动 95% 被客户的机会主义行为和企业间合作所解释。这意味着，本研究所选的两个中介变量对于代工企业借助于客户开展的能力构建效果具有非常显著的解释能力。

表 6.15　模型的解释力

因变量 / 因变量 R^2	客户的机会主义行为	企业间合作	能力构建
代工企业的专用性投资	✓	✓	
客户的机会主义行为		✓	✓
企业间合作			✓
R^2	0.021	0.72	0.95

6.4.3　变量的效应分析

接下来，本研究分析各变量之间的影响机制及影响效应，结果如表6.16所示。我们首先来分析彼此仅存在直接作用的变量之间的关系。代工企业的专用性投资对客户的机会主义行为有一定的直接影响，在其他条件相同的情况下，前者标准化值的一个单位的增加引起后者标准化值0.15个单位的增长，不过，这种影响仅仅是边际显著的($p<0.1$)。客户的机会主义行为显著地抑制了企业间的合作。其他条件不变，客户的机会主义行为的标准化值每增加一个单位，企业间合作的标准化值即显著地降低0.83个单位。此外，企业间合作对于代工企业借助于客户进行的能力构建具有显著的直接促进作用，它们之间的路径系数为0.80($p<0.01$)。

下面，本研究探讨彼此间既有直接效应又有间接效应的变量之间的关系。代工企业的专用性投资对于企业间合作的总效应显著为正，前者对后者的影响是通过两条路径实现的。代工企业的专用性投资对企业间合作具有显著的直接促进作用，前者标准化值的一单位变化引起后者标准化值同方向的0.35个单位的变化；并且，代工企业的专用性投资还通过影响客户的机会主义行为进而影响到企业间的合作，这种间接效应为具有边际显著性的负效应。与上述影响类似，客户的机会主义行为对于能力构建的作用也是通过两条路径实现的。客户的机会主义行为对代工企业的能力构建活动具有显著的直接限制作用，路径系数为-0.29($p<0.01$)；除此之外，客户的机会主义行为还通过减少企业间合作来影响能力构建，这种间接效应比相应的直接效应更大。直接效应和间接效应的联合作用使得客户的机会主义行为严重地制约了代工企业从客户那里获取知识从而构建新能力的努力。从总效应的数值可以看出，在其他条件相同的情况下，客户的机会主义行为的标准化值每增加一个单位，能力构建效果的标准化值就要降低0.954个单位，并且这种减少是非常显著的。

表 6.16　各变量之间的效应

自变量		因变量		
		客户的机会主义行为	企业间合作	能力构建
代工企业的专用性投资	总体效应	$0.15^{\dagger}$	0.225^{**}	$0.137^{\dagger}$
	直接效应	$0.15^{\dagger}$	0.350^{**}	
	间接效应		$-0.125^{\dagger}$	$0.137^{\dagger}$
客户的机会主义行为	总体效应		-0.83^{**}	-0.954^{**}
	直接效应		-0.83^{**}	-0.29^{**}
	间接效应			-0.664^{**}
企业间合作	总体效应			0.80^{**}
	直接效应			0.80^{**}
	间接效应			

注：$^{\dagger}p<0.1$；$^{**}p<0.01$。

最后，本研究阐述唯一一对相互间仅存在间接效应的变量之间的作用关系，即代工企业的专用性投资对于能力构建的效应。前者对后者的影响共有三种作用机制：① 代工企业的专用性投资促进企业间的合作进而推动能力构建活动，对应的正向效应是非常显著的（$p<0.01$）；② 代工企业的专用性投资增加客户的机会主义行为进而阻碍代工企业的能力构建活动，对应的负效应为边际显著（$p<0.1$）；③ 代工企业的专用性投资增加客户的机会主义行为，客户的机会主义行为显著地降低企业间的合作进而影响代工企业的能力构建，这种负效应是边际显著的（$p<0.1$）。以上三种作用机制的联合效应为正，但仅仅是边际显著的。

6.5　讨　　论

本章检验了关于中介效应的假设，除了假设 2 获得部分支持以外，其余假设均获得完全支持。根据假设检验的结果以及其他学者已有的研究成果，本研究可以修正原理论模型中的中介效应部分，得到关于中介效应的修正模型。各变量间的关系如图 6.7 所示，除了代工企业的专用性投资与客户的机会主义行为之间在某些情境下正相关，在另一些情境下负相关之外，其余变量之间的作用机制和影响性质均是固定的。该修正后的理论模型展现了代工企业的专用性投资对于它们借助于品牌客户的能力构建活动的作用机制,既体现了代工企业专用性投资的正面效应,又涵盖了可能的负面效应,有助于我们全面地理解其中的作用机制。下面,本研究从五个方面来具体阐释该理论模型。

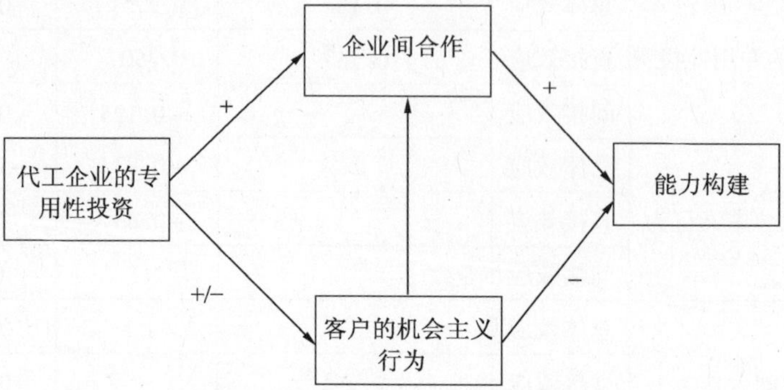

图 6.7　关于中介效应的修正模型

第一,代工企业的专用性投资对于代工双方的企业间合作存在着直接的促进作用。这与 Heide 和 John(1990),Zaheer 和 Venkatraman(1995),Joshi 和 Stump(1999),Wang,Huang 和 Lee(2001),徐蕙菁(2004)以及 Sun(2006)等人的实证结果相吻合。产生这种促进作用的机制大体可以从以下的角度来解释:① 从竞争的角度来看,交易专用性投资使得代工关系产生与众不同的特质,使得代工双方可以从单位的合作投入中获得更高的收益。② 从资源基础的角度来看,专用性投资增强了双方互补性资源相互结合的紧密程度,为它们之间的密切合作创造了一个共同的平台;③ 从风险防范的角度来看,一旦代工企业投入了足够数量的专用性投资,品牌客户就拥有了更高的控制权(Celly & Gary,1996),它们对于代工企业发生侵害其利益行为的担心随之减弱。在其他条件相同的情况下,本研究可以推断,品牌客户会更愿意和已经投入了专用性资产的代工企业拓展合作的范围、加强合作的深度(Wang,Huang & Lee,2001)。可以看出,代工企业的专用性投资降低了客户对于合作风险的感知水平,从而敢于开展更深入、更全面的合作。而代工企业则是将合作作为防范风险的一种手段:通过合作,代工企业能够比较及时地探知客户的行为,从而采取有效的应对措施(John & Heide,1990)。

第二,在存在有效的治理机制的情况下,代工企业的专用性投资可能会降低客户的机会主义行为;反之,则会助长客户的机会主义行为。本研究的实证结果显示,代工企业的专用性投资在一定程度上滋生了客户的机会主义行为,但总体来看,这种效应十分微弱。按照交易成本理论和资源依赖理论的逻辑,在不断变化的国际代工关系中,代工企业进行了专用性投资之后，客户会利用它们增强了的议价能力来攫取更大份额的“可占用性准租”，从而发生更多的机会主义行为。因此，根据这两种理论，代工企业的专用性投资和客户的机会主义行为之间应该呈现显著的正相关关系。相反，如果采用关系交换的理论视角，代工企业的专用性投资会被客户视为关系承诺，这会增加客户对现有代工关系的承诺（Anderson & Weitz，1992），进而主动抑制它们的机会主义行为。这样，代工企业的专用性投资与客户的机会主义行为之间应该呈现显著的负相关关系。由此看来，交易成本理论、资源依赖理论和关系交换理论均无法单独地给这个结果一个合理的解释。交易成本理论和资源依赖理论的上述推理得以成立的前提是：① 客户具有较强的机会主义倾向；② 机会主义行为的收益大于总成本。而关系交换理论的观点获得支持的基础是代工双方彼此高度信任、遵守共赢互惠的关系型规范。可见，上述理论的应用情境不同。根据已有的相关研究，交易关系的治理机制决定了这些理论的不同适用性。以团结性规范（solidarity norm）来说明这个问题。Rokkan，Heide 和 Wathne（2003）的研究表明，当团结性规范很低的时候，OEM 供应商具有较强的机会主义倾向，此时，交易成本理论和资源依赖理论比较适用，OEM 企业的专用性投资与供应商的机会主义行为正相关；而当团结性规范很高的时候，供需双方产生了“自己人”的感觉，此时，关系交换理论比较适用，OEM 企业的专用性投资会被 OEM 供应商视为某种承诺，从而减少了供应商的机会主义行为。同样，其他治理机制（如：交互投资、信任）的不同状态也会影响到上述理论的适用性，导致代工企业的专用性投资与客户的机会主义行为呈现不同甚至相反的相关性关系。在有效的治理机制作用下，代工企业的专用性投资与客户的机会主义行为的正相关关系可能比较弱甚至转变为负相关关系。本研究的假设 2 建立在“绝大多数本土代工企业未能在国际代工关系中建立起有效的治理机制”这个粗略的判断基础之上，假设 2 仅得到部分支持的原因可能在于一部分样本企业拥有比较有效的关系治理机制。

第三，企业间合作对于代工企业从客户那里获取知识并进行能力构建的活动有直接的促进作用。为了开展有效的合作，国际品牌客户需要传授给那些低制造成本的代工企业必要的知识，如工艺技术和生产计划的制定知识。一般来说，客户主动转移的技术或知识仅限于保证代工企业完成所交付的任务的需要。不过，代工双方在合作过程中的互动还是可以为代工企业的员工创造学习机会的。Wang，Huang 和 Lee（2001）以及赖冠如（2002）发现了类似的促进作用。

第四，客户的机会主义行为通过两种机制限制了代工企业的能力构建活动，这种效应部分地抵消了企业间合作对于代工企业能力构建的促进作用。客户的机会主义行为对代工企业能力构建活动的作用路径包括“客户的机会主义行为—能力构建”以及“客户的机会主义行为—企业间合作—能力构建”。随着客户的机会主义行为的增加，代工双方必然缩短预期的关系持续期，这导致它们感知到更大的关系风险，此时，知识被过多地外溢给代工企业或者被代工企业用于不恰当用途的可能性加大。为减少潜在的损失，客户必然会采取各种技术保密措施，最大限度地限制知识的转移。这就是客户的机会主义行为对代工企业能力构建的直接负效应。此外，客户的机会主义行为增加了它们与代工企业开展合作的风险，这使得它们试图压缩合作的范围并降低合作的深度。客户的机会主义行为对代工企业能力构建的间接作用就是通过减少企业间合作进而减少知识溢出的渠道而实现的。

最后，代工企业的专用性投资对它们的能力构建活动的作用是以“企业间合作”（正面效应）和“客户的机会主义行为”（负面效应）为中介实现的。从理论逻辑上来看，代工企业专用性投资的能力构建效应可大可小、可正可负；要想提高这种能力构建效应，就需要构建有效的治理机制来扩大专用性投资的正面效应并抑制负面效应。本研究的实证结果显示，代工企业的专用性投资并不必然促进它们借助于客户进行的能力构建活动，这表明，样本企业整体上还不具备足够的能力和有效的关系治理机制来保证它们从自身的交易专用性投资中获得比较理想的能力构建效果。本研究的这一结果与Wang，Huang和Lee（2001）得出的肯定性结论有所不同。这可能是由于样本特征的不同所导致。Wang，Huang和Lee（2001）的研究样本是从台湾地区信息产业促进会于2000年发布的“信息产业主要厂商目录”以及台湾地区国际外包中心提供的供应商名单中选出的，这可能使得她（他）们所选择的企业具有较强的代工能力、代工关系管理技能以及吸收能力（Cohen & Levinthal，1990），因而其中的大多数企业能够比较好地发挥专用性投资的正面效应并抑制负面效应，从而使得这些样本企业能够比较有效地利用专用性投资来进行能力构建。

6.6 本章小结

本章运用结构方程模型进行中介效应的假设检验。首先，进行验证性因子分析，验证潜在变量的逻辑结构，并对拟合度较差的测量模型进行合理的修正；随后，本研究根据假设1～假设5构建基本模型和竞争性模型，通过对拟合度的分析和比较选择了最终的模型，结果表明，除假设 2 得到部分支持之外，其他假设均获完全支持；在此基础上，本章分析了各变量之间的作用机制及影响效应，并基于实证结果对原有理论模型中反映中介效应的部分进行了修正。

第七章

调节效应的假设检验

本章检验在第四章提出的关于调节效应的理论假设(H6a-H6o),用实证数据来依次分析合同完备性、客户的专用性投资、整体代工能力、客户声誉和关系型规范对于代工企业的专用性投资与企业间合作、客户的机会主义行为以及能力构建效应之间关系的调节效应。本章运用多元调节回归分析法(moderated multiple regression,MMR)来检验这些理论假设,所用统计软件为 SPSS 13.0。

7.1 实证模型和具体检验方法

在图 7.1 所示的实证模型中,自变量为“代工企业的专用性投资”,因变量为“企业间合作”、“客户的机会主义行为”和“能力构建”,调节变量包括“合同完备性”、“客户的专用性投资”、“整体代工能力”、“客户的声誉”和

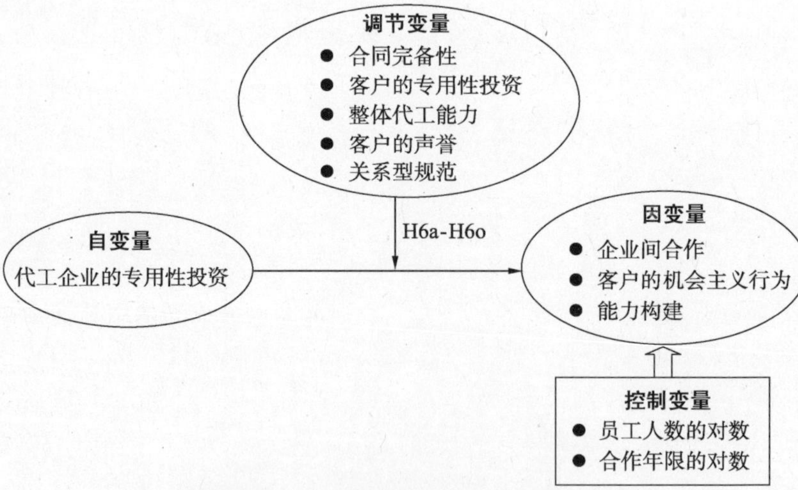

图 7.1 关于调节效应的实证模型

"关系型规范",控制变量为"代工企业员工人数的对数"以及"代工合作年限的对数"。

为检验调节效应,本研究开展以下五个环节的工作。

(1) 对自变量和调节变量中的连续变量进行中心化,即用测量这个变量的每个数据点减去均值,使得新得到的样本数据均值为0(Aiken & West,1991:11),因为自变量和调节变量往往与它们的乘积项高度相关。中心化的目的是减小回归方程中变量间的多重共线性问题(陈晓萍、徐淑英和樊景立,2008)。

(2) 构造乘积项,即把经过均值化处理的自变量和调节变量相乘。

(3) 构造方程。第一个方程是包含自变量、控制变量和因变量但没有乘积项的回归方程;第二个方程是既包含自变量、控制变量和因变量又含有乘积项的回归方程。在本研究中,不包含乘积项的回归方程为 $Yi = Const + A_0 * \ln(STAFF) + A_1 * \ln(COYEAR) + B_0 * STI + B_1 * M_j + \varepsilon_1$;包含乘积项的回归方程为 $Yi = Const + A_0 * \ln(STAFF) + A_1 * \ln(COYEAR) + B_0 * STI + B_1 * M_j + C_0 * (STI - \overline{STI}) * (M_j - \overline{M_j}) + \varepsilon_2$。其中,$i = 1 \sim 3, j = 1 \sim 5$;$Y_1 = CO$,代表"企业间合作";$Y_2 = OP$,代表"客户的机会主义行为";$Y_3 = CB$,代表"能力构建";$M_1 = CC$,代表"合同完备性";$M_2 = CTI$,代表"客户的专用性投资";$M_3 = DGNL$,代表"整体代工能力";$M_4 = RE$,代表"品牌客户在供应商中的声誉";$M_5 = RM$,代表"关系型规范";$\overline{M_j}$代表相应调节变量的均值;$STI$代表"代工企业的专用性投资";$STAFF$ 代表"代工企业的员工人数";$COYEAR$ 代表"代工企业与特定品牌客户的合作年限";ε_1 和 ε_2 分别代表第一个和第二个方程的误差项。

(4) 判断调节效应的存在性。可以看第二个方程回归结果中的乘积项系数是否显著,如果显著,则存在调节效应;也可以对比第一个回归方程和第二个回归方程的决定系数,如果决定系数的差额显著,则存在调节效应。在 *SPSS* 的回归结果中,这个差额以 ΔR^2 显示,ΔR^2 服从 F 分布。

(5) 分析和解释调节作用。当检验中发现存在一种显著的调节作用后,下一个重要的步骤就是分析它的作用模式。本研究采用分组回归的办法,找到调节变量的中位数,对低于中位数和高于中位数的两组样本数据分别进行回归,来观察自变量和因变量关系的不同作用模式。除了直观地观察分组回归结果中自变量系数的差异之外,本研究还引入虚拟变量,构建计量模型,用统计量来描述不同组别的差异。具体的做法是,首先将连续型的调节变量转化为虚拟变量 DUM,大于中位数的调节变量数值定为"1",小于中位数的调节变量数值定为"0";其次,构造如下的回归方程:$Y_i = Const + A_0 *$

$\ln(STAFF) + A_1 * \ln(STAFF) + A_1 * \ln(COYEAR) + B_0 * STI + G_0 * DUM + G_1 * STI * DUM + \varepsilon$。看回归系数 G_1 是否显著，如果显著，则说明分组回归结果中的“代工企业的专用性投资”对应的回归系数之间存在显著的差异。

7.2 量表的效度分析

效度是指实证测量在多大程度上反映了变量的真实含义。效度主要包括表面效度、标准关联效度、构念效度和内容效度（Babbie，2004）。由于本研究的量表是其他学者已经使用过的或者是在原有量表的基础上稍作修改而来的，我们不必一一检验所使用量表的内容效度、标准关联效度和表面效度，仅采用验证性因子分析来确定各量表的构念效度。之所以采用验证性因子分析，是因为在我们对量表的内部结构有了比较清楚的预期时，验证性因子分析是最为直接的、带有假设检验性质的分析方法（陈晓萍、徐淑英和樊景立，2008）。本研究利用巴特利特球体检验和 KMO 测度来判断观测数据是否适合做因子分析。巴特利球体检验从检验整个相关矩阵出发，其零假设为相关矩阵是单位阵，如果不能拒绝该假设的话，应该重新考虑因子分析的使用（郭志刚，2004）。KMO 测度从比较观测变量之间的简单相关系数和偏相关系数的大小出发，其值的变化范围从 0 到 1，该值越大则越适合做因子分析。Hair et al.（1995）按照以下标准解释该指标值的大小：0.9 以上，非常好；0.8 ~0.9，好；0.7 ~0.8，一般；0.6 ~0.7，差；0.5 ~0.6，很差；0.5 以下，不能接受。根据薛薇（2005）的观点，当 KMO 值大于 0.6 时可以进行因子分析，KMO 值大于 0.7 时尚可进行，KMO 值大于 0.8 时适合进行，KMO 值大于 0.9 时非常适合进行，而当 KMO 小于 0.5 时就不宜进行因子分析。尽管说法上不完全一致，学者们一致认可 Kaiser（1974）提出的“KMO 值最小为 0.5”的标准。如果观测数据适合做因子分析，并且测量同一维度的指标因子负载较大（通常需要高于0.4），同时这些指标在其他维度上的因子负载较小（通常需要低于 0.4），则表明该量表具有良好的内部结构，构念效度较高（陈晓萍、徐淑英和樊景立，2008；贺小刚，2006）。

7.2.1 代工企业专用性投资量表的构念效度检验

本研究运用主成分分析法，提取一个因子。KMO 值为 0.865，满足Kaiser（1974）提出的“KMO 值最小为 0.5”的标准，表示这些指标间的共同性因素很多，适合做因子分析；并且，巴特利特球体检验的卡方值为 791.769（自由度为 28），达到显著性水平，意味着母群体的相关矩阵间有共同因素存在，适合做因子分析。提取出来的因子对应的特征值为 4.672，解释变异量为 58.4%，各观测变量的因子载荷均在0.6以上,符合“因子载荷至少在0.4以上”的要求,说明“代工企业的专用性投资”量表具有理想的构念效度(表7.1)。

表7.1 代工企业的专用性投资的因子分析结果

	因子
STI1 为了和该品牌客户进行业务联系,本企业需要进行大规模的工具和设备投资	0.783
STI2 为了满足该品牌客户的业务需要,本企业的生产系统需要进行大的改变	0.856
STI3 为了加强与该品牌客户的业务联系,本企业需要高度专业化的工具和设备投资	0.830
STI4 为了满足该品牌客户的要求,本企业在人员培训上花费了大量的金钱和时间	0.843
STI5 为了开展有效的合作,本企业需要投入大量的人力和物力来熟悉该品牌客户的内部流程	0.703
STI6 为了加强沟通,本企业花费了大量的人力和物力	0.828
STI7 如果关系中断,本企业员工关于该品牌客户的知识将失去用武之地	0.602
STI8 如果关系中断,本企业在目前关系中投资的工具或设备将大大贬值	0.621
特征值	4.672
可解释的变异量(%)	58.40
累计解释变异量(%)	58.40

7.2.2 能力构建量表的构念效度检验

同样地,运用主成分分析法,提取一个因子,该因子为特征值大于1的唯一因子。KMO值为0.793,满足Kaiser(1974)KMO值最小为0.5的标准,表示这些指标间的共同性因素很多,适合做因子分析;并且,巴特利特球体检验的卡方值为150.887(自由度为15),达到显著性水平,意味着母群体的相关矩阵间有共同因素存在,适合做因子分析。提取出来的因子对应的特征值为2.512,解释变异量为41.9%,各观测变量的因子载荷处在0.5到0.8之间,符合“因子载荷至少在0.4以上”的要求,说明“能力构建”量表具有理想的构念效度(表7.2)。

表 7.2 能力构建的因子分析结果

	因子
CB1 该品牌客户帮助本企业显著提高了产品设计能力	0.619
CB2 该品牌客户帮助本企业显著降低了生产成本	0.764
CB3 该品牌客户帮助本企业显著提高了配送速度	0.671
CB4 该品牌客户帮助本企业显著提高了响应能力	0.625
CB5 该品牌客户帮助本企业显著提高了综合管理水平	0.503
CB6 该品牌客户帮助本企业显著提高了劳动生产率	0.672
特征值	2.512
可解释的变异量(%)	41.86
累计解释变异量(%)	41.86

7.2.3 客户的机会主义行为量表的构念效度检验

本研究运用主成分分析法提取一个因子,该因子为特征值大于 1 的唯一因子。KMO 值为 0.871,满足 Kaiser(1974)KMO 值最小为 0.5 的标准,表示这些指标间的共同性因素很多,适合做因子分析;并且,巴特利特球体检验的卡方值为 429.743(自由度为 10),达到显著性水平,意味着母群体的相关矩阵间有共同因素存在,适合做因子分析。提取出来的因子对应的特征值为 3.503,解释变异量为 70.1%,各观测变量的因子载荷均不低于 0.8,符合"因子载荷至少在 0.4 以上"的要求,说明"客户的机会主义行为"量表具有理想的构念效度(表 7.3)。

表 7.3 客户的机会主义行为的因子分析结果

	因子
OP1 为了获得它所想要的,该品牌客户会夸大它的真实需要	0.800
OP2 如果有助于实现其自身目标,该品牌客户并不总是诚实的	0.857
OP3 为了实现其自身的目标,该品牌客户会歪曲反映事实	0.863
OP4 该品牌客户与本企业开展磋商时不够友善	0.809
OP5 为了谋求利益,该品牌客户会违背正式的或非正式的约定	0.854
特征值	3.503
可解释的变异量(%)	70.06
累计解释变异量(%)	70.06

7.2.4 企业间合作量表的构念效度检验

这里运用主成分分析法提取一个因子，该因子为特征值大于 1 的唯一因子。KMO 值为 0.913，满足 Kaiser（1974）KMO 值最小为 0.5 的标准，表示这些指标间的共同性因素很多，适合做因子分析；并且，巴特利特球体检验的卡方值为 698.835（自由度为 15），达到显著性水平，意味着母群体的相关矩阵间有共同因素存在，适合做因子分析。提取出来的因子对应的特征值为 4.429，解释变异量为 73.8%，各观测变量的因子载荷均高于 0.8，符合“因子载荷至少在 0.4 以上”的要求，说明“企业间合作”量表具有理想的构念效度（表 7.4）。

表 7.4 企业间合作的因子分析结果

	因子
CO1 本企业在新产品开发方面与该品牌客户开展大量的合作	0.827
CO2 本企业在控制成本方面与该品牌客户开展大量的合作	0.855
CO3 本企业在货物配送方面与该品牌客户开展大量的合作	0.831
CO4 本企业在人员培训方面与该品牌客户开展大量的合作	0.877
CO5 本企业在拟定计划方面与该品牌客户开展大量的合作	0.855
CO6 本企业在生产过程管理方面与该品牌客户开展大量的合作	0.908
特征值	4.429
可解释的变异量（%）	73.82
累计解释变异量（%）	73.82

7.2.5 整体代工能力量表的构念效度检验

本研究运用主成分分析法提取五个因子，并用正交旋转法进行处理，结果见表 7.5。所得 KMO 值为 0.945，满足 Kaiser（1974）KMO 值最小为 0.5 的标准，表示这些指标间的共同性因素很多，适合做因子分析；并且，巴特利特球体检验的卡方值为 4 018.108（自由度为 153），达到显著性水平，意味着母群体的相关矩阵间有共同因素存在，适合做因子分析。提取出来的五个因子对应的特征值均大于 1，最大的特征值为 3.722，这五个因子共同解释了 18 个观测变量总方差的 90.2%。18 个指标中的每个指标在某个因子上的负载远大于 0.4，而在其他因子上的负载则小于 0.4，没有出现交叉负载现象，并且，每个因子都有明确的意义。这说明，“整体代工能力”量表具有良好的构念效度。

表 7.5　整体代工能力的因子分析结果 ①

	因子				
	1	2	3	4	5
MA1 本企业的生产规模很大	0.800				
MA2 本企业能够生产多种类型、不同规格的产品	0.670				
MA3 本企业具有很强的控制成本的能力	0.821				
MA4 本企业的报价很有竞争力	0.829				
RA1 本企业研发团队的规模很大		0.762			
RA2 本企业在产品开发方面的技术能力很好		0.785			
RA3 本企业能够帮助该客户开展设计任务		0.785			
RA4 本企业推出新产品的速度很快		0.758			
LA1 本企业能够准时地供应该客户所需要的货物			0.746		
LA2 如果该客户需要我们提前交货，我们通常能够从容应对			0.805		
LA3 本企业与物流企业有很好的合作关系			0.656		
LA4 本企业能够稳定且适时地获得原材料或关键零组件的供应			0.720		
FA1 本企业与外部资金提供者保持着很好的互动关系				0.763	
FA2 本企业能够及时地获取所需要的资金				0.730	
FA3 本企业的流动比率（流动资产 ÷ 流动负债）高于同类企业的平均水平				0.757	
QA1 本企业生产的产品合格率很高					0.689
QA2 本企业生产的产品质量可靠					0.780
QA3 本企业的产品质量非常稳定					0.760
特征值	3.722	3.639	3.309	2.791	2.774
可解释的变异量（%）	20.68	20.21	18.38	15.51	15.41
累计解释变异量（%）	20.68	40.89	59.27	74.78	90.19

① 本研究仅列示大于 0.4 的因子负载值。

7.2.6 品牌客户专用性投资的效度检验

这里运用主成分分析法，提取一个因子，该因子为特征值大于1的唯一因子。KMO值为0.875，满足Kaiser(1974)KMO值最小为0.5的标准，表示这些指标间的共同性因素很多，适合做因子分析；并且，巴特利特球体检验的卡方值为504.082(自由度为28)，达到显著性水平，意味着母群体的相关矩阵间有共同因素存在，适合做因子分析。提取出来的因子对应的特征值为4.218，解释变异量为52.7%，各观测变量的因子载荷均超过0.65，符合“因子载荷至少在0.4以上”的要求，说明“品牌客户专用性投资”量表具有理想的构念效度(表7.6)。

表7.6 品牌客户专用性投资的因子分析结果

	因子
CTI1 为了和我们进行业务联系，该品牌客户进行了大规模的工具和设备投资	0.764
CTI2 为了加强业务联系，该品牌客户进行了高度专业化的工具和设备投资	0.769
CTI3 为了满足我们的业务要求，该品牌客户的采购系统发生了大的变化	0.686
CTI4 为了满足业务要求，该品牌客户在人员培训上花费了大量的金钱和时间	0.762
CTI5 该品牌客户花费了大量的时间和金钱来了解本企业的内部流程	0.700
CTI6 为了加强沟通，该品牌客户花费了大量的人力和物力	0.673
CTI7 如果关系中断，该品牌客户在目前关系中投资的工具或设备将大大贬值	0.647
CTI8 如果关系中断，该品牌客户关于本企业的相关知识将失去用武之地	0.793
特征值	4.216
可解释的变异量(%)	52.72
累计解释变异量(%)	52.72

7.2.7 声誉量表的效度检验

本研究运用主成分分析法，提取一个因子，该因子为特征值大于1的唯一因子。KMO值为0.500，满足Kaiser(1974)KMO值最小为0.5的标准，表示这些指标间的共同性因素较多，适合做因子分析；并且，巴特利特球体检验的卡方值为59.167(自由度为1)，达到显著性水平，意味着母群体的相关矩阵间有共同因素存在，适合做因子分析。提取出来的因子对应的特征值为1.563，解释变异量为78.1%，各观测变量的因子载荷均为0.884，符合“因子载荷至少在0.4以上”的要求，说明“声誉”量表具有理想的构念效度(表7.7)。

表 7.7　声誉的因子分析结果

	因子
RE1 在供应商的心目中,该品牌客户是可靠的	0.884
RE2 该品牌客户能够公正地对待供应商	0.884
特征值	1.563
可解释的变异量(%)	78.13
累计解释变异量(%)	78.13

7.2.8　关系型规范量表的构念效度检验

运用主成分分析法提取三个因子,并用正交旋转法进行处理,处理结果见表 7.8。所得 KMO 值为 0.922,满足 Kaiser(1974)KMO 值最小为 0.5 的标准,表示这些指标间的共同性因素很多,适合做因子分析;并且,巴特利特球体检验的卡方值为 1 500.845(自由度为 55),达到显著性水平,意味着母群体的相关矩阵间有共同因素存在,适合做因子分析。提取出来的三个因子对应的特征值均大于 1,最大的特征值为 3.551,这三个因子共同解释了 11 个观测变量总方差的 81.8%。11 个指标中的 10 个指标在某个因子上的负载远大于 0.4,而在其他因子上的负载则小于 0.4;“IE3 我们两家企业彼此会把可能影响对方的事件或变化及时地告知对方”指标在第一个因子和第二个因子上的负载均大于 0.4,不过,该指标在第一个因子上的负载为 0.749,要明显大于它在第二个因子上的负载0.413。总体来说,没有出现明显的交叉负载现象,并且,每个因子都有明确的意义。这说明,“关系型规范”量表具有良好的构念效度。

表 7.8　关系型规范的因子分析结果

	因　子		
	1	2	3
IE1 我们预期,在互动过程中,任何对另一家企业有用的信息都会被及时地传播	0.761		
IE2 我们两家企业会进行非正式的信息交换,并往往超越明文规定的信息交换范围	0.828		
IE3 我们两家企业彼此会把可能影响对方的事件或变化及时地告知对方	0.749		0.413
IE4 我们两家企业频繁地进行信息交换	0.745		

续表

	因子		
	1	2	3
IE5 双方都愿意把私有信息提供给对方,如果这样做可以帮助对方的话	0.767		
SO1 我们两家企业倾向于认为,在互动过程中产生的问题是双方的责任而不是某一方的责任		0.833	
SO2 双方致力于做出对整体利益而不仅仅是对个体利益有所帮助的各种改进		0.831	
SO3 双方都乐于寻求对方的帮助		0.830	
FL1 双方关系的特征之一是能够灵活地响应变化带来的新要求			0.819
FL2 双方能够灵活地作出调整,以应对不断变化的环境			0.798
FL3 当一些意想不到的情况发生时,双方都会努力寻找新的解决方案,而不是固守原先的条文			0.833
特征值	3.551	2.831	2.613
可解释的变异量(%)	32.28	25.73	23.75
累计解释变异量(%)	32.28	58.01	81.76

7.2.9 合同完备性量表的效度检验

运用主成分分析法提取两个因子,并用正交旋转法进行处理,结果见表7.9。所得KMO值为0.872,满足Kaiser(1974)KMO值最小为0.5的标准,表示这些指标间的共同性因素很多,适合做因子分析;并且,巴特利特球体检验的卡方值为1 088.826(自由度为28),达到显著性水平,意味着母群体的相关矩阵间有共同因素存在,适合做因子分析。提取出来的两个因子对应的特征值均大于1,最大的特征值为3.563,这两个因子共同解释了8个观测变量总方差的79.9%。8个指标中的5个指标在某个因子上的负载远大于0.4,而在其他因子上的负载则小于0.4;“CS2 合同全面界定了双方解决冲突的方式”、“CS4 合同全面界定了合同变更的细则和指导精神”以及“CC1 合同条款对各方的法律约束力很强”等三个指标在第一个因子和第二个因子上的负载均大于0.4,不过,前两个指标在第一个因子上的负载要明显大于在第二个因子上的负载,最后一个指标在第二个因子上的负载要显著大于它在第一个因子上的负载。总体来说,存在交叉负载现象,但不严重;并且,每个因子都有明确的意义。这说明,“关系型规范”量表具有良好的构念效度。

表 7.9 合同完备性的因子分析结果

	因子	
	1	2
CS1 合同全面界定了双方参与合作和协调的方式	0.825	
CS2 合同全面界定了双方解决冲突的方式	0.741	0.499
CS3 合同全面界定了双方在面临意外情况时处理问题的方式	0.818	
CS4 合同全面界定了合同变更的细则和指导精神	0.773	0.442
CS5 在交往过程中，几乎所有的事情都可以从合同中找到处理依据	0.824	
CC1 合同条款对各方的法律约束力很强	0.415	0.819
CC2 当发生违约行为时，违约方受到法律制裁和经济惩罚的力度很大		0.797
CC3 当发生违约行为时，受害方可以得到充分的法律保护和经济补偿		0.888
特征值	3.563	2.828
可解释的变异量(%)	44.54	35.35
累计解释变异量(%)	44.54	79.89

7.3 量表的信度分析

在测量中，我们用“信度”来评价测验结果的一致性、稳定性及可靠性，估计测量误差对整体测验的影响。美国心理学会把信度定义为“测量结果免受误差影响的程度”(American Psychological Association，1985)。衡量量表信度主要有三种方法。第一种方法是同时进行两份等效但不完全相同的测验，每个被试者需要同时回答这两份测验，计算两份测验结果之间的相关系数；第二种方法是评价测验的内部一致性，也就是评价测验指标之间的同质性；第三种估计信度的方法是在两个不同的时间点，使用同一份问卷对同一组参与者施测，两次测量所得结果的相关系数就是重测信度(陈晓萍、徐淑英和樊景立，2008)。由于第一种和第三种方法在操作上难度较大，本研究采用第二种方法，即评价量表的内部一致性。这方面常见的评价指标又有三种，即折半信度、库李信度和 Cronbach's α。本研究运用 Cronbach's α 评价测验的内部一致性程度。按照 Nunnally(1978)的标准，Cronbach's $\alpha > 0.9$ 为信度非常好，$0.7 < \alpha < 0.9$ 为高信度，$0.35 < \alpha < 0.7$ 代表中等信度，

$\alpha<0.35$代表低信度。在实际应用中，我们一般要求 Cronbach's α 的值至少要大于 0.7（Hinkin，1998）。

采用 SPSS 13.0 对观测数据作 Cronbach's α 测试，自变量、因变量、中介变量和调节变量的量表信度见表 7.10。无论是根据 Nunnally（1978）还是根据 Hinkin（1998）提出的标准，各量表的信度均处在可接受的水平之上。

表 7.10　主要变量的信度

构念名称	维度名称	Cronbach's α	Nunnally（1978）的标准	Hinkin（1998）的标准
自变量				
代工企业的专用性投资	代工企业的专用性投资	0.896 4	高信度	可接受
因变量				
能力构建	能力构建	0.719 2	高信度	可接受
中介变量				
客户的机会主义行为	客户的机会主义行为	0.893 0	高信度	可接受
企业间合作	企业间合作	0.927 7	信度非常好	可接受
调节变量				
整体代工能力	研发设计能力	0.969 1	信度非常好	可接受
	制造能力	0.920 0	信度非常好	可接受
	后勤能力	0.933 3	信度非常好	可接受
	财务能力	0.949 6	信度非常好	可接受
	质量控制能力	0.965 2	信度非常好	可接受
关系型规范	信息交换	0.914 5	信度非常好	可接受
	团结性	0.927 0	信度非常好	可接受
	柔性	0.918 9	信度非常好	可接受
声誉	声誉	0.716 5	高信度	可接受
品牌客户的专用性投资	品牌客户的专用性投资	0.869 4	高信度	可接受
合同完备性	合同包容性	0.925 0	信度非常好	可接受
	合同约束性	0.891 1	高信度	可接受

7.4 描述性统计和相关分析

表7.11列示了各变量全部指标的平均值和标准差以及变量之间的相关系数。代工企业的专用性投资与企业间合作呈显著的正相关关系($r=0.265, p<0.01$),表明前者对后者的促进作用明显;代工企业的专用性投资与客户机会主义行为以及能力构建正相关,但仅为边际显著($p<0.1$),这意味着它们之间的关系可能受到一系列其他因素的重大影响。而客户的机会主义行为与企业间合作、能力构建显著负相关,这显示客户机会主义行为严重地限制了代工企业从交易专用性投资中所能获得的收益。这些相关系数与第六章的模型检验结果十分吻合。就五种治理机制来看,除了客户声誉与其他四个变量没有显著的相关关系之外,其余四个变量彼此之间均存在着显著的正相关关系。按照Tsui,Ashford,Clair和Xin(1995)的观点,如果将所有的调节变量及其与客户专用性投资的乘积项纳入同一个模型中,必将出现非常严重的多重共线性问题。为减小多重共线性的危害,本章选择单独检验每一种调节变量的调节效应。最后,我们来看看控制变量与其他变量的相关性。员工人数的对数除了与客户的机会主义行为边际显著负相关、与客户的专用性投资边际显著正相关之外,与其他变量均不相关。而合作年限的对数与员工人数的对数不相关,与合同完备性边际显著正相关,与客户的机会主义行为显著负相关,与其余的变量均呈现显著的正相关关系。我们可以借鉴Parkhe(1993)的理论逻辑对合作年限的对数和客户机会主义行为等部分变量之间的相关性关系进行初步的解释。代工双方的合作年限越长,它们度过充满冲突和争斗的关系磨合期的可能性就越大。如果双方度过了这样的磨合期,那么,它们之间就极有可能建立起人际信任和良好的工作关系;退一步说,即使它们还没有成功地度过关系磨合期,随着交往时间的延长,它们也会更好地洞察对方的特点,双方的相互理解程度会不断增加,这会改进双方的关系质量。从这个意义上说,合作年限的对数和客户机会主义行为负相关,和双方的关系型规范正相关。

表 7.11　变量的描述性统计和相关分析结果[a]

	平均值	标准差	代工企业的专用性投资	企业间合作	客户的机会主义行为	能力构建	整体代工能力	客户的专用性投资	声誉	关系型规范	合同完备性	员工人数的对数	合作年限的对数
代工企业的专用性投资	3.86	1.613	1										
企业间合作	3.07	1.017	0.265 ***	1									
客户的机会主义行为	3.95	1.387	0.136†	−0.703 ***	1								
能力构建	3.34	0.863	0.155†	0.858 ***	−0.746 ***	1							
整体代工能力	4.74	1.371	−0.048	0.820 ***	−0.808 ***	0.749 ***	1						
客户的专用性投资	3.49	0.877	−0.072	0.763 ***	−0.696 ***	0.670 ***	0.750 ***	1					
声誉	5.58	0.737	0.096	0.038	−0.059	0.024	0.015	−0.058	1				
关系型规范	4.71	1.350	−0.178 *	0.824 ***	−0.801 ***	0.766 ***	0.877 ***	0.810 ***	−0.022	1			
合同完备性	4.55	0.991	0.002	0.398 ***	−0.357 ***	0.347 ***	0.395 ***	0.366 ***	0.075	0.361 ***	1		
员工人数的对数	6.09	1.013	−0.036	0.103	−0.142†	0.096	0.110	0.143†	−0.025	0.134	0.068	1	
合作年限的对数	1.43	0.437	0.256 ***	0.408 ***	−0.285 ***	0.281 ***	0.358 ***	0.269 ***	0.030	0.320 ***	0.152†	0.025	1

[a] N = 158；† $p<0.1$；* $p<0.05$；*** $p<0.001$。

7.5 调节效应的检验与分析

7.5.1 合同完备性的调节效应检验与分析

在本部分，我们采用上文所述的处理方法来考察合同完备性的调节效应。本研究首先检验没有乘积项的回归方程，再检验加入乘积项之后的回归方程，比较两者决定系数差异的显著性，并观察乘积项回归系数的显著程度，检验结果见表7.12；接着，计算含有乘积项的回归方程对应的函数关于代工企业专用性投资的偏导函数，并据以绘制合同完备性对于代工企业的专用性投资和因变量（包括企业间合作、客户的机会主义行为和能力构建）之间关系的影响效应图，反映影响效应的图包括图7.2、图7.3和图7.4。如果经检验存在显著（至少为边际显著）的调节效应的话，我们则用分组回归法来解释该效应。做法是，以合同完备性的中位数为标准将样本分为两组进行分组回归，引入虚拟变量并构造回归方程来判断在不同组别的回归结果中"代工企业的专用性投资"系数之间是否存在显著差异。分组回归的结果见表7.13、表7.14和表7.15。

1. 线性回归估计的前提检验

为检验样本数据是否适合用于线性回归，本研究检验了因变量的正态分布性和随机误差项的序列相关性，并分析了强影响点的存在性和多重共线性问题，结果见表7.12。为检验因变量的正态分布性，我们对"企业间合作"、"客户的机会主义行为"和"能力构建"三个变量进行了K-S检验，所得的Z值分别为0.971、1.030、1.120，对应的Asymp. Sig. (2-tailed)值均大于0.05。因此，不能拒绝三个变量均服从正态分布的假设。为检验随机误差项的序列相关性，我们运用SPSS 13.0计算出了Durbin-Waston值，以"企业间合作"、"客户的机会主义行为"和"能力构建"为因变量的含有乘积项的方程回归结果显示，D-W值分别为2.101、2.011和2.083，处于区间（1.792，2.208），表明误差项无序列相关现象。为考察强影响点是否存在，本研究运用统计软件输出了标准化残差的最大值和最小值，模型1和模型2、模型3和模型4、模型5和模型6的标准化残差绝对值的最大值分别为2.892、2.283和2.720，均小于临界值3.0（张文彤和董伟，2006）。这显示，不存在对回归结果有重大影响的强影响点。为测试回归方程的多重共线性问题，本研究考察了方程中各变量对应的方差膨胀因子（VIF）值，模型1、模型3和模型5的方差膨胀因子最大值为1.098，模型2、模型4、模型6的方差膨胀因子最大值为1.133，均远远小于临界值5.0或10.0（张文彤和董伟,2006)。依据方差膨胀因子值,本部分的 6 个回归方程均无明显的多重共线性问题。以上指标均满足回归系数估计的无偏性、一致性和有效性要求。

表 7.12 合同完备性的调节效应检验结果表[a]

变量	企业间合作		客户的机会主义行为		能力构建	
	模型 1	模型 2	模型 3	模型 4	模型 5	模型 6
控制变量						
员工人数的对数	0.079	0.074	−0.107	−0.097	0.073	0.067
合作年限的对数	0.305***	0.327***	−0.288***	−0.337***	0.205**	0.238**
主效应						
代工企业的专用性投资	0.189**	0.166*	0.207**	0.257***	0.104	0.070
合同完备性	0.346***	0.315***	−0.307***	−0.238***	0.310***	0.263***
调节效应						
合同完备性×代工企业的专用性投资		0.125†		−0.272***		0.186*
决定系数的变化值 ΔR^2		0.014†		0.066***		0.031*
R^2	0.321	0.335	0.235	0.302	0.189	0.220
调整后的 R^2	0.301	0.313	0.215	0.279	0.167	0.194
D-W 值		2.101		2.011		2.083
标准化残差绝对值的最大值	2.892	2.892	2.283	2.283	2.720	2.720
最大的 VIF 值	1.098	1.133	1.098	1.133	1.098	1.133

[a] 表中报告的是标准化系数;† $p<0.1$; * $p<0.05$; ** $p<0.01$; *** $p<0.001$。

2. 因变量为"企业间合作"时的调节效应检验与解释

(1) 调节效应的检验。模型 1 和模型 2 用来检验合同完备性对于"代工企业的专用性投资"与"企业间合作"之间关系的调节效应。在模型 1 中,我们未加入乘积项。员工人数的对数、合作年限的对数、代工企业的专用性投资和合同完备性四个变量共同解释了"企业间合作"变量变化的 32.1%($p<0.001$)。当然,这四个变量各自的贡献是不同的。在模型 1 中,合同完备性、合作年限的对数以及代工企业的专用性投资与企业间合作显著正相关,回归系数分别为 0.346($p<0.001$)、0.305($p<0.001$)和 0.189

($p<0.01$)；而员工人数的对数对于企业间合作没有显著的影响，在模型 1 中，员工人数的对数对应的回归系数为 0.079($p>0.1$)。在 SPSS 13.0 软件中，以员工人数的对数、合作年限的对数、代工企业的专用性投资和合同完备性为独立变量，采用向前回归法进行回归，发现合作年限的对数、合同完备性和代工企业的专用性投资先后进入回归模型，这三者分别解释了企业间合作变化的 16.6%($p<0.001$)、11.6%($p<0.001$)和 3.2%($p<0.01$)。

在模型 2 中，我们加入乘积项来检验调节效应的存在性。加入的乘积项与原有的四个独立变量共同解释了"企业间合作"变化的 33.5%，相比原先四个独立变量的 32.1% 增加了 1.4%，解释能力有所增强。这种增强是边际显著的($\Delta R^2=0.014, p<0.1$)；乘积项对应的回归系数为 0.125($p<0.1$)，系数为正，但仅为边际显著。这表明，假设 6a 得到部分支持。模型 2 的回归结果显示，代工企业的专用性投资对于企业间合作的作用随着合同完备性的改变而改变，我们可以通过对应的偏导函数来更清晰地理解这种效应(Schoonhoven, 1981)。在模型 2 中，含有乘积项的回归方程对应的函数关于"代工企业的专用性投资"的偏导数为：$\partial CO/\partial STI=0.166+0.125CC$。我们以"合同完备性"Z 标准化值的最小值和最大值为端点绘制线图如图 7.2，该图展现了合同完备性对于代工企业的专用性投资与企业间合作之间关系的影响效应。当"合同完备性"Z 标准化值小于 -1.328 时，代工企业的专用性投资和企业间合作行为呈反向变动的关系，出现这种状态的概率是9.2%，大于小概率事件的概率临界值 5%。从统计意义上来说，当合同完备性足够低(Z 标准化值小于 -1.328)的时候，代工企业的专用性投资和企业间合作行为负相关；但当合同完备性超过某临界点(Z 标准化值大于 -1.328)之后，代工企业的专用性投资对于代工双方合作行为的影响转为正

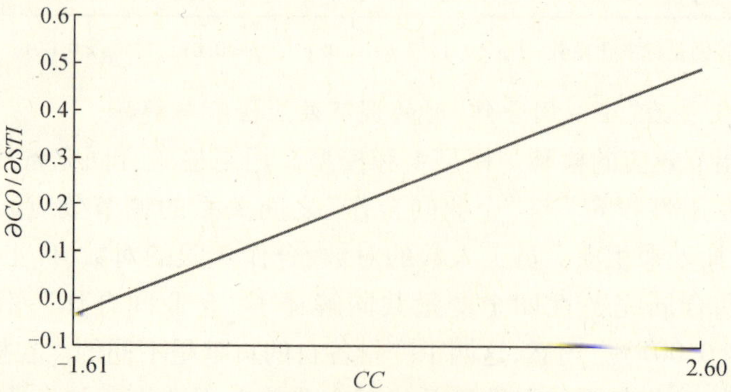

图 7.2　合同完备性对于代工企业的专用性投资和企业间合作之间关系的影响效应图

面,并随着合同完备性的增加而不断扩大。可见,实证结果部分支持假设6a。

(2)调节效应的解释。下面,本研究进行分组回归,找到“合同完备性”的中位数,对低于中位数和高于中位数的两组分别回归,来判断“代工企业的专用性投资”对于“企业间合作”的不同效应。分组回归的计量方程是:$CO = Const + A_0 * \ln(STAFF) + A_1 * \ln(COYEAR) + B * STI + \varepsilon$。我们运用分属不同组别的样本数据来估计该方程的常数项和各变量的系数,结果见表7.13。在以中位数以上的数据来进行线性回归所得的方程中,变量“代工企业的专用性投资”对应的系数为0.300($p < 0.001$);而在以中位数以下的数据进行线性回归所得的方程中,变量“代工企业的专用性投资”对应的系数为0.029($p > 0.1$)。这表明,对于合同完备性在中位数以下的样本企业来说,代工企业的专用性投资对于代工双方的合作行为没有显著作用;对于合同完备性在中位数以上的样本企业来说,其所开展的专用性投资对于企业间合作有显著的促进作用。从回归系数的大小以及显著性来看,两次回归结果中的回归系数存在比较明显的差别。我们这里构造回归方程:$Co = Const + A_0 * \ln(STAFF) + A_1 * \ln(COYEAR) + B_0 * STI + G_0 * DUM + G_1 * STI * DUM + \varepsilon$。该方程的回归结果显示,虚拟变量和“代工企业的专用性投资”的乘积项的标准化系数为0.196($p = 0.084 < 0.1$)。这表明,从严格的统计意义上来看,在中位数以上组和中位数以下组的回归方程中,“代工企业的专用性投资”回归系数存在着差异,这种差异是边际显著的。

表7.13 以合同完备性的中位数为标准进行分组回归的结果(一)[a]

	中位数以上组	中位数以下组
常数项	-0.578	-2.460
员工人数的对数	-0.054	0.167†
合作年限的对数	0.780**	0.881***
代工企业的专用性投资	0.300***	0.029
R^2	0.227	0.233
调整后的R^2	0.196	0.202

[a]因变量为“企业间合作”; † $p < 0.1$; ** $p < 0.01$; *** $p < 0.001$。

3. 因变量为“客户的机会主义行为”时的调节效应检验与解释

(1)调节效应的检验。模型3和模型4用来检验合同完备性对于“代工企业的专用性投资”与“客户的机会主义行为”之间关系的调节效应。在模型3中,我们未加入乘积项。员工人数的对数、合作年限的对数、代工企业的专用性投资和合同完备性四个变量共同解释了“客户的机会主义行为”变量方差的23.5%（$p<0.001$）。当然，这四个变量各自的作用性质和解释能力是不同的。在模型3中，合同完备性、合作年限的对数与客户的机会主义行为显著负相关，回归系数分别为-0.307（$p<0.001$）和-0.288（$p<0.001$）；员工人数的对数对于客户的机会主义行为没有显著的影响，该变量对应的回归系数为-0.107（$p>0.1$）；“代工企业的专用性投资”变量对应的系数为0.207（$p<0.01$）。在SPSS 13.0软件中，以员工人数的对数、合作年限的对数、代工企业的专用性投资和合同完备性为独立变量，采用向前回归法进行回归，合同完备性、合作年限的对数和代工企业的专用性投资先后进入回归模型，这三者分别解释了“客户的机会主义行为”变化的9.6%（$p<0.001$）、7.9%（$p<0.001$）和4.0%（$p<0.01$）。

在模型4中，我们加入乘积项来检验调节效应的存在性。加入的乘积项与原有的四个独立变量共同解释了“客户的机会主义行为”变化的30.2%，相比原先四个独立变量的23.5%增加了6.7%，解释能力得到增强，并且，这种增强是非常显著的（$\Delta R^2=0.067, p<0.001$）；乘积项对应的回归系数为$-0.272$（$p<0.001$），系数为负，并且非常显著。模型4的回归结果显示，代工企业的专用性投资对于客户的机会主义行为的作用随着合同完备性的改变而改变，我们可以通过对应的偏导函数来更清晰地理解这种效应（Schoonhoven, 1981）。在模型4中，含有乘积项的回归方程对应的函数关于“代工企业专用性投资”的偏导数为：$\partial OP/\partial STI=0.257-0.272CC$。我们以“合同完备性”Z标准化值的最小值和最大值为端点绘制线图如图7.3，该图展现了合同完备性对于代工企业的专用性投资与客户的机会主义行为之间关系的影响效应。当合同完备性的Z标准化值超过0.945之后，代工企业的专用性投资与客户的机会主义行为呈反向变动关系，出现这种现象的概率为17.3%，远大于小概率事件的概率临界值5%。当合同完备性足够低（Z标准化值低于0.945）的时候，代工企业的专用性投资会滋生客户的机会主义行为，在此范围内，随着合同完备性的增加，代工企业的专用性投资对于客户的机会主义行为的正向影响不断减小；当合同完备性达到某个程度之后（Z标准化值超过0.945），原先的正向相关关系转变为负向相关关系，并随着合同完备性的增强，这种负向相关关系不断扩大。综上所述，虽然ΔR^2和乘积项回归系数均显著，并且乘积项回归系数为负，但由于随着合同完备性的变化，代工企业专用性投资和客户的机会主义行为之间并不总是正相关的。所以，假设6b仅得到了部分的支持。

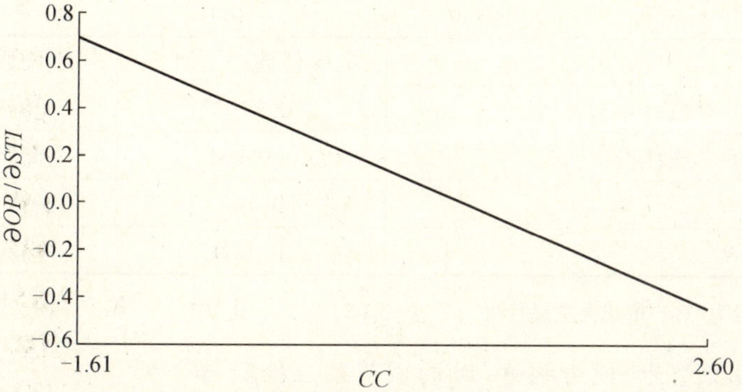

图 7.3　合同完备性对于代工企业的专用性投资和客户的机会主义行为关系的影响效应图

（2）调节效应的解释。下面，本研究进行分组回归，找到“合同完备性”的中位数，对低于中位数和高于中位数的两组分别回归，来判断“代工企业的专用性投资”对于“客户的机会主义行为”的不同效应。分组回归的计量方程是：$OP = Const + A_0 * \ln(STAFF) + A_1 * \ln(COYEAR) + B * STI + \varepsilon$。我们运用分属不同组别的样本数据来估计该方程的常数项和各变量的系数，结果见表 7.14。在以中位数以上的数据来进行线性回归所得的方程中，变量“代工企业的专用性投资”对应的系数为 -0.031（$p > 0.1$）；而在以中位数以下的数据进行线性回归所得的方程中，变量“代工企业的专用性投资”对应的系数为 0.542（$p < 0.001$）。对于合同完备性在中位数以下的样本企业来说，代工企业的专用性投资滋生了客户的机会主义行为；对于合同完备性在中位数以上的样本企业来说，其所开展的专用性投资与客户的机会主义行为之间没有显著的相关关系。从回归系数的大小及显著程度来看，两次回归结果中“代工企业专用性投资”对应的回归系数之间存在比较明显的差别。我们这里构造回归方程：$OP = Const + A_0 * \ln(STAFF) + A_1 * \ln(COYEAR) + B_0 * STI + G_0 * DUM + G_1 * STI * DUM + \varepsilon$。虚拟变量和“代工企业的专用性投资”的乘积项的标准化系数为 -0.290（$p < 0.001$）。这说明，从严格的统计意义上来看，在中位数以上组和中位数以下组的回归方程中，“代工企业的专用性投资”回归系数之间存在着显著的差异。

表 7.14　以合同完备性的中位数为标准进行分组回归的结果（二）[a]

	中位数以上组	中位数以下组
常数项	0.705	2.612***
员工人数的对数	0.070	-0.194*

续表

	中位数以上组	中位数以下组
合作年限的对数	-0.939***	-0.880***
代工企业的专用性投资	-0.031	0.542***
R^2	0.162	0.274
调整后的 R^2	0.128	0.245

[a]因变量为"客户的机会主义行为"；* $p<0.05$；*** $p<0.001$。

4. 因变量为"能力构建"时的调节效应检验与分析

(1) 调节效应的检验。模型5和模型6用来检验合同完备性对于"代工企业的专用性投资"与"能力构建"之间关系的调节效应。在模型5中，我们未加入乘积项。员工人数的对数、合作年限的对数、代工企业的专用性投资和合同完备性四个变量共同解释了"能力构建"变量方差的18.9%（$p<0.001$）。这四个变量各自的作用性质和解释能力是不同的。在模型5中，合同完备性、合作年限的对数与能力构建显著正相关，回归系数分别为0.310（$p<0.001$）和0.205（$p<0.01$）；员工人数的对数对于代工企业借助于品牌客户的能力构建没有显著的影响，该变量对应的回归系数为0.073（$p>0.1$）；"代工企业的专用性投资"变量对应的系数为0.104（$p>0.1$）。在SPSS 13.0软件中，以员工人数的对数、合作年限的对数、代工企业的专用性投资和合同完备性为独立变量，采用向前回归法进行回归，合同完备性和合作年限的对数先后进入回归模型，这两者分别解释了"能力构建"变化的12.0%（$p<0.001$）和5.4%（$p<0.01$）。

在模型6中，我们加入乘积项来检验调节效应的存在性。加入的乘积项与原有的四个独立变量共同解释了"能力构建"变化的22.0%，相比原先四个独立变量的18.9%增加了3.1%，解释能力得到增强，并且，这种增强是显著的（$\Delta R^2=0.031$，$p<0.05$）；乘积项对应的回归系数为0.186（$p<0.05$），系数为正，并且显著。ΔR^2 和回归系数一致支持假设6c。模型6的回归结果显示，代工企业的专用性投资对于能力构建的效应随着合同完备性的改变而改变，我们可以通过对应的偏导函数来更清晰地理解这种效应（Schoonhoven, 1981）。在模型6中，含有乘积项的回归方程对应的函数关于"代工企业专用性投资"的偏导数为：$\partial CB/\partial STI=0.070+0.186CC$。我们以"合同完备性"Z标准化值的最小值和最大值为端点绘制线图如图7.4，该图展现了合同完备性对于代工企业的专用性投资与能力构建之间关系的影响效应。当合同完备性的Z标准化值低于0.376时，代工企业的专用性投

资与能力构建效应呈反向变动关系，出现这种状况的概率为64.8%，远远高于小概率事件的临界值5%。从统计意义上说，在合同完备性水平比较低（Z标准化值低于0.376）的时候，代工企业的专用性投资与其借助于客户进行的能力构建效应负相关，随着合同完备性的增加，代工企业的专用性投资对于能力构建的负面效应不断减弱；但当合同完备性达到某个程度（Z标准化值为0.376）之后，原先的负面影响转变为正面作用，此后，随着合同完备性的增强，代工企业的专用性投资与能力构建之间的正相关关系越来越强。从ΔR^2和乘积项回归系数的显著性以及相关关系的变化范围来看，假设6c得到了充分的支持。

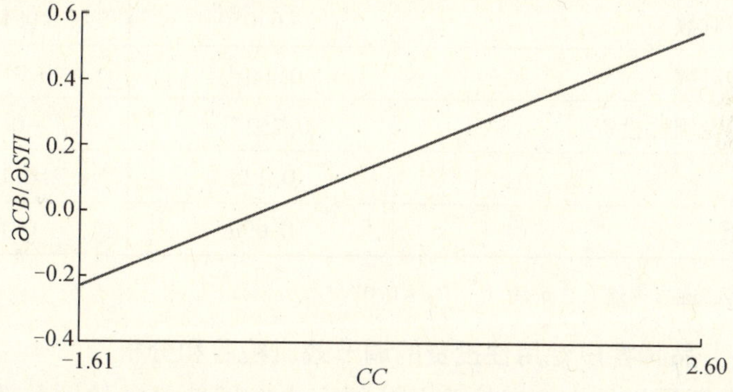

图7.4　合同完备性对于代工企业的专用性投资和能力构建之间关系的影响效应图

（2）调节效应的解释。下面，我们对比分组回归的结果来解释上面得到验证的调节效应的性质和大小。我们首先找到“合同完备性”的中位数，对低于中位数和高于中位数的两组分别回归，来判断“代工企业的专用性投资”对于“能力构建”的不同效应。分组回归的计量方程是：$CB = Const + A_0 * \ln(STAFF) + A_1\ln(COYEAR) + B * STI + \varepsilon$。我们运用分属不同组别的样本数据来估计该方程的常数项和各变量的系数，结果见表7.15。在以中位数以上的数据来进行线性回归所得的方程中，变量“代工企业的专用性投资”对应的系数为0.252（$p<0.01$）；而在以中位数以下的数据进行线性回归所得的方程中，变量“代工企业的专用性投资”对应的系数为-0.153（$p>0.1$）。这表明，对于合同完备性在中位数以下的样本企业来说，代工企业的专用性投资对于它们借助于品牌客户进行的能力构建活动无显著的作用；对于合同完备性在中位数以上的样本企业来说，其所开展的专用性投资显著地促进了代工企业的能力构建活动。从系数大小及显著性来看，两次回归结果中的“代工企业的专用性投资”系数之间存在着比较明显的差别。为检验这种差别是否具有统计意义上的显著性，我们这里构造回归方程：$CB = Const + A_0 * \ln(STAFF) + A_1 * \ln(COYEAR) + B_0 * STI + G_0 * DUM + G_1 * STI * DUM + \varepsilon$。虚拟变量和“代工企业的专用性投资”的乘积项的标准化系数为0.180（$p=0.025<0.05$）。这说明，从严格的统计意义上来看，在中位数以上组和中位数以下组的回归方程中，“代工企业的专用性投资”回归系数之间存在着显著的差异。

表7.15　以合同完备性的中位数为标准进行分组回归的结果（三）[a]

	中位数以上组	中位数以下组
常数项	-0.148	-2.226**
员工人数的对数	-0.050	0.152
合作年限的对数	0.449†	0.812**
代工企业的专用性投资	0.252**	-0.153
R^2	0.125	0.145
调整后的R^2	0.090	0.111

[a]因变量为“能力构建”；† $p<0.1$；** $p<0.01$。

7.5.2　品牌客户专用性投资的调节效应检验和分析

我们采用同样的方法来检验并分析客户专用性投资的调节效应，检验结果见表7.16，影响效应图包括图7.5、图7.6和图7.7，分组回归的结果见表7.17、表7.18和表7.19。

表7.16　品牌客户专用性投资的调节效应检验结果表[a]

变量	企业间合作		客户的机会主义行为		能力构建	
	模型7	模型8	模型9	模型10	模型11	模型12
控制变量						
员工人数的对数	0.003	-0.002	-0.042	-0.036	0.006	0.001
合作年限的对数	0.134**	0.134**	-0.143*	-0.143*	0.052	0.053
主效应						
代工企业的专用性投资	0.285***	0.297***	0.125*	0.110†	0.190**	0.201***
品牌客户的专用性投资	0.747***	0.726***	-0.643***	-0.617***	0.669***	0.649***
调节效应						

续表

变量	企业间合作		客户的机会主义行为		能力构建	
	模型 7	模型 8	模型 9	模型 10	模型 11	模型 12
客户的专用性投资×代工企业的专用性投资		0.153***		-0.185***		0.142*
决定系数的变化值 ΔR^2		0.023***		0.033***		0.019*
R^2	0.700	0.723	0.511	0.544	0.493	0.512
调整后的 R^2	0.693	0.714	0.498	0.529	0.480	0.496
D-W 值		2.191		1.799		1.801
标准化残差绝对值的最大值	2.689	2.689	2.579	2.579	2.395	2.395
最大的 VIF 值	1.174	1.174	1.174	1.174	1.174	1.174

[a]表中报告的是标准化系数；† $p<0.1$；* $p<0.05$；** $p<0.01$；*** $p<0.001$。

1. 线性回归估计的前提检验

为检验样本数据是否适合用于线性回归，我们检验了因变量的正态分布性和随机误差项的序列相关性，并分析了强影响点的存在性和多重共线性问题，结果见表 7.16。为检验因变量的正态分布性，我们对“企业间合作”、“客户的机会主义行为”和“能力构建”三个变量进行了 K-S 检验，所得结果支持三个变量均服从正态分布的假设。为检验随机误差项的序列相关性，我们运用 SPSS 13.0 计算出了 Durbin-Waston 值，以“企业间合作”、“客户的机会主义行为”和“能力构建”为因变量的含有乘积项的方程回归结果显示，D-W 值分别为 2.191、1.799 和 1.801，均处于区间(1.792，2.208)，表明误差项无序列相关现象。为考察强影响点是否存在，本研究运用统计软件输出了标准化残差的最大值和最小值，模型 7 和模型 8、模型 9 和模型 10、模型 11 和模型 12 的标准化残差绝对值的最大值分别为 2.689、2.579 和2.395，均小于临界值 3.0(张文彤和董伟，2006)。这显示，不存在对回归结果有重大影响的强影响点。为测试回归方程的多重共线性问题，本研究考察了方程中各变量对应的方差膨胀因子(VIF)值，模型 7～模型 12 的方差膨胀因子最大值为 1.174，均远远小于临界值 5.0 或 10.0(张文彤和董伟，2006)。依据方差膨胀因子值，本部分的 6 个回归方程均无明显的多重共线性问题。以上的指标均满足回归系数估计的无偏性、一致性和有效性要求。

2. 因变量为“企业间合作”时的调节效应检验与解释

(1) 调节效应的检验。模型 7 和模型 8 用来检验客户的专用性投资对于“代工企业的专用性投资”与“企业间合作”之间关系的调节效应。在模型7中，我们未加入乘积项。员工人数的对数、合作年限的对数、代工企业的专用性投资和品牌客户的专用性投资四个变量共同解释了企业间合作变量方差的70.0%（$p<0.001$）。当然，这四个变量各自的贡献是不同的。在模型7中，品牌客户的专用性投资、合作年限的对数以及代工企业的专用性投资与企业间合作显著正相关，标准化回归系数分别为0.747（$p<0.001$）、0.134（$p<0.01$）和0.285（$p<0.001$）；而员工人数的对数对于企业间合作没有显著的影响，在模型7中，员工人数的对数对应的标准化系数为0.003（$p>0.1$）。在SPSS 13.0软件中，以员工人数的对数、合作年限的对数、代工企业的专用性投资和客户的专用性投资为独立变量，采用向前回归法进行回归，客户的专用性投资、代工企业的专用性投资和合作年限的对数先后进入回归模型，这三者分别解释了企业间合作变化的58.2%（$p<0.001$）、10.3%（$p<0.001$）和1.5%（$p<0.01$）。

在模型8中，我们加入乘积项来检验调节效应的存在性。加入的乘积项与原有的四个独立变量共同解释了“企业间合作”变化的72.3%，相比原先四个独立变量的70.0%增加了2.3%，解释能力有所增强，并且这种增强是非常显著的（$\Delta R^2=0.023, p<0.001$）；乘积项的标准化系数为0.153（$p<0.001$），系数为正，并且非常显著。模型8的回归结果显示，代工企业的专用性投资对于企业间合作的作用随着客户专用性投资的改变而改变，我们可以通过对应的偏导函数来更清晰地理解这种效应（Schoonhoven，1981）。在模型8中，含有乘积项的回归方程对应的函数关于“代工企业的专用性投资”的偏导数为：$\partial CO/\partial STI=0.297+0.153CTI$。我们以“客户专用性投资”Z标准化值的最小值和最大值为端点绘制线图如图7.5，该图展现了客户专

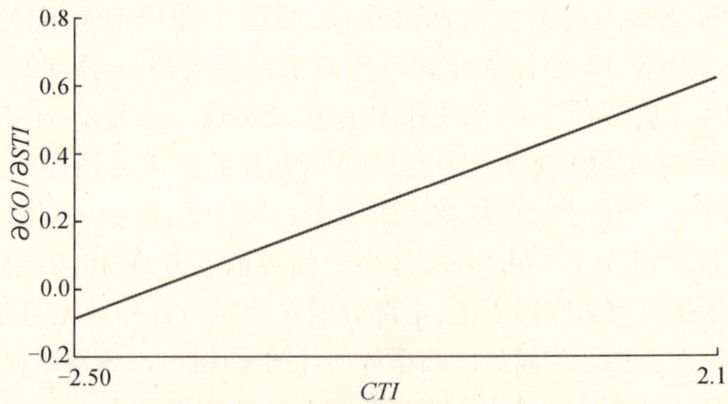

图7.5　客户专用性投资对于代工企业的专用性投资和企业间合作之间关系的影响效应图

用性投资对于代工企业的专用性投资与企业间合作之间关系的影响效应。当客户专用性投资的 Z 标准化值低于 -1.941 时，代工企业的专用性投资与企业间合作呈反向变动关系，出现这种情况的概率为 2.6%，低于小概率事件的临界概率值。从统计意义上来看，不论客户专用性投资处于何种水平，代工企业的专用性投资与企业间的合作均呈正相关关系，并且随着客户专用性投资的增加，这种正相关关系不断增强。实证结果完全支持假设 6d。

（2）调节效应的解释。下面，本研究进行分组回归，找到“客户专用性投资”的中位数，对低于中位数和高于中位数的两组分别回归，来判断“代工企业的专用性投资”对于“企业间合作”的不同效应。分组回归的计量方程是：$CO = Const + A_0 * \ln(STAFF) + A_1 * \ln(COYEAR) + B * STI + \varepsilon$。我们运用分属不同组别的样本数据来估计该方程的常数项和各变量的系数，结果见表 7.17。在以中位数以上的数据来进行线性回归所得的方程中，变量“代工企业的专用性投资”对应的系数为 0.431（$p < 0.001$）；而在以中位数以下的数据进行线性回归所得的方程中，变量“代工企业的专用性投资”对应的系数为 0.066（$p > 0.1$）。这表明，对于客户专用性投资在中位数以下的样本企业来说，代工企业的专用性投资对于代工双方的合作行为没有显著作用；对于客户专用性投资在中位数以上的样本企业来说，其所开展的专用性投资对于企业间合作有显著的促进作用。从表 7.17 中“代工企业的专用性投资”变量的回归系数大小及显著性来看，两者的回归系数之间存在着较大的差异。为检验这种差异是否具有统计意义上的显著性，我们这里构造回归方程：$Co = Const + A_0 * \ln(STAFF) + A_1 * \ln(COYEAR) + B_0 * STI + G_0 * DUM + G_1 * STI * DUM + \varepsilon$。虚拟变量和“代工企业的专用性投资”的乘积项的标准化系数为 0.111（$p = 0.049 < 0.05$）。这说明，从严格的统计意义上来看，在中位数以上组和中位数以下组的回归方程中，“代工企业的专用性投资”回归系数存在显著的差异。

表 7.17　以客户专用性投资的中位数为标准进行分组回归的结果（一）[a]

	中位数以上组	中位数以下组
常数项	-0.315	-1.258
员工人数的对数	-0.001	0.066
合作年限的对数	0.184***	0.160*
代工企业的专用性投资	0.431***	0.066
R^2	0.457	0.233
调整后的 R^2	0.435	0.202

[a]因变量为“企业间合作”；* $p < 0.05$；*** $p < 0.001$。

3. 因变量为“客户的机会主义行为”时的调节效应检验与解释

（1）调节效应的检验。模型9和模型10用来检验客户的专用性投资对于“代工企业的专用性投资”与“客户的机会主义行为”之间关系的调节效应。在模型9中，我们未加入乘积项。员工人数的对数、合作年限的对数、代工企业的专用性投资和客户的专用性投资四个变量共同解释了“客户的机会主义行为”变量方差的51.1%（$p<0.001$）。不过，这四个变量各自的贡献是不同的。在模型9中，客户的专用性投资、合作年限的对数与客户的机会主义行为显著负相关，标准化系数分别为-0.643（$p<0.001$）和-0.143（$p<0.05$）；员工人数的对数对于客户的机会主义行为没有显著的影响，该变量对应的回归系数为-0.042（$p>0.1$）；“代工企业的专用性投资”变量对应的系数为0.125（$p<0.01$）。在SPSS 13.0软件中，以员工人数的对数、合作年限的对数、代工企业的专用性投资和合同完备性为独立变量，采用向前回归法进行回归，只有“客户的专用性投资”进入回归模型，解释了“客户的机会主义行为”变化的48.1%（$p<0.001$）。

在模型10中，我们加入乘积项来检验调节效应的存在性。加入的乘积项与原有的四个独立变量共同解释了“客户的机会主义行为”变化的54.4%，相比原先四个独立变量的51.1%增加了3.3%，解释能力得到增强，并且，这种增强是非常显著的（$\Delta R^2=0.033$，$p<0.001$）；乘积项对应的回归系数为-0.185（$p<0.001$），系数为负，并且非常显著。从ΔR^2和乘积项的显著程度来看，实证数据支持假设6e。模型10的回归结果显示，代工企业的专用性投资对于客户的机会主义行为的影响效应随着客户专用性投资的改变而改变，我们可以通过对应的偏导函数来更清晰地理解这种效应（Schoonhoven，1981）。在模型10中，含有乘积项的回归方程对应的函数关于“代工企业的专用性投资”的偏导数为：$\partial OP/\partial STI=0.110-0.185CTI$。我们以“客户专用性投资”Z标准化值的最小值和最大值为端点绘制线图如图7.6，该图展现了客户专用性投资对于代工企业的专用性投资与客户的机会主义行为之间关系的影响效应。当客户专用性投资的Z标准化值超过0.595后，代工企业的专用性投资与客户的机会主义行为呈反方向变动关系，出现反向变动的概率为27.5%，远大于小概率事件的临界概率值5%。从统计意义来说，当客户的专用性投资水平较低（Z标准化值低于0.595）时，代工企业的专用性投资与客户的机会主义行为呈正相关关系，在此范围内，随着客户专用性投资的增加，这种正相关关系不断减弱；当客户专用性投资超过某一临界点（Z标准化值为0.595）之后，代工企业的专用性投资可以抑制客户的机会主义行为，并且随着客户专用性投资的增强，这种抑制效应越来越显

著。乘积项回归系数的大小和显著性、ΔR^2 的显著性以及偏导数的变化范围对假设 6e 提供了完全的支持。

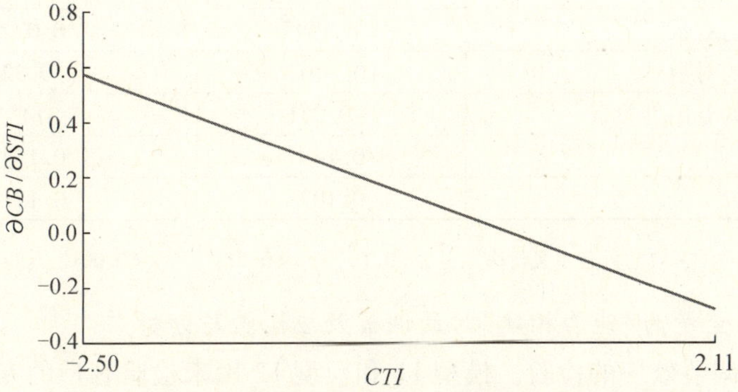

图 7.6　客户专用性投资对于代工企业的专用性投资和客户的机会主义行为关系的影响效应图

（2）调节效应的解释。接下来，本研究进行分组回归，找到“客户专用性投资”的中位数，对低于中位数和高于中位数的两组分别回归，来判断“代工企业的专用性投资”对于“客户的机会主义行为”的不同效应。分组回归的计量方程是：$OP = Const + A_0 * \ln(STAFF) + A_1 * \ln(COYEAR) + B * STI + \varepsilon$。我们运用分属不同组别的样本数据来估计该方程的常数项和各变量的系数，结果见表 7.18。在以中位数以上的数据来进行线性回归所得的方程中，变量“代工企业的专用性投资”对应的系数为 −0.031（$p > 0.1$）；而在以中位数以下的数据进行线性回归所得的方程中，变量“代工企业的专用性投资”对应的系数为0.314（$p < 0.001$）。这表明，对于客户专用性投资在中位数以下的样本企业来说，代工企业的专用性投资显著地增加了客户的机会主义行为；对于客户专用性投资在中位数以上的样本企业来说，其所开展的专用性投资与客户的机会主义行为之间没有显著的关系。从两次回归结果中的“代工企业专用性投资”标准化系数和显著性来看，两者的回归系数之间存在比较明显的差别。为判断这种差异是否具有统计意义上的显著性，我们这里构造回归方程：$OP = Const + A_0 * \ln(STAFF) + A_1 * \ln(COYEAR) + B_0 * STI + G_0 * DUM + G_1 * STI * DUM + \varepsilon$。虚拟变量和“代工企业的专用性投资”的乘积项的标准化系数为 −0.407（$p < 0.01$）。这说明，从严格的统计意义上来看，在中位数以上组和中位数以下组的回归方程中，“代工企业的专用性投资”回归系数之间存在着显著的差异。

表 7.18　以客户专用性投资的中位数为标准进行分组回归的结果(二)[a]

	中位数以上组	中位数以下组
常数项	1.008†	0.789
员工人数的对数	-0.133†	0.022
合作年限的对数	-0.540**	-0.220
代工企业的专用性投资	-0.031	0.314***
R^2	0.143	0.154
调整后的 R^2	0.109	0.121

[a]因变量为“客户的机会主义行为”；† $p<0.1$；** $p<0.01$；*** $p<0.001$。

4. 因变量为“能力构建”时的调节效应检验与分析

(1) 调节效应的检验。模型 11 和模型 12 用来检验客户的专用性投资对于“代工企业的专用性投资”与“能力构建”之间关系的调节效应。在模型 11 中，我们未加入乘积项。员工人数的对数、合作年限的对数、代工企业的专用性投资和客户的专用性投资四个变量共同解释了“能力构建”变量方差的 49.3%（$p<0.001$）。这四个变量各自的作用性质和解释能力是不同的。在模型 11 中，客户的专用性投资、代工企业的专用性投资与能力构建显著正相关，标准化系数分别为 0.669（$p<0.001$）和 0.190（$p<0.01$）；员工人数的对数和合作年限的对数对于代工企业借助于品牌客户的能力构建没有显著的影响，这两个变量对应的标准化系数分别为 0.001（$p>0.1$）和 0.053（$p>0.1$）。在 SPSS 13.0 软件中，以员工人数的对数、合作年限的对数、代工企业的专用性投资和合同完备性为独立变量，采用向前回归法进行回归，客户的专用性投资和代工企业的专用性投资先后进入回归模型，这两者分别解释了“能力构建”变化的 44.9%（$p<0.001$）和 4.2%（$p<0.001$）。

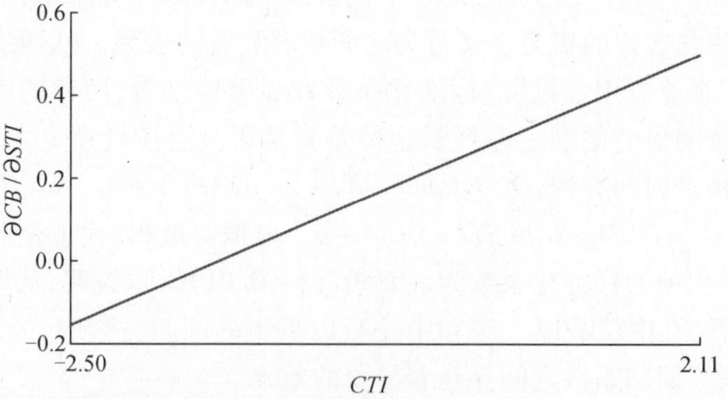

图 7.7　客户专用性投资对于代工企业的专用性投资和能力构建之间关系的影响效应图

在模型 12 中，我们加入乘积项来检验调节效应的存在性。加入的乘积项与原有的四个独立变量共同解释了“能力构建”变化的 51.2%，相比原先四个独立变量的 49.3% 增加了 1.9%，解释能力得到增强，并且，这种增强是显著的（$\Delta R^2 = 0.019, p < 0.05$）；乘积项对应的回归系数为 0.142（$p < 0.05$），系数为正，并且显著。从 ΔR^2 以及乘积项系数的显著性来看，实证数据没有证伪假设 6f。模型 12 的回归结果显示，代工企业的专用性投资对于能力构建的作用随着客户专用性投资的改变而改变，我们这里通过相应的偏导函数来更清晰地理解这种效应（Schoonhoven，1981）。在模型 12 中，含有乘积项的回归方程对应的函数关于“代工企业专用性投资”的偏导数为：$\partial CB/\partial STI = 0.201 + 0.142CTI$。我们以“客户专用性投资”Z 标准化值的最小值和最大值为端点绘制线图如图 7.7，该图展现了客户专用性投资对于代工企业的专用性投资与能力构建之间关系的影响效应。当客户专用性投资的 Z 标准化值低于 −1.415 时，代工企业的专用性投资与能力构建之间呈反向变动关系，出现这种情况的概率为 7.9%，大于小概率事件的概率临界值 5%。这表明，当客户的专用性投资足够低（Z 标准化值低于 −1.415）的时候，代工企业的专用性投资与其借助于品牌客户的能力构建效果呈负相关关系，在此范围内，随着客户专用性投资的增加，负相关关系不断减弱；当客户的专用性投资增加到某一水平（Z 标准化值为 −1.415）之后，代工企业的专用性投资对于它们的能力构建开始产生正面效应，并且，随着客户专用性投资的增加，正面效应不断扩大。实证结果完全支持假设 6f。

（2）调节效应的解释。本研究对比分组回归的结果来解释调节效应的性质和大小。我们首先找到“合同完备性”的中位数，对低于中位数和高于中位数的两组分别回归，来判断“代工企业的专用性投资”对于“能力构建”的不同效应。分组回归的计量方程是：$CB = Const + A_0 * \ln(STAFF) + A_1 \ln(COYEAR) + B * STI + \varepsilon$。我们运用分属不同组别的样本数据来估计该方程的常数项和各变量的系数，结果见表 7.19。在以中位数以上的数据来进行线性回归所得的方程中，变量“代工企业的专用性投资”对应的系数为 0.252（$p < 0.01$）；而在以中位数以下的数据进行线性回归所得的方程中，变量“代工企业的专用性投资”对应的系数为 −0.153（$p > 0.1$）。这表明，对于合同完备性在中位数以下的样本企业来说，代工企业的专用性投资对于它们借助于品牌客户进行的能力构建活动无显著的作用；对于合同完备性在中位数以上的样本企业来说，其所开展的专用性投资显著地促进了代工企业的能力构建活动。直观地看，两次回归结果中“代工企业的专用性投资”的标准化系数存在明显的差异。为判断这种差异是否具有统计意义上的显著性，我们这里构造方程：$CB = Const + A_0 * \ln(STAFF) + A_1 \ln(COYEAR) + B_0 * STI + G_0 * DUM + G_1 * STI * DUM + \varepsilon$。虚拟变量和“代工企业的专用性投资”的乘积项的标准化系数为0.180（$p = 0.025 < 0.05$）。这说明，从严格的统计意义上来看，在中位数以上组和中位数以下组的回归方程中，“代工企业的专用性投资”对应的回归系数之间存在着显著的差异。

表 7.19　以客户专用性投资的中位数为标准进行分组回归的结果（三）[a]

	中位数以上组	中位数以下组
常数项	−0.148	−2.226**
员工人数的对数	−0.050	0.152
合作年限的对数	0.449†	0.812**
代工企业的专用性投资	0.252**	−0.153
R^2	0.125	0.145
调整后的 R^2	0.090	0.111

[a] 因变量为“能力构建”；† $p < 0.1$；** $p < 0.01$。

7.5.3　整体代工能力的调节效应

我们采用同样的方法来检验并分析整体代工能力的调节效应，检验结果见表7.20，影响效应图有图7.8、图7.9和图7.10，分组回归的结果见表7.21、表7.22和表7.23。

1. 线性回归估计的前提检验

为检验样本数据是否适合用于线性回归，我们检验了因变量的正态分布性和随机误差项的序列相关性，并分析了强影响点的存在性和多重共线性问题，结果见表7.20。为检验因变量的正态分布性，我们对“企业间合作”、“客户的机会主义行为”和“能力构建”三个变量进行了K-S检验，所得结果支持三个变量均服从正态分布的假设。为检验随机误差项的序列相关性，我们运用SPSS 13.0计算出了Durbin-Waston值，以“企业间合作”、“客户的机会主义行为”和“能力构建”为因变量的含有乘积项的方程回归结果显示，D-W值分别为2.155、2.122和2.197，均处于区间（1.792，2.208），表明误差项无序列相关现象。为考察强影响点是否存在，本研究运用统计软件输出了标准化残差的最大值和最小值，模型13和模型14、模型15和模型16、模型17和模型18的标准化残差绝对值的最大值分别为2.539、2.655和2.395，均小于临界值3.0（张文彤和董伟，2006）。这显示，不存在对回归结果有重大影响的强影响点。为测试回归方程的多重共线性问题，本研究考察了方程中各变量对应的方差膨胀因子（VIF）值，模型13～模型18的方差膨胀因子最大值为1.258，均远远小于临界值5.0或10.0（张文彤和董伟，2006）。依据方差膨胀因子值，本部分的6个回归方程均无明显的多重共线性问题。以上指标均满足回归系数估计的无偏性、一致性和有效性要求。

表7.20　整体代工能力的调节效应检验结果表[a]

变量	企业间合作		客户机会主义行为		能力构建	
	模型13	模型14	模型15	模型16	模型17	模型18
控制变量						
员工人数的对数	0.022	0.023	-0.051	-0.052	0.019	0.019
合作年限的对数	0.039	0.043	-0.028	-0.039	-0.049	-0.044
主效应						
代工企业的专用性投资	0.295***	0.287***	0.104*	0.122**	0.205***	0.197***
整体代工能力	0.818***	0.790***	-0.788***	-0.722***	0.774***	0.744***
调节效应						
整体代工能力×代工企业的专用性投资		0.091*		-0.212***		0.097†
决定系数的变化值ΔR^2		0.008*		0.041***		0.009†
R^2	0.767	0.775	0.666	0.707	0.600	0.609
调整后的R^2	0.762	0.768	0.657	0.697	0.589	0.595
D-W值		2.155		2.122		2.197
标准化残差绝对值的最大值	2.539	2.539	2.655	2.655	2.395	2.395
最大的VIF值	1.254	1.258	1.254	1.258	1.254	1.258

[a]表中报告的是标准化系数；† $p<0.1$；* $p<0.05$；** $p<0.01$；*** $p<0.001$。

2. 因变量为“企业间合作”时的调节效应检验与解释

（1）调节效应的检验。模型13和模型14用来检验整体代工能力对于“代工企业的专用性投资”与“企业间合作”之间关系的调节效应。在模型13中，我们未加入乘积项。员工人数的对数、合作年限的对数、代工企业的专用性投资和整体代工能力四个变量共同解释了企业间合作变量方差的76.7%（$p<0.001$）。当然，这四个变量各自的贡献是不同的。在模型13中，代工企业的专用性投资、整体代工能力与企业间合作显著正相关，标准化回归系数分别为0.295（$p<0.001$）和0.818（$p<0.001$）；而员工人数的对

数和合作年限的对数对于企业间合作没有显著的影响，在模型 13 中，两者对应的标准化系数分别为 0.022（$p>0.1$）和 0.039（$p>0.1$）。在 SPSS 13.0 软件中，以员工人数的对数、合作年限的对数、代工企业的专用性投资和整体代工能力为独立变量，采用向前回归法进行回归，整体代工能力和代工企业的专用性投资先后进入回归模型，这两者分别解释了企业间合作方差的 67.3%（$p<0.001$）和 9.3%（$p<0.001$）。

在模型 14 中，我们加入乘积项来检验调节效应的存在性。加入的乘积项与原有的四个独立变量共同解释了"企业间合作"变化的 77.5%，相比原先四个独立变量的 76.7% 增加了 0.8%，解释能力有所增强，这种增强是边际显著的（$\Delta R^2=0.008, p<0.05$）；乘积项的标准化系数为 0.091（$p<0.05$），系数为正，并且非常显著。模型 14 的回归结果显示，代工企业的专用性投资对于企业间合作的作用随着整体代工能力的改变而改变，我们可以通过对应的偏导函数来更清晰地理解这种效应（Schoonhoven，1981）。在模型 14 中，含有乘积项的回归方程对应的函数关于"代工企业的专用性投资"的偏导数为：$\partial CO/\partial STI=0.287+0.091DGNL$。我们以"整体代工能力"Z 标准化值的最小值和最大值为端点绘制线图如图 7.8，该图展现了整体代工能力对于代工企业的专用性投资与企业间合作之间关系的影响效应。当整体代工能力的 Z 标准化值小于 -3.153 时，代工企业的专用性投资与企业间合作呈反向变动的关系，但这种情况的发生概率低于万分之一，属于统计意义上的小概率事件。综合以上分析，不论整体代工能力处于何种水平，代工企业的专用性投资与企业间的合作均呈正相关关系，这种正相关关系随着整体代工能力的提高而增强。可见，实证结果对假设 6g 提供了充分的支持。

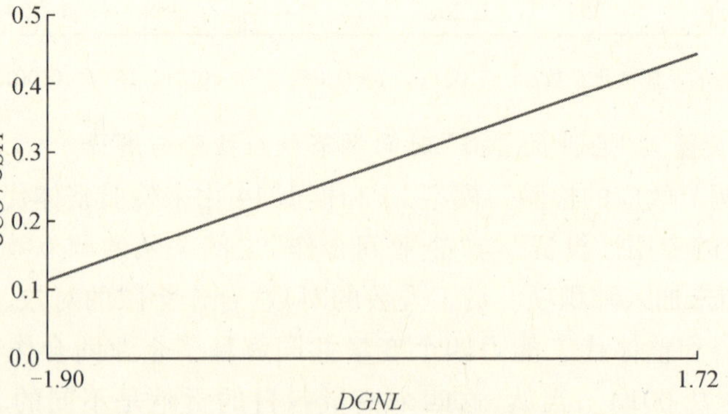

图 7.8 整体代工能力对于代工企业的专用性投资和企业间合作之间关系的影响效应图

（2）调节效应的解释。下面，本研究运用分组回归法对上述调节效应进行解释，找到“整体代工能力”的中位数，对低于中位数和高于中位数的两组分别回归，来判断“代工企业的专用性投资”对于“企业间合作”的不同效应。分组回归的计量方程是：$CO = Const + A_0 * \ln(STAFF) + A_1 * \ln(COYEAR) + B * STI + \varepsilon$。我们运用分属不同组别的样本数据来估计该方程的常数项和各变量的系数，结果见表7.21。在以中位数以上的数据来进行线性回归所得的方程中，变量“代工企业的专用性投资”对应的系数为0.472（$p<0.001$）；而在以中位数以下的数据进行线性回归所得的方程中，变量“代工企业的专用性投资”对应的系数为0.085（$p<0.1$）。这表明，对于整体代工能力在中位数以下的样本企业来说，代工企业的专用性投资对于代工双方的合作行为没有显著的促进作用；对于整体代工能力在中位数以上的样本企业来说，其所开展的专用性投资对于企业间合作有显著的促进作用。从两次回归结果中“代工企业的专用性投资”对应的回归系数的数值和显著性来看，两者存在明显的差别。为判断这种差异是否具有统计意义上的显著性，我们这里构造回归方程：$Co = Const + A_0 * \ln(STAFF) + A_1 * \ln(COYEAR) + B_0 * STI + G_0 * DUM + G_1 * STI * DUM + \varepsilon$。虚拟变量和“代工企业的专用性投资”的乘积项的标准化系数为0.452（$p<0.001$）。这说明，从严格的统计意义上来看，在中位数以上组和中位数以下组的回归方程中，“代工企业的专用性投资”回归系数存在显著的差异。

表7.21　以整体代工能力的中位数为标准进行分组回归的结果（一）[a]

	中位数以上组	中位数以下组
常数项	-0.359	-0.863**
员工人数的对数	0.053	0.020
合作年限的对数	0.510**	0.008
代工企业的专用性投资	0.472***	0.085†
R^2	0.444	0.056
调整后的 R^2	0.422	0.018

[a]因变量为“企业间合作”；† $p<0.1$；** $p<0.01$；*** $p<0.001$。

3. 因变量为“客户的机会主义行为”时的调节效应检验与解释

（1）调节效应的检验。模型15和模型16用来检验整体代工能力对于“代工企业的专用性投资”与“客户的机会主义行为”之间关系的调节效应。在模型15中，我们未加入乘积项。员工人数的对数、合作年限的对数、代工企业的专用性投资和整体代工能力四个变量共同解释了“客户的机会主义行为”变量方差的66.6%（$p<0.001$）。不过，这四个变量各自的作用性质和大小是不同的。在模型15中，代工企业的专用性投资和客户的机会主义行为显著正相关，标准化系数为0.104（$p<0.05$）；整体代工能力和客户的机会主义行为显著负相关，标准化系数为－0.788（$p<0.001$）；员工人数的对数和合作年限的对数对于客户的机会主义行为没有显著的影响，这两个变量对应的标准化系数分别为－0.051（$p>0.1$）和－0.028（$p>0.1$）。在SPSS 13.0软件中，以员工人数的对数、合作年限的对数、代工企业的专用性投资和整体代工能力为独立变量，采用向前回归法进行回归，只有整体代工能力和代工企业的专用性投资进入回归模型，分别解释了“客户的机会主义行为”变化的65.3%（$p<0.001$）和1.0%（$p<0.05$）。

在模型16中，我们加入乘积项来检验调节效应的存在性。加入的乘积项与原有的四个独立变量共同解释了“客户的机会主义行为”变化的70.7%，相比原先四个独立变量的66.6%增加了4.1%，解释能力得到增强，并且，这种增强是非常显著的（$\Delta R^2=0.041$，$p<0.001$）；乘积项对应的回归系数为－0.212（$p<0.001$），系数为负，并且非常显著。从ΔR^2和乘积项的显著程度来看，代工企业的专用性投资对于客户的机会主义行为的影响效应随着整体代工能力的改变而改变，我们可以通过对应的偏导函数来更清晰地理解这种效应（Schoonhoven，1981）。在模型16中，含有乘积项的回归方程对应的函数关于“代工企业的专用性投资”的偏导数为：$\partial OP/\partial STI=0.122-0.212DGNL$。我们以“整体代工能力”Z标准化值的最小值和最大值为端点绘制线图如图7.9，该图展现了整体代工能力对于代工企业的专用性投资与客户的机会主义行为之间关系的影响效应。当整体代工能力的Z标准化值高于0.575时，代工企业的专用性投资与客户的机会主义行为之间呈负相

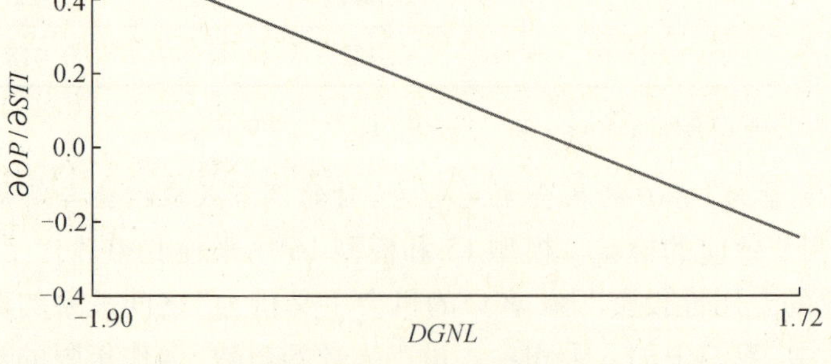

图7.9　整体代工能力对于代工企业的专用性投资和客户的机会主义行为关系的影响效应图

关关系，出现这种状态的概率为28.1%，远大于小概率事件的临界概率值5%。这表明，当整体代工能力低于某一临界水平（Z标准化值为0.575）时，代工企业的专用性投资与客户的机会主义行为呈正相关关系，在此区间，随着整体代工能力的增强，这种正相关关系不断减弱；而当整体代工能力超过该临界点之后，代工企业的专用性投资可以抑制客户的机会主义行为，并且这种抑制效应随着整体代工能力的提高而不断增强。根据上面的分析，乘积项回归系数显著为负，ΔR^2 非常显著，而且，在整体代工能力达到一定水平的时候，代工企业的专用性投资对于客户的机会主义行为的效应出现从正向负的转变。可见，实证结果完全支持假设6h。

（2）调节效应的解释。下面，本研究进行分组回归，找到"整体代工能力"的中位数，对低于中位数和高于中位数的两组分别回归，来判断"代工企业的专用性投资"对于"客户的机会主义行为"的不同效应。分组回归的计量方程是：$OP = Const + A_0 * \ln(STAFF) + A_1 * \ln(COYEAR) + B * STI + \varepsilon$。我们运用分属不同组别的样本数据来估计该方程的常数项和各变量的系数，结果见表7.22。在以中位数以上的数据来进行线性回归所得的方程中，变量"代工企业的专用性投资"对应的系数为 $-0.147(p<0.1)$；而在以中位数以下的数据进行线性回归所得的方程中，变量"代工企业的专用性投资"对应的系数为 $0.398(p<0.001)$。直观地看，两者的回归系数存在比较明显的差别。我们这里构造回归方程：$OP = Const + A_0 * \ln(STAFF) + A_1 * \ln(COYEAR) + B_0 * STI + G_0 * DUM + G_1 * STI * DUM + \varepsilon$。虚拟变量和"代工企业的专用性投资"的乘积项的标准化系数为 $-0.581(p<0.001)$。这说明，从严格的统计意义上来看，在中位数以上组和中位数以下组的回归方程中，"代工企业的专用性投资"回归系数之间存在着显著的差异。对于整体代工能力在中位数以下的样本企业来说，代工企业的专用性投资显著地增加了客户的机会主义行为；对于整体代工能力在中位数以上的样本企业来说，其所开展的专用性投资与客户的机会主义行为之间存在着边际显著$(p<0.1)$的负相关关系。

表7.22　以整体代工能力的中位数为标准进行分组回归的结果（二）[a]

	中位数以上组	中位数以下组
常数项	0.897	0.588
员工人数的对数	-0.158*	0.036
合作年限的对数	-0.398*	-0.108
代工企业的专用性投资	-0.147†	0.398***

续表

	中位数以上组	中位数以下组
R^2	0.176	0.279
调整后的 R^2	0.143	0.250

[a]因变量为“客户的机会主义行为”；† $p<0.1$；* $p<0.05$；*** $p<0.001$。

4. 因变量为“能力构建”时的调节效应检验与分析

（1）调节效应的检验。模型17和模型18用来检验整体代工能力对于“代工企业的专用性投资”与“能力构建”之间关系的调节效应。模型17不包含乘积项。员工人数的对数、合作年限的对数、代工企业的专用性投资和整体代工能力四个变量共同解释了“能力构建”变量方差的60.0%（$p<0.001$）。当然，这四个变量的贡献是不同的。在模型17中，整体代工能力、代工企业的专用性投资与能力构建显著正相关，标准化系数分别为0.774（$p<0.001$）和0.205（$p<0.001$）；员工人数的对数和合作年限的对数对于代工企业借助于品牌客户的能力构建没有显著的影响，这两个变量对应的标准化系数分别为0.019（$p>0.1$）和−0.049（$p>0.1$）。在SPSS 13.0软件中，以员工人数的对数、合作年限的对数、代工企业的专用性投资和整体代工能力为独立变量，采用向前回归法进行回归，整体代工能力和代工企业的专用性投资先后进入回归模型，这两者分别解释了“能力构建”变化的56.1%（$p<0.001$）和3.6%（$p<0.001$）。

在模型18中，我们加入乘积项来检验调节效应的存在性。加入的乘积项与原有的四个独立变量共同解释了“能力构建”变化的60.9%，相比原先四个独立变量的60.0%增加了0.9%，解释能力得到增强，不过，这种增强是边际显著的（$\Delta R^2=0.009, p<0.1$）；乘积项对应的标准化系数为0.097（$p<0.1$），系数为正，为边际显著。从 ΔR^2 以及乘积项系数的显著性来看，假设6i得到部分的支持。模型18的回归结果显示，代工企业的专用性投资对于能力构建的作用随着客户专用性投资的改变而改变，不过，这种改变仅仅是边际显著的。我们通过相应的偏导函数来更清晰地理解这种效应（Schoonhoven，1981）。在模型18中，含有乘积项的回归方程对应的函数关于“代工企业的专用性投资”的偏导数为：$\partial CB/\partial STI=0.197+0.097DGNL$。我们以“整体代工能力”Z标准化值的最小值和最大值为端点绘制线图如图7.10，该图展现了整体代工能力对于代工企业的专用性投资与能力构建之间关系的影响效应。当整体代工能力的Z标准化值小于−2.031时，代工企业的专用性投资与能力构建之间呈反向变动的关系，产生这种现象的概

率为2.1%，小于小概率事件的概率临界值5%。从统计意义上看，无论整体代工能力处于何种水平，代工企业的专用性投资与它们借助于品牌客户的能力构建效果正相关；并且，这种正相关关系随着整体代工能力的提高而增强。不过，需要强调的是，这种调节效应仅仅是边际显著的。基于上面的分析，假设6i得到了部分的支持。

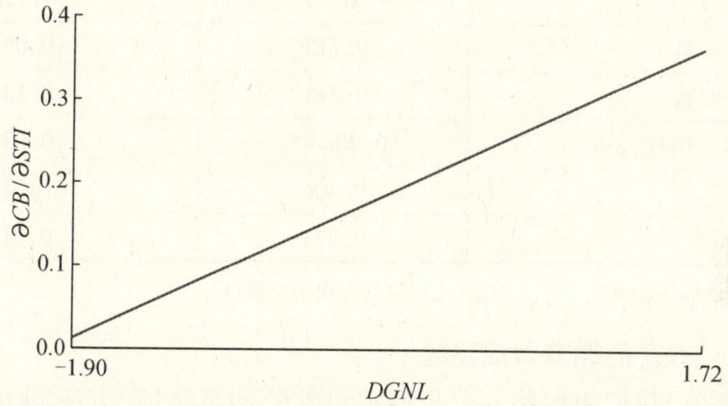

图7.10　整体代工能力对于代工企业的专用性投资和能力构建之间关系的影响效应图

（2）调节效应的解释。接下来，本研究对比分组回归的结果来解释调节效应的性质和大小。我们首先找到"整体代工能力"的中位数，对低于中位数和高于中位数的两组分别回归，来判断"代工企业的专用性投资"对于"能力构建"的不同效应。分组回归的计量方程是：$CB = Const + A_0 * \ln(STAFF) + A_1 \ln(COYEAR) + B * STI + \varepsilon$。我们运用分属不同组别的样本数据来估计该方程的常数项和各变量的系数，结果见表7.23。在以中位数以上的数据来进行线性回归所得的方程中，变量"代工企业的专用性投资"对应的系数为0.408（$p<0.001$）；而在以中位数以下的数据进行线性回归所得的方程中，变量"代工企业的专用性投资"对应的系数为−0.039（$p>0.1$）。这表明，对于整体代工能力在中位数以下的样本企业来说，它们的专用性投资对于它们借助于品牌客户进行的能力构建活动无显著的作用；对于整体代工能力在中位数以上的样本企业来说，其所开展的专用性投资显著地促进了它们借助于客户的能力构建活动。从两次回归结果中相应的系数大小和显著性来看，"代工企业的专用性投资"对应的回归系数之间存在着比较明显的差别。为了检验这种差异是否具有统计意义上的显著性，我们这里构造回归方程：$CB = Const + A_0 * \ln(STAFF) + A_1 * \ln(COYEAR) + B_0 * STI + G_0 * DUM + G_1 * STI * DUM + \varepsilon$。虚拟变量和"代工企业的专用性投资”的乘积项的标准化系数为 0.504($p<0.001$)。这说明，从严格的统计意义上来看，在中位数以上组和中位数以下组的回归方程中，“代工企业的专用性投资”回归系数之间存在着显著的差异。

表 7.23　以整体代工能力的中位数为标准进行分组回归的结果(三)[a]

	中位数以上组	中位数以下组[b]
常数项	-0.517	-0.129
员工人数的对数	0.113	-0.054
合作年限的对数	0.311	-0.142
代工企业的专用性投资	0.408***	-0.039
R^2	0.301	0.025
调整后的 R^2	0.273	-0.014

[a]因变量为“能力构建”； *** $p<0.01$； b 回归方程的显著性，$p>0.1$。

7.5.4　声誉的调节效应检验

在本部分，我们来检验并分析客户声誉的调节效应，方法同上。检验结果见表 7.24；因为声誉仅对代工企业的专用性投资和企业间合作的关系有一定的影响，我们在此仅就这一调节作用(边际显著)绘制影响效应图如图 7.11；同样，我们也仅就上述边际显著的调节效应进行分组回归，分组回归的结果见表 7.25。下面，本研究扼要介绍调节效应检验和分析的主要结果。

1. 线性回归估计的前提检验

为检验样本数据是否适合用于线性回归，本研究检验了因变量的正态分布性和随机误差项的序列相关性，并分析了强影响点的存在性和多重共线性问题(表 7.24)。其中，检验因变量正态分布性的方法和结论同上，这里从略。为检验随机误差项的序列相关性，我们运用 SPSS 13.0 计算出了 Durbin-Waston 值，以“企业间合作”、“客户的机会主义行为”和“能力构建”为因变量的含有乘积项的方程回归结果显示，D-W 值分别为 1.898、1.959 和 2.006，均处于区间(1.792，2.208)，表明误差项无序列相关现象。为考察强影响点是否存在，本研究运用统计软件输出了标准化残差的最大值和最小值，模型 19 和模型 20、模型 21 和模型 22、模型 23 和模型 24 的标准化残差绝对值的最大值分别为 2.482、1.935 和 2.451，均小于临界值 3.0(张文彤和董伟，2006)。这显示，不存在对回归结果有重大影响的强影响点。为测试回归方程的多重共线性问题，本研究考察了方程中各变量对应的方差膨胀因子(VIF)值，模型 19 ~ 模型 24 的方差膨胀因子最大值为 1.226，均远远小于临界值 5.0 或 10.0(张文彤和董伟，2006)。依据方差膨胀因子值，本部分的 6 个回归方程均无明显的多重共线性问题。以上指标均满足回归系数估计的无偏性、一致性和有效性要求。

表 7.24　声誉的调节效应检验结果表[a]

变量	企业间合作		客户的机会主义行为		能力构建	
	模型 19	模型 20	模型 21	模型 22	模型 23	模型 24
控制变量						
员工人数的对数	0.101	0.110	-0.128†	-0.137†	0.093	0.100
合作年限的对数	0.360 ***	0.384 ***	-0.337 ***	-0.359 ***	0.255 **	0.273 ***
主效应						
代工企业的专用性投资	0.175 *	0.142†	0.225 **	0.255 **	0.092	0.068
声誉	0.013	-0.029	-0.074	-0.035	0.010	-0.022
调节效应						
声誉×代工企业的专用性投资		0.136†		-0.125		0.102
决定系数的变化值 ΔR^2		0.015†		0.013		0.008
R^2	0.204	0.219	0.149	0.162	0.095	0.103
调整后的 R^2	0.183	0.193	0.127	0.134	0.071	0.074
D-W 值		1.898		1.959		2.006
标准化残差绝对值的最大值	2.482	2.482	1.935	1.935	2.451	2.451
最大的 VIF 值	1.081	1.226	1.081	1.226	1.081	1.226

[a] 表中报告的是标准化系数；† $p<0.1$；* $p<0.05$；** $p<0.01$；*** $p<0.001$。

2. 因变量为"企业间合作"时的调节效应检验与解释

（1）调节效应的检验。模型 19 和模型 20 用来检验声誉对于"代工企业的专用性投资"与"企业间合作"之间关系的调节效应。模型 19 不包含乘积项。员工人数的对数、合作年限的对数、代工企业的专用性投资和声誉四个变量共同解释了企业间合作变量方差的 20.4%（$p<0.001$）。不过，这四个变量各自的贡献是不同的。在模型 19 中，代工企业的专用性投资、合作年限的对数与企业间合作显著正相关，标准化回归系数分别为 0.175（$p<0.05$）和 0.360（$p<0.001$）；而员工人数的对数和声誉对于企业间合作没有显著的影响，在模型 19 中，两者对应的标准化系数分别为 0.101（$p>0.1$）和 0.013（$p>0.1$）。在 SPSS 13.0 软件中，以员工人数的对数、合作年限的对数、代工企业的专用性投资和整体代工能力为独立变量，采用向前回归法进行回归，合作年限的对数和代工企业的专用性投资先后进入回归模型，这两者分别解释了企业间合作方差的16.6%（$p<0.001$）和2.8%（$p<0.05$）。

在模型20中，我们加入乘积项来检验调节效应的存在性。加入的乘积项与原有的四个独立变量共同解释了“企业间合作”变化的21.9%，相比原先四个独立变量的20.4%增加了1.5%，解释能力有所增强，这种增强是边际显著的（$\Delta R^2=0.015, p<0.1$）；乘积项的标准化系数为0.136（$p<0.1$），系数为正，但仅为边际显著。模型20的回归结果显示，代工企业的专用性投资对于企业间合作的作用随着客户声誉的改变而改变，但这种改变仅具有边际显著性。我们这里通过对应的偏导函数来更清晰地理解这种效应（Schoonhoven, 1981）。在模型20中，含有乘积项的回归方程对应的函数关于“代工企业的专用性投资”的偏导数为：$\partial CO/\partial STI=0.142+0.136RE$。我们以“声誉”Z标准化值的最小值和最大值为端点绘制线图如图7.11，该图展现了声誉对于代工企业的专用性投资与企业间合作之间关系的影响效应。当客户声誉的Z标准化值低于-1.044时，代工企业的专用性投资与企业间合作呈反向变动关系。这种状态的发生概率为14.9%，大于小概率事件的概率临界值5%。这表明，当品牌客户在代工企业群体中的声誉很差（Z标准化值低于-1.044）的时候，代工企业的专用性投资与双方的合作呈负相关关系，但这种负相关关系随着客户声誉的增加而减弱；当客户声誉增至某一水平（Z标准化值为-1.044）之后，原先的负相关关系会转变为正相关关系；此后，这种正相关关系随着客户声誉的提高而不断增强。由于随着客户声誉的变化，代工企业的专用性投资和企业间合作之间并不总是呈现同向变动关系；而且，声誉对于上述关系的影响仅仅是边际显著的，因此，假设6j得到部分支持。

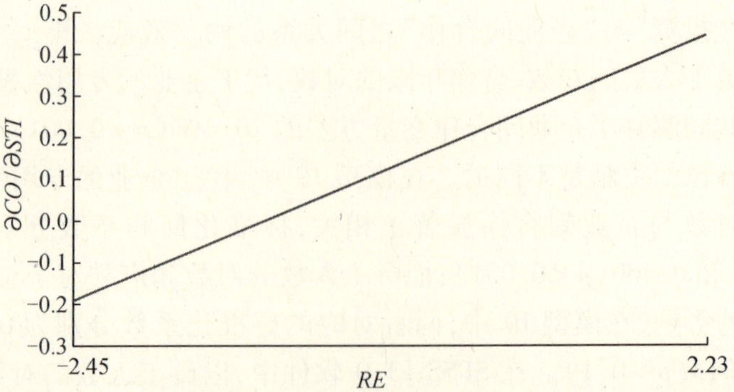

图7.11　声誉对于代工企业的专用性投资和企业间合作之间关系的影响效应图

(2) 调节效应的解释。下面,本研究进行分组回归,找到“声誉”的中位数,对低于中位数和高于中位数的两组分别回归,来判断“代工企业的专用性投资”对于“企业间合作”的不同效应。分组回归的计量方程是:$CO = Const + A_0 * \ln(STAFF) + A_1 * \ln(COYEAR) + B * STI + \varepsilon$。我们运用分属不同组别的样本数据来估计该方程的常数项和各变量的系数,结果见表7.25。在以中位数以上的数据来进行线性回归所得的方程中,变量“代工企业的专用性投资”对应的系数为0.235($p < 0.001$);而在以中位数以下的数据进行线性回归所得的方程中,变量“代工企业的专用性投资”对应的系数为0.134($p > 0.1$)。从系数的大小以及显著程度来看,两者存在差别。为判断这种差别是否具有统计意义上的显著性,我们这里构造回归方程:$Co = Const + A_0 * \ln(STAFF) + A_1 * \ln(COYEAR) + B_0 * STI + G_0 * DUM + G_1 * STI * DUM + \varepsilon$。虚拟变量和“代工企业的专用性投资”的乘积项的标准化系数为0.097($p < 0.1$)。这说明,从严格的统计意义上来看,在中位数以上组和中位数以下组的回归方程中,“代工企业的专用性投资”回归系数之间存在着边际显著水平的差异。综上所述,对于那些跟声誉在中位数以下的客户打交道的样本企业来说,代工企业的专用性投资对于代工双方的合作行为没有显著的促进作用;而对于那些和声誉在中位数以上的客户进行交易的样本企业来说,其所进行的专用性投资对于企业间合作有显著的促进作用;但这两者之间的差异仅具有边际显著性。

表7.25 以声誉的中位数为标准进行分组回归的结果[a]

	中位数以上组	中位数以下组
常数项	-2.218^{**}	-1.453^{*}
员工人数的对数	0.144	0.072
合作年限的对数	0.903^{***}	0.713
代工企业的专用性投资	0.235^{***}	0.134
R^2	0.258	0.163
调整后的 R^2	0.225	0.133

[a]因变量为“企业间合作”; $^{*}\ p < 0.05$; $^{**}\ p < 0.01$; $^{***}\ p < 0.001$。

3. 因变量为“客户的机会主义行为”时的调节效应检验

模型21和模型22用来检验客户的声誉对于“代工企业的专用性投资”与“客户的机会主义行为”之间关系的调节效应。模型21不包含乘积项。员工人数的对数、合作年限的对数、代工企业的专用性投资和客户的声誉四个变量共同解释了“客户机会主义行为”变量方差的14.9%（$p<0.01$）。不过，这四个变量各自的作用性质和大小是不同的。在模型21中，代工企业的专用性投资和客户机会主义行为显著正相关，标准化系数为0.225（$p<0.01$）；合作年限的对数与客户的机会主义行为显著负相关，标准化系数为-0.337（$p<0.001$）；员工人数的对数与客户的机会主义行为具有边际意义上的负相关，标准化系数为-0.128（$p<0.1$）；而声誉对客户的机会主义行为没有显著的影响，该变量对应的标准化系数为-0.074（$p>0.1$）。在SPSS 13.0软件中，以员工人数的对数、合作年限的对数、代工企业的专用性投资和整体代工能力为独立变量，采用向前回归法进行回归，只有合作年限的对数和代工企业的专用性投资进入回归模型，分别解释了“客户的机会主义行为”变化的8.1%（$p<0.001$）和4.7%（$p<0.01$）。

在模型22中，我们加入乘积项来检验调节效应的存在性。加入的乘积项与原有的四个独立变量共同解释了“客户机会主义行为”变化的16.2%，相比原先四个独立变量的14.9%增加了1.3%，解释能力得到增强，但这种增强不显著（$\Delta R^2=0.013, p>0.1$）；乘积项对应的回归系数为-0.125（$p>0.1$），系数为负，但不显著。从ΔR^2和乘积项的显著程度来看，代工企业的专用性投资对于客户的机会主义行为的影响效应与客户的声誉没有关系，假设6k未获实证数据的支持。因不存在调节效应，也就无从进行效应的解释工作。

4. 因变量为“能力构建”时的调节效应检验

模型23和模型24用来检验整体代工能力对于“代工企业的专用性投资”与“能力构建”之间关系的调节效应。模型23不包含乘积项。员工人数的对数、合作年限的对数、代工企业的专用性投资和客户的声誉四个变量共同解释了“能力构建”变量方差的9.5%（$p<0.01$）。不过，这四个变量的贡献是不同的。在模型23中，合作年限的对数与代工企业借助于客户的能力构建效果显著正相关，其标准化系数为0.255（$p<0.01$），其余三个变量与能力构建不相关。在SPSS 13.0软件中，以员工人数的对数、合作年限的对数、代工企业的专用性投资和声誉为独立变量，采用向前回归法进行回归，只有“合作年限的对数”进入回归模型，该变量解释了“能力构建”变化的7.9%（$p<0.001$）。

在模型24中，我们加入乘积项来判断相应的调节效应是否存在。加入的乘积项与原有的四个独立变量共同解释了“能力构建”变化的10.3%，相比原先四个独立变量的9.5%增加了0.8%，解释能力得到增强，不过，这种增强是不显著的（$\Delta R^2=0.008, p>0.1$）；乘积项对应的标准化系数为0.102

($p>0.1$),系数虽然为正,但不显著。从 ΔR^2 以及乘积项系数的显著性来看,假设 6l 未获支持。由于不存在相应的调节效应,我们这里无须进行解释和分析的工作。

7.5.5 关系型规范的调节效应检验与分析

最后,我们来检验并解释关系型规范的调节效应,检验结果见表 7.26,影响效应见图 7.12、图 7.13 和图 7.14,分组回归的结果见表 7.27、表 7.28 和表 7.29。

1. 线性回归估计的前提检验

为检验样本数据是否适合用于线性回归,我们检验了因变量的正态分布性和随机误差项的序列相关性,并分析了强影响点的存在性和多重共线性问题(表 7.26)。检验因变量正态分布性的方法和结论同上,在此不再赘述。为检验随机误差项的序列相关性,我们运用 SPSS 13.0 计算出了 Durbin-Waston 值,以"企业间合作"、"客户的机会主义行为"和"能力构建"为因变量的含有乘积项的方程回归结果显示,D-W 值分别为 1.996、2.197 和 2.045,均处于区间(1.792,2.208),表明误差项无序列相关现象。为考察强影响点是否存在,本研究运用统计软件输出了标准化残差的最大值和最小值,模型 25 和模型 26、模型 27 和模型 28、模型 29 和模型 30 的标准化残差绝对值的最大值分别为 2.719、2.667 和 2.565,均小于临界值 3.0(张文彤和董伟,2006)。这显示,不存在对回归结果有重大影响的强影响点。为测试回归方程的多重共线性问题,本研究考察了方程中各变量对应的方差膨胀因子(VIF)值,模型 25 ~ 模型 30 的方差膨胀因子最大值为 1.304,均远远小于临界值 5.0 或 10.0(张文彤和董伟,2006)。依据方差膨胀因子值,本部分的 6 个回归方程均无明显的多重共线性问题。以上的指标均满足回归系数估计的无偏性、一致性和有效性要求。

表 7.26 关系型规范的调节效应检验结果表[a]

变量	企业间合作		客户的机会主义行为		能力构建	
	模型 25	模型 26	模型 27	模型 28	模型 29	模型 30
控制变量						
员工人数的对数	-0.002	-0.008	-0.037	-0.022	-0.004	-0.010
合作年限的对数	0.014	0.021	-0.034	-0.050	-0.073	-0.066
主效应						
代工企业的专用性投资	0.421***	0.418***	0.004	0.009	0.324***	0.322***
关系型规范	0.895***	0.869***	-0.784***	-0.726***	0.847***	0.822***

续表

变量	企业间合作		客户的机会主义行为		能力构建	
	模型 25	模型 26	模型 27	模型 28	模型 29	模型 30
调节效应						
关系型规范 × 代工企业的专用性投资		0.098 **		−0.225 ***		0.097 *
决定系数的变化值 ΔR^2		0.009 **		0.047 ***		0.009 *
R^2	0.854	0.863	0.644	0.691	0.678	0.686
调整后的 R^2	0.851	0.859	0.634	0.680	0.669	0.676
D-W 值		1.996		2.197		2.045
标准化残差绝对值的最大值	2.719	2.719	2.667	2.667	2.565	2.565
最大的 VIF 值	1.256	1.304	1.256	1.304	1.256	1.304

[a]表中报告的是标准化系数；* $p<0.05$；** $p<0.01$；*** $p<0.001$。

2. 因变量为“企业间合作”时的调节效应检验与解释

(1) 调节效应的检验。模型 25 和模型 26 用来检验关系型规范对于“代工企业的专用性投资”与“企业间合作”之间关系的调节效应。模型 25 不包括乘积项。员工人数的对数、合作年限的对数、代工企业的专用性投资和关系型规范四个变量共同解释了企业间合作变量方差的 85.4% ($p<0.001$)。不过，这四个变量各自的贡献是不同的。在模型 25 中，关系型规范和代工企业的专用性投资与企业间合作显著正相关，标准化回归系数分别为 0.895($p<0.001$)和 0.421($p<0.001$)；而员工人数的对数和合作年限的对数对于企业间合作没有显著的影响。在 SPSS 13.0 软件中，以员工人数的对数、合作年限的对数、代工企业的专用性投资和关系型规范为独立变量，采用向前回归法进行回归，关系型规范和代工企业的专用性投资先后进入回归模型，它们分别解释了企业间合作变化的 67.9% ($p<0.001$) 和 17.5% ($p<0.001$)。

在模型 26 中，我们加入乘积项来检验调节效应的存在性。加入的乘积项与原有的四个独立变量共同解释了“企业间合作”变化的 86.3%，相比原先四个独立变量的 85.4% 增加了 0.9%，解释能力有所增强，并且这种增强是显著的 ($\Delta R^2=0.009$, $p<0.01$)；乘积项的标准化系数为 0.098 ($p<0.01$)，系数为正，并且显著。模型 26 的回归结果显示，代工企业的专用性投资对于企业间合作的作用随着关系型规范的改变而改变，我们可以通过

对应的偏导函数来更清晰地理解这种效应(Schoonhoven, 1981)。在模型 26 中,含有乘积项的回归方程对应的函数关于“代工企业的专用性投资”的偏导数为:$\partial CO/\partial STI = 0.418 + 0.098RM$。我们以“关系型规范”Z 标准化值的最小值和最大值为端点绘制线图如图 7.12,该图展现了关系型规范对于代工企业的专用性投资与企业间合作之间关系的影响效应。当关系型规范的 Z 标准化值低于 -4.265 时,代工企业的专用性投资与企业间合作呈反向变动的关系,这种状态的发生概率为0,为不可能事件。这显示,无论关系型规范处于何种水平,代工企业的专用性投资与企业间合作均呈正相关关系,这种正相关关系随着关系型规范的增加而增强。根据乘积项标准化系数的正负号和显著性、ΔR^2 的显著性以及偏导数的变化趋势和范围,我们可以认定,实证数据完全支持假设 6m。

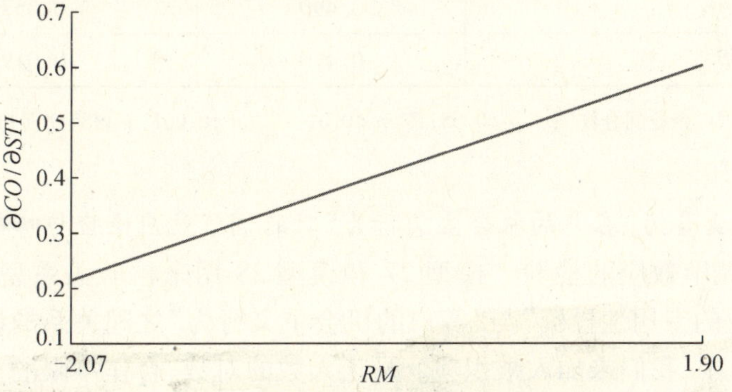

图 7.12　关系型规范对于代工企业的专用性投资和企业间合作之间关系的影响效应图

(2) 调节效应的解释。接下来,本研究进行分组回归,找到“关系型规范”的中位数,对低于中位数和高于中位数的两组分别回归,来判断“代工企业的专用性投资”对于“企业间合作”的不同效应。分组回归的计量方程是:$CO = Const + A_0 * \ln(STAFF) + A_1 * \ln(COYEAR) + B * STI + \varepsilon$。我们运用分属不同组别的样本数据来估计该方程的常数项和各变量的系数,结果见表 7.27。在以中位数以上的数据来进行线性回归所得的方程中,变量“代工企业的专用性投资”对应的系数为 0.514($p<0.001$);而在以中位数以下的数据进行线性回归所得的方程中,变量“代工企业的专用性投资”对应的系数为 0.087($p<0.05$)。根据系数的大小及显著性程度来看,两者的回归系数存在比较明显的差别。我们这里构造回归方程:$Co = Const + A_0 * \ln(STAFF) + A_1 * \ln(COYEAR) + B_0 * STI + G_0 * DUM + G_1 * STI * DUM + \varepsilon$。虚拟变量和“代工企业的专用性投资”的乘积项的标准化系数为 0.488($p<0.001$)。这说明,从严格的统计意义上来看,在中位数以上组和中位数

以下组的回归方程中,“代工企业的专用性投资”回归系数存在着显著的差异。综上所述,对于关系型规范在中位数以下和中位数以上的两组样本企业来说,代工企业的专用性投资对于代工双方的合作行为均有显著的促进作用;并且,在中位数以上组,这种促进效应更大、更显著。

表 7.27　以关系型规范的中位数为标准进行分组回归的结果(一)[a]

	中位数以上组	中位数以下组[b]
常数项	0.012	-0.815**
员工人数的对数	0.003	0.008
合作年限的对数	0.484*	0.009
代工企业的专用性投资	0.514***	0.087*
R^2	0.490	0.057
调整后的 R^2	0.470	0.019

[a]因变量为“企业间合作”; * $p<0.05$; ** $p<0.01$; *** $p<0.001$; b 该组的回归方程显著性,$p>0.1$。

3. 因变量为“客户的机会主义行为”时的调节效应检验与解释

(1) 调节效应的检验。模型 27 和模型 28 用来检验关系型规范对于“代工企业的专用性投资”与“客户的机会主义行为”之间关系的调节效应。在模型 27 中,我们未加入乘积项。员工人数的对数、合作年限的对数、代工企业的专用性投资和关系型规范四个变量共同解释了“客户的机会主义行为”变量方差的 64.4% ($p<0.001$)。不过,这四个变量各自的贡献是不同的。在模型 27 中,关系型规范与客户的机会主义行为显著负相关,标准化系数为 -0.784($p<0.001$);员工人数的对数、合作年限的对数和代工企业的专用性投资对于客户的机会主义行为的影响均不显著。

在模型 28 中,我们加入乘积项来检验调节效应的存在性。加入的乘积项与原有的四个独立变量共同解释了“客户的机会主义行为”变化的 69.1%,相比原先四个独立变量的 64.4% 增加了 4.7%,解释能力得到增强,并且,这种增强是非常显著的($\Delta R^2=0.047, p<0.001$);乘积项对应的回归系数为 -0.225($p<0.001$),系数为负,并且非常显著。从 ΔR^2 和乘积项的显著程度来看,实证数据支持假设 6j。模型 28 的回归结果显示,代工企业的专用性投资对于客户的机会主义行为的影响效应随着关系型规范的改变而改变,我们可以通过对应的偏导函数来更清晰地理解这种效应(Schoonhoven, 1981)。在模型 28 中,含有乘积项的回归方程对应的函数关

于“代工企业专用性投资”的偏导数为：$\partial OP/\partial STI = 0.009 - 0.225RM$。我们以“关系型规范”Z标准化值的最小值和最大值为端点绘制线图如图7.13，该图展现了关系型规范对于代工企业的专用性投资与客户的机会主义行为之间关系的影响效应。当关系型规范的Z标准化值超过0.036时，代工企业的专用性投资与客户的机会主义行为之间出现反向变动的关系，出现这种关系的概率为48.6%，远大于小概率事件的概率临界值5%。这表明，当关系型规范较低（Z标准化值低于0.036）时，代工企业的专用性投资与客户的机会主义行为呈正相关关系，但这种正相关关系随着关系性规范的增加而减弱；当关系型规范超过某一临界点（Z标准化值为0.036）之后，代工企业的专用性投资可以抑制客户的机会主义行为，并且这种抑制效应随着关系型规范的增加而不断增强。可见，实证结果完全支持假设6n。

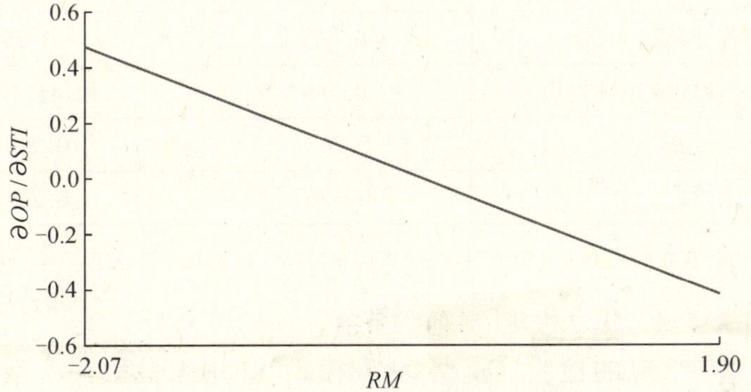

图7.13　关系型规范对于代工企业的专用性投资和客户的机会主义行为关系的影响效应图

（2）调节效应的解释。接下来，本研究进行分组回归，找到“关系型规范”的中位数，对低于中位数和高于中位数的两组分别回归，来判断“代工企业的专用性投资”对于“客户的机会主义行为”的不同效应。分组回归的计量方程是：$OP = Const + A_0 * \ln(STAFF) + A_1 * \ln(COYEAR) + B * STI + \varepsilon$。我们运用分属不同组别的样本数据来估计该方程的常数项和各变量的系数，结果见表7.28。在以中位数以上的数据来进行线性回归所得的方程中，变量“代工企业的专用性投资”对应的系数为−0.285（$p<0.05$）；而在以中位数以下的数据进行线性回归所得的方程中，变量“代工企业的专用性投资”对应的系数为0.411（$p<0.001$）。这表明，对于关系型规范在中位数以下的样本企业来说，代工企业的专用性投资显著地增加了客户的机会主义行为；对于关系型规范在中位数以上的样本企业来说，其所开展的专用性投资显著地降低了客户的机会主义行为。从两次回归结果中标准化系数的数

值和显著性来看，“代工企业的专用性投资”对应的回归系数之间存在较大的差别。为检验这种差异是否具有统计意义上的显著性，我们这里构建回归方程：$OP = Const + A_0 * \ln(STAFF) + A_1 * \ln(COYEAR) + B_0 * STI + G_0 * DUM + G_1 * STI * DUM + \varepsilon$。虚拟变量和“代工企业的专用性投资”的乘积项的标准化系数为 -0.648（$p<0.001$）。这说明，从严格的统计意义上来看，在中位数以上组和中位数以下组的回归方程中，“代工企业的专用性投资”对应的回归系数之间存在着显著的差异。

表 7.28　以关系型规范的中位数为标准进行分组回归的结果（二）[a]

	中位数以上组	中位数以下组
常数项	−0.0010	1.013*
员工人数的对数	0.002	−0.047
合作年限的对数	−0.463*	−0.054
代工企业的专用性投资	−0.285*	0.411***
R^2	0.208	0.293
调整后的 R^2	0.176	0.264

[a] 因变量为“客户的机会主义行为”；* $p<0.05$；*** $p<0.001$。

4. 因变量为“能力构建”时的调节效应检验与分析

（1）调节效应的检验。模型 29 和模型 30 用来检验关系型规范对于“代工企业的专用性投资”与“能力构建”之间关系的调节效应。模型 29 不包含乘积项。员工人数的对数、合作年限的对数、代工企业的专用性投资和关系型规范四个变量共同解释了“能力构建”变量方差的 67.8%（$p<0.001$）。这四个变量各自的作用性质和解释能力是不同的。在模型 29 中，关系型规范、代工企业的专用性投资与能力构建显著正相关，标准化系数分别为 0.847（$p<0.001$）和 0.324（$p<0.001$）；员工人数的对数和合作年限的对数对于代工企业借助于品牌客户的能力构建没有显著的影响，这两个变量对应的标准化系数分别为 -0.004（$p>0.1$）和 -0.073（$p>0.1$）。在 SPSS 13.0 软件中，以员工人数的对数、合作年限的对数、代工企业的专用性投资和关系型规范为独立变量，采用向前回归法进行回归，关系型规范和代工企业的专用性投资先后进入回归模型，这两者分别解释了“能力构建”变化的 58.6%（$p<0.001$）和 8.7%（$p<0.001$）。

在模型 30 中，我们加入乘积项来检验调节效应的存在性。加入的乘积项与原有的四个独立变量共同解释了“能力构建”变化的 68.7%，相比原先

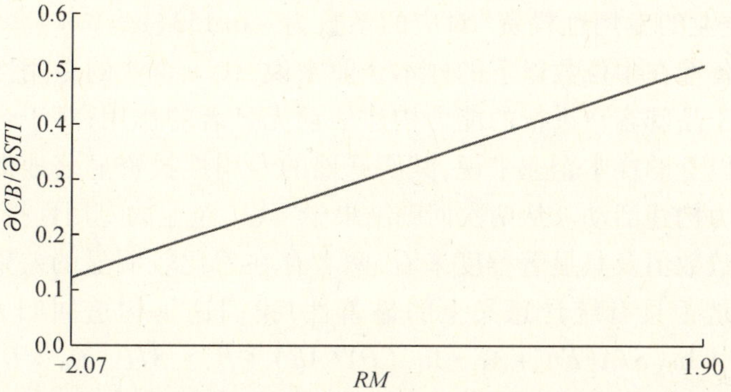

图 7.14　关系型规范对于代工企业的专用性投资和能力构建之间关系的影响效应图

四个独立变量的 67.8% 增加了 0.9%，解释能力得到增强，并且，这种增强是显著的（$\Delta R^2 = 0.009, p < 0.05$）；乘积项对应的回归系数为 0.097（$p < 0.05$），系数为正，并且显著。从 ΔR^2 的显著性以及乘积项系数的正负号和显著性来看，实证数据支持假设 6o。模型 30 的回归结果显示，代工企业的专用性投资对于能力构建的作用随着关系型规范的改变而改变，我们这里通过相应的偏导函数来更清晰地理解这种效应（Schoonhoven，1981）。在模型 30 中，含有乘积项的回归方程对应的函数关于"代工企业专用性投资"的偏导数为：$\partial CB/\partial STI = 0.322 + 0.097RM$。我们以"关系型规范"Z 标准化值的最小值和最大值为端点绘制线图如图 7.14，该图展现了客户专用性投资对于代工企业的专用性投资与能力构建之间关系的影响效应。当关系性规范低于 −3.320 时，代工企业的专用性投资与能力构建呈反向变动的关系，这种现象的出现概率是 0，为不可能事件。虽然乘积项的系数正负号和显著性、ΔR^2 的显著程度均支持假设 6o，但统计推断的结果表明，无论代工双方的关系型规范处于何种水平，代工企业的专用性投资对于能力构建的影响效应总是为正，因此，理论假设 6o 得到部分支持。

（2）调节效应的解释。这里，本研究运用分组回归法来解释调节效应的性质和大小。我们首先找到"关系型规范"的中位数，对低于中位数和高于中位数的两组分别回归，来判断"代工企业的专用性投资"对于"能力构建"的不同效应。分组回归的计量方程是：$CB = Const + A_0 * \ln(STAFF) + A_1 \ln(COYEAR) + B * STI + \varepsilon$。我们运用分属不同组别的样本数据来估计该方程的常数项和各变量的系数，结果见表 7.29。在以中位数以上的数据来进行线性回归所得的方程中，变量"代工企业的专用性投资"对应的系数为 0.252（$p < 0.01$）；而在以中位数以下的数据进行线性回归所得的方程中，变

量“代工企业的专用性投资”对应的系数为 -0.153($p>0.1$)。这表明,对于合同完备性在中位数以下的样本企业来说,代工企业的专用性投资对于它们借助于品牌客户进行的能力构建活动无显著的作用;对于合同完备性在中位数以上的样本企业来说,其所开展的专用性投资显著地促进了代工企业的能力构建活动。从两次回归结果中“代工企业的专用性投资”对应的标准化系数数值及其显著程度来看,两者存在着比较明显的差别。为检验这种差异是否具有统计意义上的显著性,我们这里构造回归方程:$CB = Const + A_0 * \ln(STAFF) + A_1 * \ln(COYEAR) + B_0 * STI + G_0 * DUM + G_1 * STI * DUM + \varepsilon$。虚拟变量和“代工企业的专用性投资”的乘积项的标准化系数为0.558($p<0.001$)。这说明,从严格的统计意义上来看,在中位数以上组和中位数以下组的回归方程中,“代工企业的专用性投资”对应的回归系数之间存在着显著的差异。

表 7.29　以关系型规范的中位数为标准进行分组回归的结果(三)[a]

	中位数以上组	中位数以下组[b]
常数项	0.321	-0.473
员工人数的对数	-0.003	0.001
合作年限的对数	0.260	-0.015
代工企业的专用性投资	0.456***	-0.049
R^2	0.369	0.145
调整后的 R^2	0.344	0.111

[a]因变量为“能力构建”; *** $p<0.001$; [b] 该组的回归方程不显著。

7.6　讨　　论

本章以一种权变的观点来探讨代工企业的专用性投资对于企业间合作、客户的机会主义行为以及代工企业借助于品牌客户进行的能力构建活动的影响效应。实证结果大体上支持合同完备性、客户专用性投资、整体代工能力以及关系型规范的调节效应假设,但声誉的调节作用假设基本上未得到支持(表 7.30)。

表 7.30　调节效应的假设检验结果汇总

假　设	检验结果	备　注
假设 6a:合同完备性对于代工企业的专用性投资和企业间合作之间关系的调节效应	部分支持	ΔR^2 及乘积项的系数均边际显著,当合同完备性足够低的时候,两者之间出现反向变动关系
假设 6b:合同完备性对于代工企业的专用性投资和客户的机会主义行为之间关系的调节效应	部分支持	ΔR^2 及乘积项的系数均显著,不过,合同完备性足够高的时候,两者之间出现反向变动关系
假设 6c:合同完备性对于代工企业的专用性投资和能力构建之间关系的调节效应	完全支持	
假设 6d:客户专用性投资对于代工企业的专用性投资和企业间合作之间关系的调节效应	完全支持	
假设 6e:客户专用性投资对于代工企业的专用性投资和客户的机会主义行为之间关系的调节效应	完全支持	
假设 6f:客户专用性投资对于代工企业的专用性投资和能力构建之间关系的调节效应	完全支持	
假设 6g:整体代工能力对于代工企业的专用性投资和企业间合作之间关系的调节效应	完全支持	
假设 6h:整体代工能力对于代工企业的专用性投资和客户的机会主义行为之间关系的调节效应	完全支持	
假设 6i:整体代工能力对于代工企业的专用性投资和能力构建之间关系的调节效应	部分支持	ΔR^2 及乘积项的系数均边际显著,两者保持正相关关系
假设 6j:客户声誉对于代工企业的专用性投资和企业间合作之间关系的调节效应	部分支持	ΔR^2 及乘积项的系数均边际显著,并且,随着客户声誉的变化,代工企业的专用性投资和企业间合作之间并不总是同向变动的
假设 6k:客户声誉对于代工企业的专用性投资和客户的机会主义行为之间关系的调节效应	不支持	ΔR^2 及乘积项的系数不显著
假设 6l:客户声誉对于代工企业的专用性投资和能力构建之间关系的调节效应	不支持	ΔR^2 及乘积项的系数不显著

续表

假　设	检验结果	备　注
假设6m:关系型规范对于代工企业的专用性投资和企业间合作之间关系的调节效应	完全支持	
假设6n:关系型规范对于代工企业的专用性投资和客户的机会主义行为之间关系的调节效应	完全支持	
假设6o:关系型规范对于代工企业的专用性投资和能力构建之间关系的调节效应	部分支持	ΔR^2 及乘积项的系数均显著,不过,两者之间不会出现负向变动关系

下面,本章就各种调节效应的假设检验结果进行讨论,并就各种治理机制之间的关系进行理论探讨,最后,基于已有的实证结果来构建最终的理论模型。

7.6.1　关于调节效应假设检验结果的分析

有关合同完备性调节作用的假设6a和假设6b得到部分支持,而假设6c得到完全的支持。合同完备性负向调节了代工企业的专用性投资和客户的机会主义行为之间的关系,并且正向调节了代工企业的专用性投资和能力构建活动之间的关系。不过,合同完备性对于代工企业的专用性投资与企业间合作的调节效应仅仅是边际显著的,这可能是由于抽样误差导致的,具体原因有待进一步探讨。假设6a的检验结果显示,当合同完备性足够低的时候,代工企业的专用性投资和企业间合作之间会出现负相关关系,这与假设6a提出的"两者之间只存在正相关关系"的观点不吻合。假设6a成立的前提之一是代工企业的专用性投资对企业间合作仅有直接效应,而上一章的中介效应检验结果表明,两者之间除了直接效应之外,还存在间接效应,即代工企业的专用性投资通过影响客户的机会主义行为进而影响企业间合作。这样,当合同完备性足够低的时候,代工企业的专用性投资的负面效应可能会特别显著,有可能使得专用性投资对于企业间合作的间接抑制效应超过直接的促进效应,这就使得代工企业的专用性投资与企业间合作在特定情况下可能会出现反向变动关系。本研究的实证数据显示,出现这种状态的概率为9.2%,还是比较低的。虽然检验结果表明假设6b中的负向调节效应显著存在,但假设6b中的命题"合同完备性不会从根本上改变代工企业的专用性投资对于客户的机会主义行为的作用性质"未获支持。在本研究中,当合同完备性超过某一限度之后,代工企业的专用性投资与客户的机会主义行为从正相关转为负相关。这一结果与汪涛和秦红(2006)的结论比较一致,他们发现,随着契约明确性的增强,汽车4S店的专用性投资与供应商机会主义行为之间的正相关关系将会转变为负相关关系。为什么合同完备性会改变代工企业的专用性投资与客户的机会主义行为之间的关系性质呢?一种可能的解释是合同完备性达到一定程度之后可能会抑制甚至基本消除客户的机会主义倾向。按照Poppo和Zenger(2002)的理论逻辑,完备的合同有助于减少代工双方在交易过程中的算计性(calculativeness)特征。首先,完备的合同可以减少风险发生的领域和严重性,从而鼓励合作并促进相互间的信任;其次,完备的合同可以通过规定一个比较长的合同期限来改善代工双方对于关系持续性的预期,从而减少"囚徒困境"的发生概率;再次,完备的合同还可以为交易过程中的必要调整规定专门的方式以及彼此认可的方针和程序(Williamson,1991),从而提高代工关系的动态适应性;最后,签订合同的过程也是代工双方彼此了解的过程,要想签订比较完备的合同,代工双方必须投入足够的资源来了解对方的实力、动机和期望,并设想未来可能的各种情形及应对策略,如果安排得当的话,这样的过程有助于增进双方的友谊,并促使他们以一种更加务实的态度看待某个特定的代工关系,以更加冷静的心态面对交易过程中的变化和困难。综上所述,当合同完备性足够高的时候,代工双方可能会产生互惠、共赢的合作理念,这可能会使得品牌客户将代工企业的专用性投资视为对关系的承诺,从而提高客户的关系承诺水平(Anderson & Weitz,1992)。

客户的专用性投资对于代工企业的专用性投资和企业间合作、客户的机会主义行为以及能力构建之间关系的调节效应假设(假设6d、假设6e和假设6f)得到了完全的支持。客户专用性投资负向调节了代工企业的专用性投资与客户的机会主义行为之间的关系,这与Vazquez,Iglesia和Bosque(2007),汪涛和秦红(2006)的结论一致;并且,正向调节了代工企业的专用性投资和企业间合作、能力构建之间的关系。Dyer(1997)指出,日本汽车制造商和重要供应商之间的资产共同专门化(co-specialized)使得它们之间形成了相互质押的局面,这部分地解释了"日本汽车制造商和供应商之间虽然专用性投资水平较高,但交易成本却较低"的现象。总之,已有的研究对接受方专用性投资的调节作用提供了高度一致的理论分析和实证检验结果。

代工企业的整体代工能力对于代工企业的专用性投资和企业间合作、客户的机会主义行为以及能力构建活动之间关系的调节效应假设(假设6g、假设6h和假设6i)大体上得到了支持。整体代工能力正向调节了代工企业的专用性投资和企业间合作之间的关系,负向调节了专用性投资和客户的机会主义行为之间的关系。不过，整体代工能力对于代工企业的专用性投资和能力构建之间关系的正向调节效应仅为边际显著。这可能是由于样本特征和抽样误差引起的，也可能是因为能力构建受到了客户的机会主义行为和企业间合作之外的其他因素（如：吸收能力）的重大影响。当然，具体原因有待进一步探讨。总体来说，整体代工能力是一种调节效应比较显著的治理机制。

客户声誉对于代工企业的专用性投资和企业间合作、客户的机会主义行为以及能力构建之间关系的调节效应假设（假设6j、假设6k和假设6l）基本上未获支持。除客户声誉对于代工企业的专用性投资和企业间合作之间关系的正向调节作用为边际显著之外，其余的调节效应均不显著；并且，客户声誉与企业间合作、客户的机会主义行为以及能力构建之间均没有显著的相关关系。实证结果显示，客户的声誉机制没有发挥本研究假设所预期的作用。我们这里来粗略地探讨两种可能的原因。第一，本土代工企业所在的国际代工市场是典型的买方市场，对于国际品牌商来说，只要它们的形象不是特别的糟糕，它们都可以轻而易举地找到满足其要求的代工企业。因此，在国际代工市场中，客户声誉的“磁场效应”（查尔斯，2004）可能并不明显，客户也就不会刻意地去提升、维护它们在代工企业中的声誉。第二，声誉的信息传播机制不健全。在诚信度非常低的中国社会，相互间竞争白热化的代工企业之间可能会选择不传播、错误传播或者扭曲地传播自身掌握的信息，即便接收到了相关的信息，代工企业很可能不会轻易地相信。而且，声誉信息借助于看似较为公正的中间组织来传播的效果也不会太理想。在我国，行业协会、进出口商会等中介组织建设滞后，反应迟缓，这限制了声誉信息的有效传播。这些因素导致国际代工市场不会出现类似于日本汽车制造商和供应商之间的高效的声誉机制（Dyer，1997）。

代工企业和品牌客户之间的关系型规范对于代工企业的专用性投资和企业间合作、客户的机会主义行为以及能力构建活动之间关系的调节效应假设（假设6m、假设6n和假设6o）大体上得到了支持。关系型规范正向调节了代工企业的专用性投资和企业间合作、能力构建之间的关系，并且负向调节了代工企业的专用性投资和客户的机会主义行为之间的关系。不过，不管关系型规范处于何种水平，代工企业的专用性投资和能力构建并未出现反向变动的关系。这可能是由样本的特征引起的，即关系型规范治理机制很低的样本企业可能拥有其他相对有效的治理机制，从而使得低水平的关系型规范所表现出来的负面效应不是十分明显。众多的实证研究（Sun，2006；Anderson & Weitz，1992；Vazquez，Iglesia & Bosque，2007；Rokkan，Heide

& Wathne,2003;汪涛和秦红,2006;高维和、黄沛和王震国,2006)表明,以关系型规范为代表的关系导向型治理机制是相当有效的。

综上所述,合同完备性、客户的专用性投资、整体代工能力以及关系型规范等四种治理机制能够正向调节代工企业的专用性投资对企业间合作和能力构建的影响效应,负向调节代工企业的专用性投资和客户的机会主义行为之间的关系。除了调节效应之外,这四种治理机制对企业间合作、客户的机会主义行为以及能力构建还存在直接的作用。根据模型1~模型6中的"合同完备性"、模型7~模型12中的"客户专用性投资"、模型13~模型18中的"整体代工能力"以及模型25~模型30中的"关系型规范"等变量对应的标准化回归系数的正负号和显著性,我们可以看出,合同完备性、客户的专用性投资、整体代工能力和关系型规范均显著地促进了企业间合作和代工企业借助于客户进行的能力构建活动,同时显著地抑制了客户的机会主义行为。

7.6.2 四种有效治理机制之间的关系

下面,本研究探讨合同完备性、客户的专用性投资、整体代工能力以及关系型规范等四种治理机制之间的关系。本研究的观点是,整体代工能力是其他治理机制得以存在的前提,并且,这四种治理机制是相互补充的。

从资源基础论的观点来看,整体代工能力是代工企业得以参与国际代工活动的资源基础。代工企业必须具有较强的整体代工能力并能够不断提升原有能力,才能够与国际品牌客户保持长期的交易关系。戴尔亚太区国际采购管理总部前任总经理方国健2002年在中欧国际工商管理学院演讲时指出,戴尔在选择供应商时非常注重它们的研发能力、制造能力、财务能力和国际运筹能力,并且要求被选中的供应商不断地进步。Horng和Chen(2008)认为,代工企业是品牌客户眼中的"役用马"(working horse)——"马儿必须跑得足够快,否则就换马"(方国健,2002)。可以想象,客户是绝对不会和整体代工能力较弱的代工企业长期做生意的,也就是说,它们预期的关系延续性必然较弱。在和整体代工能力较弱的代工企业开展合作的时候,由于关系的"算计性"(calculativeness)较强,客户不大可能和代工企业形成较强的关系型规范;由于整体代工能力弱的代工企业往往是国际品牌客户的边缘性或临时性供应商,客户多半不会投入太多资源去签订非常完备的合同;由于存在随时转换代工企业的念头,为避免自缚手脚,客户必然尽可能地减少自身的专用性投资。这就说明,较强的整体代工能力是其他三种治理机制有效存在的前提之一。当然,其他三种治理机制具有相对的独立性,较强的整体代工能力并不必然导致合同完备性、关系型规范以及客户的专用性投资的增加;而且,这三种治理机制可以弥补单纯依靠“整体代工能力”所存在的一些不足。对于绝大多数代工企业来说,整体代工能力还不能构成战略资源。虽然它可以为代工双方带来附加值,但对国际品牌客户来说,这种能力往往不是十分稀缺的,它们不必花费太多精力就可以从市场中找到替代性的代工企业。因此,如果不存在其他的有效治理机制,客户对代工关系的承诺水平仍然较低,仍然可能存在较强的机会主义倾向。要想从代工关系中获得更大的收益,代工企业还需要其他的机制来降低客户的机会主义倾向。较强的关系型规范有利于创造互利互惠的交易氛围,增强双方的关系承诺,延长关系延续期;并且可以创造出在其他代工关系中难以创造的协作特定准租金(Madhok & Tallman,1998)和关系型绩效(Mesquita,Anand & Brush,2008),这增加了代工企业相对于客户的不可替代性。可以看出,在代工企业具有较强的整体代工能力的前提下,较强的关系型规范可以起到稳定代工关系的作用,引导代工双方将工作重点放在价值的创造上。除了关系型规范可以弥补整体代工能力治理效应的不足之外,完备的合同、客户的专用性投资也有助于代工关系保持一种健康的状态。具有较高完备性的合同可以降低代工双方对于合作风险的感知水平,规范它们的交易行为;而客户的专用性投资使得代工双方进入一种互相质押、双向承诺的关系状态,有助于巩固代工关系并提高这种代工关系的生产性。综上所述,整体代工能力在四种治理机制中具有基础性的地位,构成了其他三种治理机制有效存在的前提,而其他三种机制又可以在某些方面弥补整体代工能力在关系治理方面的某些不足。

除了上述关系之外,客户的专用性投资、关系型规范以及合同完备性之间也存在着彼此互补的关系。首先,客户的专用性投资可以进一步增强双方的关系型规范,而关系型规范可以降低客户对于自身专用性投资的风险感知水平,从而敢于增加专用性投资。其次,完备的合同是保障代工双方利益免受侵害的手段之一,限制了关系风险发生的范围和程度,可以在一定程度上鼓励促进客户进行专用性投资;而客户一旦进行了较多的专用性投资,则必然会借助于包括合同在内的一系列手段来保障自身利益。最后,本研究认为,代工关系中的关系型规范和合同完备性也是互补的。关于关系型规范和合同完备性之间的关系,学者们是有不同看法的。一部分学者认为,如果交易双方形成了互利共赢的高水平关系型规范,它们就无需在合同的签订问题上投入过多的精力;有的学者甚至认为,签订十分完备的合同容易被视为一种不信任的信号,这会破坏双方的交易氛围,甚至滋生机会主义行为(Ghoshal & Moran,1996)。基于这些学者的观点,合同完备性和关系型规范是相互替代的。Poppo 和 Zenger(2002)提出了不同的看法,他们认为,正式的合同和关系型治理应该是互补的。根据他们的理论逻辑，完备的合同对于关系型规范的促进或补充作用表现在：① 完备的合同可以减少风险发生的领域和严重性，从而鼓励合作并促进相互间的信任；② 完备的合同可以弥补关系型规范的非正规性；③ 合同的签订过程促进了交易方的沟通，有助于双方人员建立起社会联系。而关系型规范对于合同完备性的促进或补充作用表现为：① 合同适应意外变化的能力往往比较弱，关系型规范则有助于交易者以公正合理的方式适应新的交易环境；② 关系型规范有助于交易者及时地将交往过程中的经验和教训反映到新合同中去，从而可以优化原有的合同。本研究的实证结果显示，合同完备性和关系型规范的相关系数为0.361（$p<0.001$），说明在国际代工关系中，合同完备性和关系型规范是互补的。本研究的结果与 Dyer（1997）针对日本汽车制造商和供应商的实证研究结果不太一致，他们指出，那些日本企业相互间通常不会签订正式的书面合同，在很多时候，口头合同就足够了。本研究认为，出现这种现象的原因可能在于日本的汽车制造商和它们的本土供应商之间形成了一个相对封闭的系统，其中的声誉机制、交叉持股、资产共同专门化等机制十分健全，这使得违反合同即使是口头合同的成本也是极其高昂的。一般来说，国际代工关系具有高度开放性，代工双方处于不同的社会文化、法律环境中，它们之间不可能形成类似于 Dyer（1997）所描述的非常紧密的合作关系。在这种交易状态下，如果合同完备性不强的话，代工双方都有可能遭受不必要的损失。因此，在国际代工环境中，Ghoshal 和 Moran（1996）等人关于关系型规范和合同完备性相互替代的理论推理失去了成立的前提条件。

上文就四种治理机制相互关系的观点可以从它们之间的相关系数大小及显著水平中得到部分的验证①。依据表 7.11，四种治理机制俩俩显著正相关，并且，代工双方的关系型规范和客户的专用性投资、整体代工能力与关系型规范以及整体代工能力与客户专用性投资之间的相关系数均大于0.7。根据 Williams（1992）的标准，这三对治理机制之间呈高度相关关系。

综上所述，代工企业只有综合地、有机地使用多种治理机制，才能与国际品牌客户形成比较长期的、互利共赢的代工关系，才能使得它们的交易专用性投资免受被锁定的威胁，使得它们能够通过自身的专用性投资获得较大幅度的能力提升。可以看出，代工企业的多种治理机制共同组成了一个有机的关系治理体系（图 7.15）。这个体系应该包括整体代工能力、关系型规范、客户的专用性投资以及合同完备性等治理机制，它以整体代工能力为

① 受到数据的限制，本研究无法对上述观点进行严格的实证检验，留待以后研究。

核心治理机制，各种治理机制之间相互作用、相互补充。需要指出的是，整体代工能力和其他治理机制之间的作用关系是不对称的，前者对后者具有直接的重大影响，后者对前者仅具有间接的、有可能比较微弱的影响。

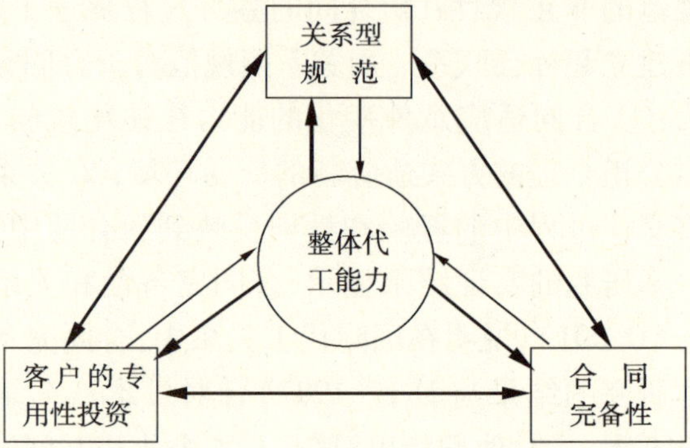

注：箭头方向表示作用方向，箭线粗细体现作用力度。

图 7.15 代工企业的关系治理体系

根据上面的理论分析，代工企业只有具备了较强的整体代工能力，它们才有可能建立比较有效的代工关系治理体系，才有可能通过自身的交易专用性投资获得比较明显的能力提升；反之，如果代工企业的整体代工能力太弱的话，它们就不可能拥有高效的代工关系治理体系，也就不可能从专用性投资中获得较大的能力提升。可见，整体代工能力越强的代工企业在代工关系中能力获得提升的幅度就越大。这表明，“马太效应”存在于代工企业通过专用性投资向客户学习知识的活动之中。如果过于依赖品牌客户这一知识转移源的话，代工企业将无法实现赶超其他同类代工企业的目的。因此，从组织学习的角度来看，代工企业不可单纯依靠客户这一知识来源渠道。

7.6.3 最终的理论模型

根据第六章和第七章的实证检验结果，本研究对第四章构建的综合性理论模型进行修正，得到最终的理论模型（图 7.16）。

首先，本研究阐释了完全中介效应。企业间合作和客户的机会主义行为在代工企业的专用性投资和它们借助于品牌客户进行的能力构建活动之间发挥着完全的中介作用，同时，这两个中介变量之间紧密相关。具体来说，代工企业的专用性投资对于能力构建活动的作用共有三条路径，包括，“代工企业的专用性投资—企业间合作—能力构建”、“代工企业的专用性投资—客户的机会主义行为—能力构建”和“代工企业的专用性投资—客户的机会主义行为—企业间合作—能力构建”。其中，代工企业的专用性投资对于企业间合作、企业间合作对于能力构建均具有直接的促进作用，客户的

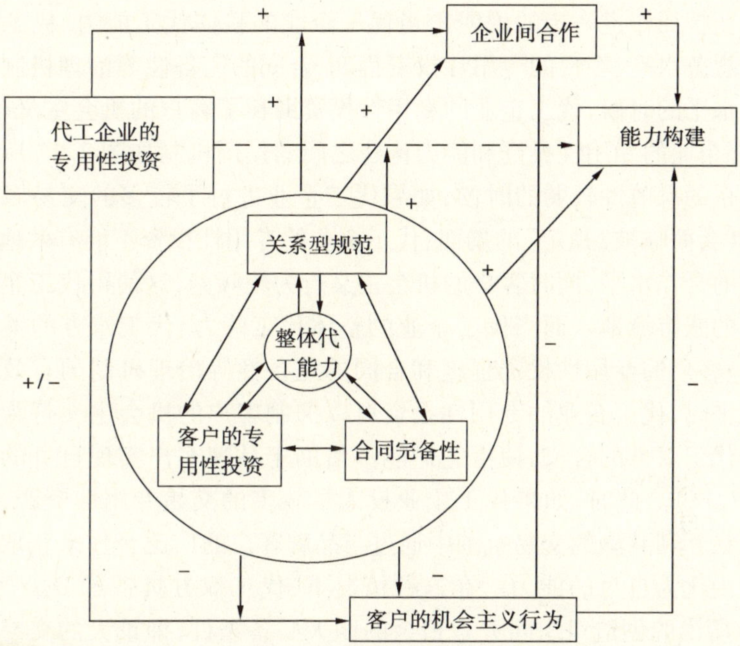

图 7.16　最终的理论模型

机会主义行为对于代工双方的企业间合作、客户的机会主义行为对能力构建活动均产生直接的抑制作用。以上变量之间的直接效应的性质均是很明确的，不过，代工企业的交易专用性投资对于客户机会主义行为的直接作用性质则不是一成不变的，可能是滋生效应，也可能是消减效应，这取决于治理机制的有效性水平。

其次，本研究介绍整体代工能力、关系型规范、客户的专用性投资和合同完备性等四种治理机制的调节作用。这四种治理机制均正向调节代工企业的专用性投资和企业间合作、代工企业的专用性投资和能力构建之间的关系，同时负向调节代工企业的专用性投资和客户的机会主义行为之间的关系。需要指出的是，除了调节效应之外，这四种治理机制还对企业间合作、客户的机会主义行为以及代工企业借助于客户进行的能力构建效果具有直接的作用，即四种治理机制对企业间合作和能力构建活动具有直接的促进效应，同时对客户的机会主义行为具有直接的抑制效应。这四种治理机制是代工企业的关系治理体系的重要组成部分，彼此相互作用、相互补充；不过，它们的地位并不完全对称，代工企业的整体代工能力在其中占据着基础性的核心地位。

最后，本研究就代工企业的专用性投资和客户的机会主义行为之间关系的权变特征作进一步的说明。当代工企业的整体代工能力、代工双方的关系型规范水平、客户的专用性投资程度、合同的完备性等治理机制弱于某一临界水平的时候，代工企业的专用性投资助长了客户的机会主义行为，此时，代工企业的专用性投资和能力构建之间的作用机制如图 7.17 所示。在治理体系的有效性较弱的时候，如果代工企业进行了较多的交易专用性投资，它就会面临被“锁定”的局面：代工企业的专用性投资不能有效地提高代工双方的合作水平，同时客户的机会主义行为较频繁，这使得代工企业陷入被盘剥的悲惨境地。而当代工企业的整体代工能力、代工双方的关系型规范水平、客户的专用性投资程度和合同的完备性等治理机制的有效性强于某一水平时，代工企业的专用性投资可以抑制客户的机会主义行为并有效地促进代工双方的合作，使得它们能够借助于品牌客户实现自身的能力提升（图 7.18）。此时，如果代工企业投入了较多的交易专用性资产，它们就有机会在互利共赢的交易氛围中通过与品牌客户的广泛合作来获取客户的知识并内化为自身的能力。在这种情况下，代工双方具备了 Dyer 和 Singh（1998）所说的创造组织间关系租金的四大必备条件，即重大的交易专用性投资、大量的知识交换、互补性资源的整合以及有效的治理机制，这有助于它们构建稳固的伙伴型关系。这里，本研究用实证数据部分地验证上述观点。我们分析比较市场型、套牢型和伙伴型三种类型的代工关系在企业间合作、客户的机会主义行为以及能力构建效果等方面的情况。市场型指的是代工企业的专用性投资水平和四种治理机制的强度均低于中位数的代工关系；伙伴型指的是代工企业的专用性投资水平和四种治理机制的强度均高于中位数的代工关系；套牢型是指代工企业的专用性投资水平高于中位数而四种治理机制的强度均低于中位数的代工关系。方差分析的结果表明，伙伴型国际代工关系在企业间合作、代工企业的能力构建效果以及客户

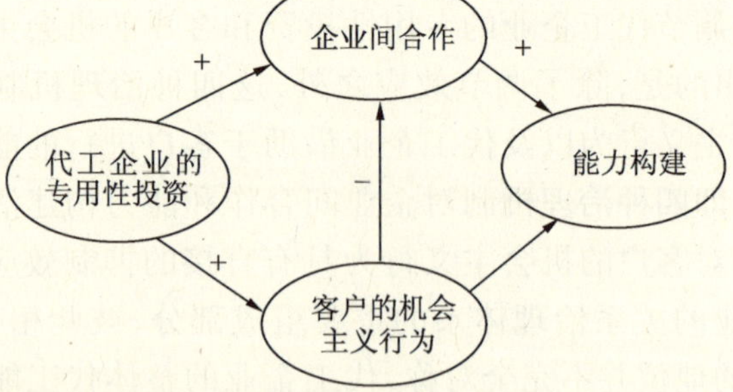

图 7.17　治理体系有效性较弱时代工企业的专用性投资对于能力构建的作用机制示意图

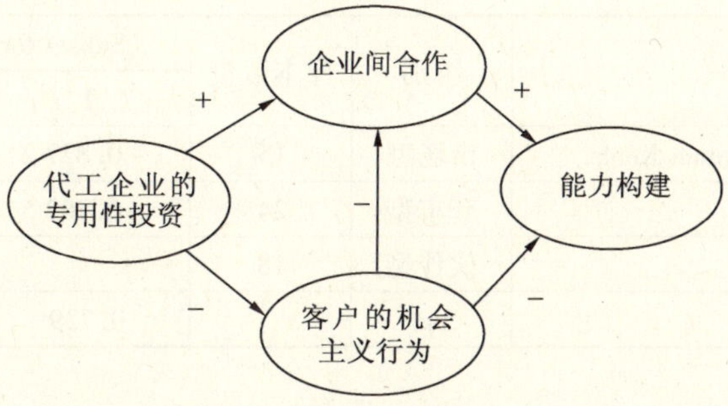

图 7.18　治理体系有效性较强时代工企业的专用性投资对于能力构建的作用机制示意图

机会主义行为等三个方面的表现最好。该类型关系中的企业间合作和能力构建效果显著高于套牢型和市场型关系中的相应指标（见表 7.31 和表 7.33），而其中的客户的机会主义行为显著少于其他两种类型关系中的客户机会主义行为（见表 7.32）。套牢型和市场型关系在企业间合作和能力构建效果方面无显著差异（见表 7.31 和表 7.33），但套牢型关系中的客户的机会主义行为显著多于市场型关系中的客户的机会主义行为（见表 7.32）。

表 7.31　三种类型代工关系中的企业间合作方差分析（SNK 法）结果

	组别	样本数量	Subset for alpha = 0.05	
			1	2
Student-Newman-Keuls	市场型	15	-0.993 73	
	套牢型	24	-0.830 48	
	伙伴型	18		1.352 22
	Sig.		0.226	1.000

表 7.32　三种类型代工关系中的客户的机会主义行为方差分析（SNK 法）结果

	组别	样本数量	Subset for alpha = 0.05		
			1	2	3
Student-Newman-Keuls	伙伴型	18	-1.196 09		
	市场型	15		0.335 06	
	套牢型	24			1.194 52
	Sig.		1.000	1.000	1.000

表 7.33　三种类型代工关系中的能力构建方差分析(SNK 法)结果

	组别	样本数量	Subset for alpha = 0.05	
			1	2
Student-Newman-Keuls	市场型	15	−0.827 2	
	套牢型	24	−0.762 5	
	伙伴型	18		1.174 9
	Sig.		0.739	1.000

7.7　本章小结

本章运用多元调节回归分析法依次分析了合同完备性、客户专用性投资、整体代工能力、客户声誉和关系型规范对于代工企业的专用性投资和企业间合作、客户的机会主义行为以及能力构建效应之间关系的调节作用。实证结果显示，除客户声誉不能充当有效的治理机制之外，其他治理机制对上述关系具有相应的调节作用。在本章的讨论部分，我们首先分析了假设检验的结果，并特别探讨了一些假设未获支持或仅获部分支持的原因，随后分析了四种有效治理机制的相互关系，最后，根据第六章和第七章实证检验的结果对第四章构建的理论模型进行了修正。本章的主要结论有：① 由于受到交易环境的制约，客户的声誉不能充当代工关系中的有效治理机制。② 合同完备性、客户专用性投资、整体代工能力以及代工双方的关系型规范正向调节了代工企业的专用性投资和企业间合作以及代工企业的专用性投资和能力构建之间的关系，负向调节了代工企业的专用性投资和客户机会主义行为之间的关系。③ 除了调节效应之外，合同完备性、客户专用性投资、整体代工能力以及代工双方的关系型规范等四种治理机制对企业间合作、能力构建以及客户的机会主义行为均具有直接的影响，这四种治理机制直接促进了企业间合作和代工企业借助于客户进行的能力构建活动，并且直接抑制了客户的机会主义行为。④ 合同完备性、客户专用性投资、整体代工能力以及代工双方的关系型规范等四种治理机制是代工企业的国际代工关系治理体系的重要组成部分，彼此相互作用、相互补充，不过，它们之间的地位并非完全对等，整体代工能力居于最核心的地位。⑤ 伙伴型国际代工关系在企业间合作、代工企业的能力构建效果以及客户的机会主义行为等三个方面的表现最好。

第八章

结论与启示

8.1 研究结论

近年来，中国在全球价值链的生产制造环节取得了几乎不可撼动的领先地位，这给中国本土代工企业带来了重大的机遇与挑战。机遇主要表现在以下两个方面：① 本土代工企业可以利用制造环节的相对优势，开展国际竞争与合作；② 通过国际代工，本土代工企业有可能学习到国外的先进技术和管理知识，从而将优势活动从制造环节向研发、营销等环节延伸。但代工企业要想把握这样的机遇并不容易，前进的道路上充满着艰辛和挑战。归纳起来，主要有三个方面的原因：① 本土代工企业获取知识的渠道狭窄，致使它们难以从国外品牌客户那里获得先进的技术和知识；② 与国际品牌客户相比，本土代工企业面临更大的关系风险和产业风险；③ 近年来，国内外出现了众多不利于"中国制造"进一步提升国际竞争力的限制因素。从产业转移的规律来看，跨国公司最终会将外包订单转交给来自或处于其他国家的运营成本更低的厂商。这也就意味着，从长远来看，大多数代工企业都逃脱不了黯然出局的悲惨命运，这在我国台湾已有前车之鉴。总之，在国际代工关系中，本土代工企业的利润空间受到严重的挤压，能力构建的努力受到制约；不仅如此，代工企业还随时面临着被国际品牌客户淘汰出局的风险。代工企业应该如何有效地把握国际代工带来的机遇同时妥善地处理代工过程中的各种挑战呢？本研究认为，仅仅把竞争优势构筑在本国资源条件（如：较充裕的劳动力供给和较低的运营成本）基础之上的代工企业终将因本国比较优势的丧失而失去竞争力，而能够利用代工的机会成功实现竞争优势来源的转换，构建起企业特定优势（firm-specific advantages）的企业，有可能脱颖而出，成为市场中的强者。基于这样的理论逻辑，摆在代工企业面前的一个很自然的问题就是：如何利用代工机会，最大限度地充实自己，以提高企业的长期生存能力？如何通过代工关系获取满意的收益(譬如:财务收益、关系稳定性、知识转移效果等)？其中,通过代工关系来接触、吸收并应用品牌客户的特定知识,从而构建新的能力对代工企业具有战略意义。

在代工的契约协议下,为了增进组织间的合作,满足国际品牌客户的特定需求,本土代工企业往往需要为其重要的客户进行交易专用性投资。此类投资可能存在着正反两方面的效应。一方面,交易专用性投资具有价值创造的功能,根据资源基础理论和关系交换理论,交易专用性投资是企业间“关系租金”的一项重要来源,使得价值链中的生产率收益成为可能;另一方面,交易专用性投资会导致价值分配问题,根据资源依赖理论和交易成本理论,当代工企业按照要求进行专用性投资之后,它们就面临“锁定”风险,陷入更加严峻的单向依赖关系之中,品牌客户有可能利用代工企业的这种依赖,以此作为谈判的筹码,来攫取更大份额的可占用性准租,这可能导致品牌客户机会主义行为的增加。从代工企业的角度来看,进行专用性投资往往是必需的,因此,对它们来说,富有实践意义的问题就是哪些方式可以帮助代工企业提高专用性投资的正面效应并(或)抑制其负面效应进而从代工关系中取得满意的收益。

研究代工企业专用性投资效应的理论成果很少,相关成果比较关注代工企业专用性投资的正面效应,忽视了可能的负面效应,而且,对于影响代工企业专用性投资效应的治理机制没有给予足够的重视。在国际代工关系中,本土代工企业专用性投资的负面效应值得特别的关注,只关注正面效应可能会造成理论的误区,并误导代工企业的经营实践。另外,治理机制在“关系租金”的创造和分配过程中扮演着重要的角色,因为它可以影响到合作双方的交易成本以及共同参与价值创造的动力和能力。本土代工企业身处新兴市场和国际交换的环境中,并且往往是实力相对弱小的交易方。这种具有特殊性的决策情境决定了各种类型的治理机制对代工关系的不同治理效应,这就要求代工企业学会采用有针对性的治理机制。从这种意义上说,探讨不同类型的适合代工企业使用的治理机制对于专用性投资正负效应的调节作用有助于代工企业更有效地使用专用性投资,是具有重大理论意义和现实意义的课题。

本研究试图研究代工企业专用性投资的能力构建效应及治理机制,以一种全面的、权变的观点来探讨代工企业的专用性投资对于它们借助于品牌客户进行的能力构建活动的作用机制及影响效应。本研究致力于回答以下两个主要问题。第一个问题是,代工企业的交易专用性投资通过怎样的作用机制影响代工企业借助于品牌客户进行的能力构建活动？本研究以

“企业间合作”代表正面效应，以“品牌客户的机会主义行为”代表负面效应，检验这两者是否在代工企业的“交易专用性投资”与“能力构建”之间起着中介效应。第二个问题是，属于法律规制型治理机制的“合同完备性”，属于经济制约型治理机制的“客户的专用性投资”、“整体代工能力”以及“客户的声誉”，属于关系导向型治理机制的“关系型规范”等五种治理机制对于交易专用性投资的正负效应以及能力构建效应存在着怎样的调节作用？本研究在通过实证研究判别出对代工企业有效的治理机制之后，还初步探讨了这些治理机制之间的关系问题。这虽然不是本书拟回答的重点问题，但对该问题的探讨将有助于代工企业综合地使用多种治理机制。

本研究在对以代工企业为对象的研究以及交易专用性投资的效应和治理机制研究进行理论述评的基础上，构思了本研究的主要目标和主要内容。接着，综合运用交易成本理论、资源基础理论、资源依赖理论、关系交换理论和动态能力理论提出了理论假设，构建了本研究的理论模型，并形成了包含中介效应和调节效应的综合性实证模型。然后，通过问卷调查的方式来收集样本，分别对中介效应假设以及调节效应假设进行实证检验，对检验结果进行分析和讨论，在此基础上，对理论模型进行了修正。

本研究得出的主要结论如下：

（1）企业间合作和客户的机会主义行为在代工企业的交易专用性投资和它们借助于品牌客户进行的能力构建活动之间发挥着完全的中介作用，同时，这两个中介变量之间紧密相关。具体来说，代工企业的交易专用性投资对于能力构建活动的作用共有三条路径，包括，“代工企业的专用性投资—企业间合作—能力构建”、“代工企业的专用性投资—客户的机会主义行为—能力构建”和“代工企业的专用性投资—客户的机会主义行为—企业间合作—能力构建”。其中，代工企业的专用性投资对于企业间合作、企业间合作对于能力构建均具有直接的促进作用，客户的机会主义行为对于代工双方的企业间合作、客户的机会主义行为对能力构建活动均产生直接的抑制作用。以上变量之间的直接效应的性质均是很明确的，不过，代工企业的交易专用性投资对于客户机会主义行为的直接作用性质则不是一成不变的，可能是滋生效应，也可能是消减效应，这取决于治理机制的有效性水平。当治理机制的有效性水平高于某一临界值的时候，代工企业的专用性投资可以抑制客户的机会主义行为；否则，则会助长客户的机会主义行为。

（2）由于受到交易环境的制约，客户的声誉不能充当代工关系中的有效治理机制。合同完备性、客户专用性投资、整体代工能力以及代工双方的关系型规范正向调节了代工企业的专用性投资和企业间合作以及代工企业的专用性投资和能力构建之间的关系，负向调节了代工企业的专用性投资和客户的机会主义行为之间的关系。除了调节效应之外，合同完备性、客户专用性投资、整体代工能力以及代工双方的关系型规范等四种治理机制对企业间合作、能力构建以及客户的机会主义行为均具有直接的影响，这四种治理机制直接促进了企业间合作和代工企业借助于客户进行的能力构建活动，并且直接抑制了客户的机会主义行为。

（3）代工企业的多种治理机制共同组成了一个有机的代工关系治理体系。这个体系应该包括整体代工能力、关系型规范、客户的专用性投资以及合同完备性等治理机制，它以整体代工能力为核心治理机制，各种治理机制之间相互作用、相互补充。需要指出的是，整体代工能力和其他治理机制之间的作用关系是不对称的，前者对后者具有直接的重大影响，而后者对前者仅具有间接的、有可能比较微弱的影响。

（4）在伙伴型、套牢型和市场型这三种国际代工关系中，伙伴型国际代工关系在企业间合作、代工企业的能力构建效果以及客户的机会主义行为等三个方面的表现均为最好。套牢型和市场型关系在企业间合作和能力构建效果方面无显著差异，但套牢型关系中的客户机会主义行为显著多于市场型关系中的客户机会主义行为。

（5）“马太效应”存在于代工企业通过专用性投资向客户学习知识的活动之中。代工企业只有具备了较强的整体代工能力，它们才有可能建立比较有效的代工关系治理体系，才有可能通过自身的交易专用性投资获得较大幅度的能力提升；反之，如果代工企业的整体代工能力太弱的话，它们就不可能拥有高效的代工关系治理体系，也就不可能从专用性投资中获得较大的能力提升。可见，整体代工能力越强的代工企业在代工关系中能力获得提升的幅度就越大。

8.2　理论贡献

本研究的理论贡献体现在以下五个方面。

第一，本研究立足于本土代工企业，可以在一定程度上推动以代工企业为立足点的相关研究，预期本研究的实证结果可以丰富已有的经验证据。理论上以委托制造为主题，立足于代工企业的研究很少（杨桂菊和阎海峰，2007）。近年来，大陆学者立足于代工企业的研究成果虽然日见增多，但多限于一般性的理论探讨，采用定量研究的成果屈指可数，运用定性研究方法（如扎根理论、案例研究法）对中国企业的实际状况进行深度分析的成果更是凤毛麟角。

第二,本研究比较全面地考察了代工企业的专用性投资对于它们借助于品牌客户的能力构建活动的作用机制。从代工企业的角度研究专用性投资效应的研究相当罕见。本研究通过对各类学位论文数据库以及中国期刊网、EBSCO、ABI/Inform 和 JSTOR 等中外期刊论文数据库的检索,仅发现三篇与此相关的论文,均出自台湾地区学者(徐蕙菁,2004;Sun,2006;Wang,Huang & Lee,2001)。不过,这三篇论文仅仅考察了关系专用性投资的正面效应,没有考虑负面效应,并且对于这些效应的调节机制没有给予应有的重视。因而,研究证据不够全面,结论的深度有限。本研究在一定程度上填补了这一理论空缺。本研究以代表正面效应的"企业间合作"和代表负面效应的"客户的机会主义行为"为中介来构建理论和实证模型,并在实证检验的基础上对理论模型进行了修正,使得相关的作用机制得以明晰化。

第三,本研究以权变的观点考察了代工企业专用性投资的能力构建效应。以权变的观点来分析专用性投资的效应是相关研究的发展方向之一,但这方面的理论成果并不多见,将治理机制作为调节变量来进行实证研究的成果更是寥寥无几。每一种治理机制在构建和运行成本、治理效应方面都存在差异,并且,这些差异因情境的不同而变化,这使得在某些情境下有效的治理机制到了另一种情境可能不再适用。因此,每一种治理机制有它独特的适用情境。本土代工企业身处新兴市场和国际交换的环境中,并且往往是实力相对弱小的交易方。这就使得一些对强势企业有效,对某些在国内交易环境、特定国别环境、特殊文化环境或独特产业环境中有效的治理机制可能不再适用于本土的代工企业。本研究借鉴了营销渠道和供应链研究领域的相关成果,综合考虑了多种可能适用于代工企业的治理机制,在进行了充分的理论分析之后,有选择性地考察了属于法律规制型治理机制的"合同完备性",属于经济制约型治理机制的"客户专用性投资"、"整体代工能力"和"客户声誉",以及属于关系导向型治理机制的"关系型规范"等五种治理机制的调节作用。实证检验的结果表明,客户声誉对代工企业的专用性投资和企业间合作、客户的机会主义行为以及能力构建效应之间的关系没有显著的调节作用;其他四种机制对上述关系的调节作用得到了验证。由于国际代工关系中的信息不对称现象非常严重,也由于代工企业之间存在着激烈的有时是恶性的竞争,这使得国际代工关系中的声誉机制不具备足够的治理效应。本研究发现,"客户专用性投资"、"合同完备性"以及"关系型规范"是国际代工关系中比较有效的治理机制,这与其他相关研究的结论是高度一致的。本研究在治理机制种类上的一个创新之处是,依据资源依赖理论，指出整体代工能力可以正向调节代工企业的专用性投资与企业间合作、能力构建效应之间的关系，负向调节代工企业的专用性投资和客户的机会主义行为之间的关系。这种理论观点得到了假设检验结果的支持。本研究认为，整体代工能力有一种无形的治理效应，具有容易被忽视但却是最根本性的隐藏性力量。这一理论发现在一定程度上拓展了理论界对治理机制具体种类的理解。可见，本研究通过对"合同完备性"、"客户的专用性投资"、"整体代工能力"、"客户声誉"和"关系型规范"等治理机制的理论探讨和实证研究在某种程度上加深了理论界对于各种治理机制适用情境的认识水平。本研究在"7.6.3　最终的理论模型"部分还专门绘制了在不同治理机制水平下代工企业的专用性投资和能力构建效应之间的作用机制图，并对比分析了伙伴型、市场型和套牢型等三种类型国际代工关系中的企业间合作、客户的机会主义行为以及能力构建效应的不同表现。这样的做法集中地体现了本研究理论观点的权变特征。

第四，本研究初步考察了在国际代工环境中"整体代工能力"、"客户的专用性投资"、"关系型规范"和"合同完备性"等四种有效治理机制之间的相互关系。在现代交易中，由于交易者几乎不会孤立地使用单个治理机制，所以，研究多个治理机制的联合治理效应就成为一个有意义的理论课题。这方面的研究旨在回答"不同的治理机制是相互补充的还是相互替代的"这个问题。相关的理论成果比较少，而且迄今为止几乎没有得到任何确定性的结论。以关系导向型治理和法律规制型治理之间的关系为例，一些学者认为它们是互相替代的，而另一些学者则认为它们是互相补充的。本研究的观点和 Poppo 和 Zenger(2002)的结论相吻合，认为这两者在国际代工关系中是互补的。这就给我们带来了一些启示，即不能抽象地谈治理机制之间的关系性质，研究者需要结合治理机制的应用情境来具体问题具体分析。本研究根据相关理论和实证结果，提出了国际代工关系治理体系的概念，指出，这个体系是一个包含整体代工能力、关系型规范、客户的专用性投资以及合同完备性等治理机制在内的有机系统。研究者希望这样的理论观点可以引导学者们进一步推动由 Achrol 和 Gundlach(1999)等人倡导的治理机制联合效应方面的研究。

最后，本研究的实证结果和相关结论可以从一个侧面来回答正备受学界关注的组织间竞争优势(interorganizational competitive advantage)来源的问题。Dyer 和 Singh(1998)指出，企业间关系对于理解竞争优势的来源日益重要，交易专用性资产、知识共享惯例(knowledge-sharing routines)、互补性资源和能力的整合以及有效的治理机制等共同构成组织间竞争优势的四大来源。本研究的分析单位是国际代工关系，这是一种典型的组织间关系。按照本研究的研究假设，代工企业从这种组织间关系中获得能力提升的效果直接取决于企业间合作水平和客户的机会主义行为，而这两者又受到代工企业为代工关系投入的交易专用性资产和治理机制的影响。可以看出，本研究致力于解决的问题属于 Dyer 和 Singh（1998）提倡深入研究的领域，理论框架也有类似的地方，并且使用到了他们的理论框架中的部分构念。本研究的实证结果显示，在伙伴型、套牢型和市场型这三种国际代工关系中，伙伴型国际代工关系在企业间合作、代工企业的能力构建效果以及客户的机会主义行为等三个方面的表现均为最好。套用 Dyer 和 Singh（1998）的理论逻辑，上述结果可以表述成"由于伙伴型关系中的交易专用性投资水平较高（代工双方的专用性投资水平均高于中位数），知识共享行为较多（较高水平的企业间合作和较少的客户机会主义行为使得代工企业有较多的机会接触到客户的知识），资源互补性较强（整体代工能力高于中位数），治理机制有效性较高（关系型规范和合同完备性高于中位数），因而，该类关系可以创造出更高水平的关系租金（代工企业的能力构建效果较好，这是关系租金的组成之一）"。可见，从理论逻辑上看，本研究的结论与 Dyer 和 Singh（1998）的理论框架是高度一致的。因此，本研究的相关结论从一个侧面、部分地检验了 Dyer 和 Singh（1998）提出的理论框架。

8.3 管理实践启示

自改革开放以来，本土代工企业依靠国内在低级要素上的比较优势切入到了在高级要素方面全面占优的发达国家和跨国采购商所主宰的全球价值链分工体系中。这为本土的代工企业获取经济回报、提升技术水平和管理水平创造了重大的机遇，但在一系列内外因素的作用下，本土代工企业未能充分地把握住这种来之不易的历史机遇。当前，绝大多数代工企业被牢牢地锁定在低附加值的加工制造环节，在全球价值链中的分配地位日趋恶化。如果说在人民币升值以前，本土代工企业处于"悲惨增长"的状态，那么，在全球性的金融危机爆发之后，它们则是陷入到了"致命衰退"的泥潭。代工企业要想改变这种悲观的局面，需要依赖国际市场环境的改善，需要政府出台相关的配套政策，更需要它们从改善自身的经营管理着手。本研究依据研究结论并结合本土代工企业的实际情况，提出以下三个方面的建议。

8.3.1 提高整体代工能力

整体代工能力是代工企业藉以进入国际代工关系的资源基础，是提高代工企业在代工关系中的谈判能力的根本保障，也是它们赢得相对于其他代工企业的竞争优势的关键。本土代工企业在发展的过程中普遍缺乏战略眼光，过于看重眼前的利润，忽视了企业能力的培育。这是导致代工企业深陷“价格战”漩涡的重要原因。为摆脱这种不利处境，代工企业需要努力地提高自身的整体代工能力。

在提高整体代工能力的过程中，代工企业需要把握两项原则。一是，因为整体代工能力是一个能力系统，所以，企业需要全方位地提升各方面的能力；二是，在提升能力的过程中，企业不可贪多贪快，要循序渐进，以资源承受能力为限。国内部分代工企业破产的原因之一就是由于技术投入过大或生产规模扩张过快使得资金链断裂所致。

代工企业可以根据本企业的能力现状和发展需要来选择下列一条或多条能力提升路径。

1. 提升工程能力，着力提高产品质量

工程能力涉及工艺、设备、流程、试验设施、工程技术人员和生产能力等诸多方面。这里重点提一下备受国外企业关注的产品质量问题。近两年，“毒玩具”、“毒牙膏”、“毒饲料”、“毒奶粉”等质量危机事件严重地损害了中国产品质量的国际形象。产品质量已成为考验中国制造的一道坎。在选择代工企业时，国外客户格外关注它们所生产产品的质量。不少产品因为质量问题被召回，有些企业因为产品质量达不到客户的要求而与订单失之交臂。例如：2008 年奇瑞汽车公司为克莱斯勒代工生产汽车的计划被搁置一旁，原因是中国生产的汽车暂时无法满足美国的安全与排放标准。代工企业需要在制造工艺能力的提升上加大投入、强化管理，以实现国际标准和进口国的国家标准为基本目标。

2. 提升技术创新能力，实现从 OEM 到 ODM 的转变

代工企业需要不断发展或提升自身的产品开发能力，最终将业务范围向上延伸至设计、研发领域（杨桂菊，2006）。Hobday（1995）在探讨韩国、中国台湾、中国香港以及新加坡等国际或地区企业技术学习的研究中，将后进厂商技术能力发展区分为五个阶段（表 8.1）。在第一阶段，企业只具有简单的组装能力，能够制造基本而成熟的产品；在第二阶段，企业通过工艺改变来改善产品的质量和生产速度，并能进行产品的逆向工程；在第三阶段，企业具有完整的生产技术，并能进行工艺的创新，也具有产品的设计能力；在第四阶段，可以从事产品与工艺的设计，并拥有产品创新能力；在第五阶段，企业的研发能力具有竞争力，并能够将研发与市场需求相联结，进行产品与工艺的创新。当前，本土代工企业的产品开发能力较低，多处于第一阶

段，一部分处在第二阶段，这迫使大多数代工企业将“价格战”作为唯一的竞争工具。造成这种状况，除了外部环境的原因之外，企业所有者中普遍存在的“小富即安”心态也难辞其咎。在供大于求的国际代工环境中，致力于提升技术创新能力是本土代工企业摆脱困境的根本途径之一。代工企业的最高负责人要从战略的高度认识技术创新的重要性，在企业上下形成追求创新的氛围；企业需要合理地确定技术创新的目标和进度，筹集必要的技术创新资源；充分利用国家鼓励技术创新的各项政策，争取各种外部有利条件；开展广泛的组织学习，除了向国际品牌客户学习之外，代工企业还需要通过产学研合作以及其他的企业间合作来提升技术水平。

表 8.1　后进企业产品开发能力的阶段

	简单 OEM/分包……………………………ODM……………………………OBM					
制造工艺	简单组装	工艺调整	渐进改进	工艺发展	应用性研究	工艺 R&D
产品技术	成熟产品	逆向工程	原型发展	制造和设计	新设计	产品 R&D

资料来源：Hobday(1995)。

3. 扩大规模，提升资源获取能力

本土代工企业要想成为国外大客户的供应商，其规模必须足够大。很多外国大企业用规模来甄选代工企业，以便降低自己的风险和监督成本(瞿宛文和安士敦，2003)。除了在吸引客户资源方面存在优势以外，规模较大的代工企业在获取其他资源方面也有长处。在中国，规模大的代工企业更有可能获得各级政府的优惠政策，更容易拿到银行的贷款。而且，规模本身就代表了企业在和各利益相关者博弈时的影响力，比如：规模大的代工企业对上游供应商的议价能力也较强，可以用较低的价格采购到所需的原材料和零部件。

4. 纵向整合上游资源，降低交易风险

代工企业竞争优势的来源之一在于质量、交货期以及价格优势，而对上游资源的整合与控制，就可以使代工企业对产品的质量、价格和交货期有所掌控，从而降低价格变动和质量波动等风险。“世界鞋王”宝成集团在它控制范围之外的鞋材供应商的供货不能满足它在时间和成本上的要求的情况下，通过转换投资的方式垂直整合上游的鞋材供应，几乎涵盖了整个制鞋业的上游鞋材。纵向整合战略的实施，使得宝成稳定地控制了上游鞋材，保证了上游的原材料、模具、设备以及鞋类配件的按质、按量、按时供应，减少了市场的波动性和不确定性(杨桂菊，2006)。

5. 向价值链的下游延伸，提高响应能力，强化配套服务

代工企业可以推动供应链的创新，完善物流配送服务。寻找到可靠的第三方物流服务商是国际品牌客户获得成功的关键因素之一，但这样的寻找工作往往比较艰巨，正如宝洁公司全球服务部和物流部门的主管所说："我们希望能够找寻到一个知名的物流服务提供商，可以让我们在全球范围内都借助它的物流服务支持我们的业务。然而，目前这一点尚无法实现。"本土代工企业可以尝试与第三方物流公司结成战略伙伴关系或发展自有的物流配送能力，加快对客户要求的响应速度，以减少客户在非核心配送业务上的资源耗费。联泰采用自行开发的"出货预通知系统"可以实现在车间里直接按照客户通过订单系统传来的各销售网点对不同货品组合的要求将产成品装箱，直接运抵客户的各个销售终端，既提高了物流效率，又保证了物品的配送准确率。此外，这样的做法也避免了中途分拣所造成的物品破损，有效地实现了由品牌商销售信息拉动的上下游信息共享与物流合作，非常值得有关企业借鉴（吴志华，2008）。除了提供物流配送服务之外，代工企业还可以利用自己对特定市场的知识来为客户提供服务，甚至可以帮助客户建立销售终端。在为国外客户服务的过程中，考虑到海外中小品牌客户缺乏对中国市场的了解以及中外市场运作模式存在的差异，丹奇日化公司于2007年8月成立了"国际品牌代理部"，专门为海外中小品牌进入中国市场提供市场拓展团队、代理招商及促销等服务。韩国飞美荷、圣罗娜等品牌随后均将品牌代理工作全权交给丹奇日化。契合客户需求不断创新的增值服务，让丹奇日化赢得了合作者的高度认可，在其数百个客户中，不仅有国内知名的日化品牌，也有众多海外日化品牌，成为国外二三线日化品牌在中国的首选OEM厂商（梅天笑，2008）。

6. 在条件成熟时，执行代工业务与自主品牌业务并行发展的策略

与品牌客户相比，代工企业在国际代工中面临着较大的产业风险和关系风险。这使得不少的代工企业希望能够开发自主品牌。理论上，代工业务和自主品牌业务应当而且可以并行发展，但这样的战略安排存在着内在的冲突和风险。代工企业需要掌握好其中的平衡艺术，需要把握好代工业务和自主品牌业务并行发展的前提并进行适当的策略安排。具体来说，代工企业需要注意以下问题：

（1）代工企业需要积累足够的资源。自主品牌业务需要企业在营销和研发上进行大量的投入，而且，这种投入所能获得的产出具有较大的不确定性，在自主品牌业务上的投入势必会减少企业在代工业务上的投入，这就有可能造成自主品牌业务没有成功而代工业务又受到影响的局面。因此，足

够的资源支撑是代工企业并行发展代工业务和自主品牌业务的前提之一。

（2）有能力克服自主品牌业务的进入壁垒。一般来说，在产业处于成熟阶段之后并且产业集中度很高的情况下，代工企业不宜开展自主品牌业务。前几年台湾地区的手机代工企业纷纷做自主品牌，它们拥有较强的财务实力和技术实力，但由于手机市场已经被诺基亚、摩托罗拉和三星等手机公司所主导，消费者对这些主导品牌有较高的忠诚度，这是导致台湾地区手机代工企业在自主品牌业务上相继败北的因素之一。

（3）避免与客户进行正面竞争，并且一定要对自主品牌业务和原先的代工业务进行分拆。否则，客户就会转移订单，这会威胁到原有的代工业务，进而影响到自主品牌业务的拓展。宏碁在 20 世纪 80 年代开展自主品牌业务的初期，把美国作为主要市场之一，这严重危害了宏碁客户们的利益，这些客户纷纷转移订单，进而导致宏碁代工业务严重受损并且品牌业务发展不畅。最后，宏碁将主要市场放到了拉美和欧洲，避免在客户的主要市场与客户展开正面的竞争；并且，宏碁还将两种业务放到了不同的单位，这减弱了客户对知识溢出的担心。宏碁的这两种举措成功地缓解了它的困境，今天这样的做法已经为业界广泛认同。

8.3.2 培育与重要客户之间的关系型规范

关系型规范是维护代工关系稳定性的必备要素，它可以引导代工双方将重点放在长期价值的创造方面。然而，在国际代工关系中构建高水平的关系型规范却是困难重重的。首先，代工双方的员工处在不同的社会文化背景之中，他们在价值观、习俗和礼仪等方面存在较大的差异，同时，员工在外语能力方面的欠缺也会直接影响到双方关系的建立。其次，国际代工关系存在着固有的不稳定性。国际代工市场是典型的买方市场。每一个本土代工企业都可能面临众多的潜在竞争者，这些竞争者会见缝插针地寻求将国际买家拉拢过去；而在大多数国际品牌客户看来，代工企业不过是它们的“役用马”，只要发现“跑”得更快的代工企业，原先的代工企业就要被淘汰。最后，品牌客户会有知识外溢的潜在风险，担心代工企业将客户的商业机密泄漏给竞争对手（杨桂菊和阎海峰，2007），也担心过多的知识溢出会在无形中把代工企业培养成了自己的竞争对手，这是导致它们难以建立密切合作关系的原因之一。构建高水平的关系型规范尽管难度很大，但代工企业还是可以有所作为的，它们可以尝试在以下几个方面做出自己的努力。

1. 充分发挥整体代工能力的基础性地位

拥有强大的整体代工能力是代工企业留住客户进而发展与客户良好合作关系的前提。强大的整体代工能力是保持质量、交货期和价格优势的根本，这种实实在在的利益是客户能够直接感受到的。

2. 尝试向客户展示自己的实力和形象

由于在国际代工关系中特别是代工关系形成的初期信息不对称的问题相当严重，可能导致国外企业不能准确地把握代工企业的情况，这就要求代工企业学会利用一些机会来充分地展示自己。这样的机会存在于双方互动的每一个环节。比如，由于互联网是跨国采购商了解潜在供应商的渠道之一，有条件的代工企业可以通过正规的公司网站来介绍自己的公司业务和相关能力；再比如，在客户的供应商信息调查和评估阶段，企业需要安排具有良好跨文化沟通能力的代表向客户提供详细的企业与产品资料，不仅要介绍自身的硬件设施，还要认真向品牌客户说明他们非常关心的软件（如：企业文化、管理流程、质量保证体系等）。

3. 建立完善的信息共享机制

这种信息共享包括双方人员之间的互动以及 IT 系统的对接。对于重要的客户，代工企业与之开展上至领导层下至一般技术人员、生产人员等多个层次的沟通是非常必要的。这可以增进了解，建立友谊，有助于代工双方恰当地解决交往过程中的冲突。另外，有条件的代工企业可以尝试将自己的生产信息系统和客户的采购系统实现某种形式的对接，这有助于提高双方信息的透明度，减少猜疑，还可以提高代工企业对客户要求的响应能力。

4. 采取措施降低客户的市场风险及知识溢出风险

首先，采取措施降低客户的市场风险。对于难以控制原材料和关键零配件的代工企业而言，整合上游资源，确保客户需要的产品能够按时按质按量地交货是提高客户信任水平的关键手段。其次，设立保障措施降低客户的知识外溢风险（杨桂菊和阎海峰，2007）。在国际代工关系中，客户可能会担心代工企业将它们的商业机密泄漏给竞争对手，也担心过多的知识溢出会在无形中把代工企业培养成了自己的竞争对手，这可能导致它们难以建立伙伴型的关系。这就需要代工企业有所表示，具体做法包括：和客户签订知识保密协议，将重要客户的业务进行地点和人员上的分离，以实际行动表明本企业无意开展自主品牌业务，等等。

8.3.3 适时适度地进行交易专用性投资

代工企业从交易专用性投资中获得的收益水平具有一定程度的不确定性，受到包含关系治理机制在内的一系列其他因素的影响；而专用性投资本身以及治理机制的建设需要代工企业进行人力、物力、财力和时间上的投资，只有在投资收益高于投资成本的情况下，代工企业才应该开展专用性投资。本研究认为，代工企业需要考虑客户的特征、投资时机和治理机制构建等方面的因素。

1. 品牌客户应该具有战略重要性

品牌客户对于代工企业的重要程度取决于它们所控制的资源在价值性、稀缺性、难以模仿性以及难以替代性等方面的表现。那些在营销和研发活动中具有较强实力,同层次品牌客户的数量较少,且合作意愿较为强烈的品牌客户才是真正具有战略重要性的客户。一般来说,代工企业针对这类客户进行的交易专用性投资具有较强的创造关系租金的潜力,这样的投资才有可能得到足够大的回报。由于潜在的回报较低,代工企业不宜针对那些实力较弱或实力虽强但合作意愿较弱的品牌客户进行大量的交易专用性投资。

2. 代工企业在进行专用性投资时应该相机而动,专用性投资的水平应该跟治理机制的有效性程度相互匹配

代工企业不可在治理机制较弱的情况下贸然进行大量的交易专用性投资,这样会陷入被套牢、被压榨的尴尬处境;也不宜在治理机制比较有效时不敢针对具有战略重要性的品牌客户进行必要的专用性投资,否则,只会坐失良机。总体来看,代工企业在进行专用性投资时应采取循序渐进的原则。在代工关系形成的早期阶段,代工双方之间的关系型规范水平较低,合同是否完备尚属未知数,而且品牌客户多半没有就代工关系进行专用性投资,此时,治理机制的有效性程度一般较低,因此,代工企业需要限制专用性投资的程度,必要时,可以针对具有战略性的客户进行少量的专用性投资,以投石问路;随着代工关系的延续发展,在关系型规范等治理机制有效性程度较高时,代工企业应该针对那些具有战略重要性、合作前景较好的品牌客户进行果断的交易专用性投资,以最大限度地获取关系利益。

3. 治理机制的构建应力求全面,不可偏废

代工企业应该致力于构建由法律规制型、经济制约型和关系导向型等多种治理机制组成的有机的关系治理体系,要坚持"多手抓多手都要硬"的建设思路。这是因为治理机制之间相互促进、相互补充,任何一种治理机制的薄弱都会影响到其他治理机制的完备性和有效性。

8.4 本研究的不足与未来的研究方向

8.4.1 本研究的不足

本研究存在一些不足之处,现归纳如下:

首先,单一的数据来源使得本研究可能存在共同方法偏差的问题。共

同方法偏差(common method biases)指的是因为同样的数据来源或评分者、同样的测量环境和项目语境以及项目本身特征所造成的自变量与因变量之间人为的共变(周浩和龙立荣,2004)。本研究的每一份调查问卷均由同一人填写,而相同数据来源是导致共同方法偏差问题的一个重要原因。为了降低共同方法偏差问题的严重性,本研究采用了程序控制法。具体做法包括:① 没有在调查问卷中明确说明研究的目的,以减少问卷填答者对测量目的的猜测;② 避免使用非常正面或非常负面的词汇(比如:根据建议将问卷初稿中的"客户机会主义行为"改为"客户行为"),以减少由于因果联想所造成的虚假相关问题;③ 合理安排量表的顺序关系,避免将直觉上明显相关的量表放在相邻的位置,比如:由于"企业间合作"量表和"能力构建"量表在题项的设置上存在比较明显的对应关系,为减少因果联想可能带来的虚假相关问题,本研究将"客户行为"量表放在两者之间。除了程序控制法之外,本研究还采用了统计控制法。运用验证性因子分析进行哈曼单因素检验,提取出来的单一因子解释了所有变异的23.2%。依据哈曼的建议,本研究不存在明显的共同方法偏差问题。但考虑到哈曼单因素检验仅仅是一种评估共同方法偏差严重程度的诊断技术,而且是一种不灵敏的检验方法,因此,不能仅仅根据哈曼单因素检验的结果来判断是否存在严重的共同方法偏差问题。事实上,尽管采用了上述程序控制和统计控制法,单一数据来源使得本研究仍然可能存在共同方法偏差问题,在今后的研究中应注意采取其他方式尽可能地减小共同方法偏差的威胁。

其次,本研究所使用的样本数据是横截面数据,只能反映变量间的相关关系。具有因果关系的变量之间存在时间上的先后顺序,而横截面数据只能体现某个时间点的状况,因此不能清楚地判定代工企业的专用性投资和企业间合作、代工企业的专用性投资和客户的机会主义行为、客户的机会主义行为和企业间合作、客户的机会主义行为和能力构建、企业间合作和能力构建等五对变量之间的因果关系。横截面数据虽然在管理学研究中经常采用,但不能反映变量间的因果关系。未来的研究应该采用面板数据来研究变量间的因果关系,这可以更准确地表达代工企业的专用性投资对于它们借助于客户进行的能力构建活动的作用机制。

最后,"客户的专用性投资"和"整体代工能力"这两个变量的量表最好由品牌客户的员工来填写。由于受到信息不对称的制约,代工企业的员工有时不能准确地判断客户的专用性投资水平。"客户的专用性投资"量表的第七个和第八个题项涉及到客户员工的主观判断,由代工企业的员工来填写就有可能发生较大的偏差。而由于受到情感因素的影响,代工企业的员工在评估本企业的整体代工能力时可能会存在较强的主观性,而品牌客户的员工对代工企业整体代工能力的评估会相对客观一些。综上所述,“客户的专用性投资”和“整体代工能力”这两个变量的量表由品牌客户的员工来填答虽然更为精确,但操作的难度较大。本研究从可行性的角度出发,最终选择由代工企业的员工来填写。

8.4.2 未来的研究方向

本研究研究了代工企业的专用性投资对于它们借助于客户而开展的能力构建活动的作用机制,探讨了客户的专用性投资、客户的声誉、整体代工能力、合同完备性以及关系型规范等治理机制对于代工企业专用性投资的正负效应及能力构建效应的调节作用,并初步分析客户的专用性投资、整体代工能力、合同完备性以及关系型规范等四种有效治理机制之间的相互关系。不过,本研究仍存在一些没有解决的问题,这构成了未来的研究方向。

首先,研究者可以尝试以一种权变的眼光来分析上述四种有效治理机制的调节效应。理论上存在一些影响上述治理机制的调节作用的因素。比如:代工企业的自主品牌战略。当代工企业执行很明确的自主品牌战略的时候,整体代工能力越强的代工企业越有可能受到品牌客户的警惕,此时,整体代工能力对于代工企业的专用性投资和客户的机会主义行为之间关系的负向调节效应有可能会转化为正向调节效应。再比如:代工关系所处的阶段。借鉴 Jap 和 Ganesan(2000)的分类方式,可以将代工关系所处的阶段分为探索期、建构期、成熟期和衰退期四个阶段。代工双方在探索期和衰退期会感知到较大的不确定性,因此,它们在这两个阶段对合同的依赖性可能要高于建构期和成熟期。根据这样的逻辑,未来的研究可以考察合同完备性在探索期和衰退期的调节效应是否高于在建构期和成熟期的调节作用。抛砖引玉,学者们应该找出更多的可能影响到上述治理机制调节作用的权变因素,并开展理论探讨和实证检验工作,这有助于我们进一步加深对各种治理机制适用情境的认识。

其次,学者们可以通过严谨的实证研究来更加科学地探讨客户的专用性投资、整体代工能力、合同完备性以及关系型规范等治理机制之间的相互关系。本研究在进行初步的理论探讨之后认为,这四者之间呈互相补充的关系。各变量之间相关系数的数值和显著性水平粗略地验证了上述观点,但这远远不是严谨的实证检验方法。要想实现这个目的,研究者需要在充分地考虑到各种可能的控制变量的情况下做以下两项工作:① 以任一种治理机制变量为因变量,以另一种治理机制变量和全部的控制变量为自变量,进行线性回归,从回归方程的显著性以及治理机制自变量回归系数的正负号和显著性来判断这两种治理机制之间的方向变动;② 考察任一种治理机制对于其他治理机制的调节效应的调节作用。如果两种治理机制是同向变动的,并且其中一种治理机制对于另一种治理机制的调节效应具有正向调节作用的话,我们就可以判断它们之间是互相补充的。

再次,本研究仅仅考察了代工企业专用性投资的能力构建效应,代工企业专用性投资的其他效应也值得关注。学者们可以尝试探讨代工企业的专用性投资对于代工企业经济绩效、对于代工关系稳定性的影响,也可以研究专用性投资对于客户的竞争力以及财务绩效的影响。总之,多角度、多层面的研究有助于我们全面地把握代工企业专用性投资的各种效应。

最后,研究者可以深入研究代工企业进行的各种类型专用性投资对于包括能力构建效应在内的关系绩效的影响。在知识经济和网络经济时代,无形资产专用性(如:领域知识专用性、人力资本专用性和流程专用性)的重要性与日俱增。某些具有专用性的无形资产投资对于代工关系的作用机制和影响效应可能不同于传统的物质资产专用性。例如:专用性的 IT 流程往往具有交互投资的性质,此类专用性资产的投资方往往兼有接受方的角色,这可能会导致 IT 流程专用性的负面效应低于同等水平的物质资产专用性的负面效应。此种推断是否成立,尚有待研究者的实证检验。

参考文献

一、英文部分

Achrol, R. S. and Gundlach, G. T., Legal and social safeguards against opportunism in exchange[J]. Journal of Retailing, 1999,71(1):107-124.

Aiken, L. S. and West, S. G., Multiple regression: testing and interpreting interactions [M]. Newbury Park: Sage,1991.

American Psychological Association. Standards for Educational and Psychological Testing [S]. Washington, D. C.:Author. 1985.

Anderson, E., The salesperson as outside agent or employee: a transaction cost analysis [J]. Marketing Science, 1985,4(3):234-254.

Anderson, E. and Coughlan, A. T., International market entry and expansion via independent or integrated channels of distribution[J]. The Journal of Marketing, 1987,51 (1):71-82.

Anderson, E. and Schmittlein, D. C., Integration of the sales force: an empirical examination[J]. The Rand Journal of Economics, 1984,15(3):385-395.

Anderson, E. and Weitz, B., The use of pledges to build and sustain commitment in distribution channels[J]. Journal of Marketing Research, 1992,XXIX(Feb.):18-34.

Artz, K. W. and Brush, T. H., Asset specificity, uncertainty and relational norms: an examination of coordination costs in collaborative strategic alliances [J]. Journal of Economic Behavior and Organization, 2000, 41(4):337-362.

Asanuma, B., Manufacturer-supplier relationships in Japan and the concept of relation-specific skill [J]. Journal of the Japanese and International Economics, 1989 (1), 3: 1-30.

Babbie, E., The practice of social research [M]. California: Wadsworth Publishing Company, 2004.

Barney, J. B., Organizational culture: can it be a source of sustained competitive advantage[J]. Academy of Management Review, 1986, 11(3):656-665.

Barney, J. B., The debate between traditional management theory and organizational economics: substantive differences or intergroup conflict? [J]. Academy of Management Review,1990, 15(3):382 -393.

Barney, J. B. , Firm resources and sustained competitive advantage [J]. Journal of Management, 1991,17(1):99 -120.

Becker, G. S. , Investment in human capital: effects on earnings [J]. Journal of Political Economy, 1962, 70(Oct.):9 -49.

Bentler, P. M. , Comparative fit indices in structural models[J]. Psychological Bulletin, 1990, 107(2): 238 -246.

Bernheim, B. D. and Whinston, M. D. , Incomplete contracts and strategic ambiguity [J]. American Economic Review,1998,88(4):902 -932.

Black, J. A. and Boal, K. B. , Strategic resources: traits, configurations and paths to sustainable competitive advantage [J]. Strategic Management Journal, 1994,15(52): 131 -148.

Bollen, K. A. , Structural equations with latent variables[M]. New York: Wiley, 1989.

Boulding, K. E. , Economics as a moral science[J]. American Economic Review, 1969, 59(1): 1 -12.

Brickley, J. A. , Clifford, W. S. J. ,and Zimmerman, J. L. ,Organizational architecture: a managerial economics approach[M]. Philadelphia: Richard D. Irwin,1996.

Bromiley, P. and Cummings, L. L. , Transactions costs in organizations with trust[A]. In Research on negotiation in organizations[M]. Greenwich CT: Jai Press Limited,1995: 16 -36.

Brown, C. R. , Understanding Chinese courts and legal process: law with Chinese characteristics[M]. New York: Kluwer Law International,1997.

Brown, J. R. , Dev,C. S. and Lee, D. J. , Managing marketing channel opportunism: the efficacy of alternative governance mechanisms[J]. Journal of Marketing, 2000, 64 (Apr) : 51 -65.

Browne, M. W. and Cudeck, R. , Alternative ways of assessing model fit[A]. In Bollen, K. A. and Long, J. S. (Eds.),Testing structural equation models[M]. Newbury Park, CA: Sage,1993:136 -162.

Clark, K. B. and Fujimoto, T. , Product development performance[M]. Boston, MA: Harvard Business School Press,1991.

Claro,D. P. ,Claro,P. B. O. and Hagelaar,G. , Coordinating collaborative joint efforts with suppliers:the effects of trust, transaction specific investments and information network in the Dutch flower industry[J]. Supply Chain Management:An international Journal,2006,11 (3):216 -224.

Coase, R. H. , The nature of the firm[J]. Economica, 1937,4(16):386 -405.

Cohen, W. M. and Levinthal, D. A. , Absorptive capacity: a new perspective on learning and innovation [J]. Administrative Science Quarterly, 1990,35(1):128 – 152.

Commons, J. R., Institutional Economics[M]. Madison: University of Wisconsin Press, 1934.

Craswell, R., On the uses of "trust": comment on Williamson, "calculativeness, trust, and economic organization[J]. Journal of Law & Economics, 1993,XXXVI:487 – 500.

Celly, K. S. and Gary L. F., Outcome-based and behavior-based coordination efforts in channel relationships[J]. Journal of Marketing Research, 1996,33(2):200 – 210.

Crossman, M. M., Lane, H. W., and White, R. E., An organizational learning framework: from intuition to institution[J]. Academy of Management Review, 1999,24(3): 522 – 537.

Das, T. K. and Teng, B., Between trust and control: developing confidence in partner cooperation in alliances[J]. Academy of Management Review, 1998,23(3):491 – 512.

Das, T. K. and Teng, B., Managing risks in strategic alliances [J]. Academy of Management Executive, 1999,13(4): 50 – 62.

Das, T. K. and Teng, B., A resource-based theory of strategic alliances[J]. Journal of Management, 2000,26(1):31 – 61.

Das, K. T. and Teng, B. S., Resource and risk management in the strategic alliance making process[J]. Journal of Management, 2003,24(1): 21 – 42.

DiBella, A. J., Nevis, E. C., and Gould, J. M., Understanding organizational learning capability[J]. Journal of Management Studies,1996,33(3):361 – 379.

Diereckx, I. and Cool, K., Asset stock accumulation and sustainability of competitive advantage[J]. Management Science, 1989,35(12):1504 – 1511.

Dodgson, D., The handbook of industrial innovation[M]. UK: Elgar, Aldershot, 1994.

Dow, G. K., The function of authority in transaction cost economics [J]. Journal of Economic Behaviour and Organization, 1987,8(1):13 – 38.

Dwyer, F. R. and Oh, S., A transaction cost perspective on vertical contractual structure and interchannel competitive strategies [J]. The Journal of Marketing, 1988, 52 (2): 21 – 34.

Dyer, J. H., Specialized supplier networks as a source of competitive advantage: evidence from the auto industry [J]. Strategic Management Journal, 1996a, 17 (4): 271 – 292.

Dyer, J. H., Does governance matter? Keiretsu alliances and asset specificity as a source of Japanese competitive advantage[J]. Organization Science, 1996b, 7(6): 649 – 666.

Dyer, J. H., Effective interfirm collaboration: how firms minimize transaction costs and maximize transaction value[J]. Strategic Management Journal,1997,18(7):535 – 556.

Dyer, J. H. and Singh, H., The relational view: cooperative strategy and sources of interorganizational competitive advantage[J]. Academy of Management Review,1998,23(4):

660 - 679.

Eccles, R. G. , The quasifirm in the construction industry [J]. Journal of Economic Behavior and Organization, 1981 ,2(4) :335 - 357.

Eisenhardt, K. M. and Schoonhoven, C. B. , Resource-based view of strategic alliance formation: strategic and social effects in entrepreneurial firms [J]. Organization Science, 1996 ,7(2) : 136 - 150.

Ellickson, R. C. , A hypothesis of wealth-maximizing norms: evidence from the whaling industry[J]. Journal of Law, Economics, and Organization, 1989, 5(1) : 83 - 97.

Ellickson, R. C. , Order without law: how neighbors settle disputes [M]. Cambridge, MA: Harvard Business Press, 1994.

Ernst, D. , Inter-organizational knowledge outsourcing: what permits small Taiwanese firms to compete in the computer industry? [J]. Asia Pacific Journal of Management, 2000, 17:223 - 255.

Fehr, E. and Gachter S. , Do incentive contracts crowd out voluntary cooperation? [R]. University of Zurich working paper, 2000.

Feirud, L. , Bell, S. J. , Widing Ⅱ, R. E. , and Heide, J. B. , The complementary nature of qualification and monitoring: safeguarding marketing channels [R]. University of Melbourne, 2007.

Fombrun , C. J . , and Rindova , V. , Who's Tops and Who Decides ? The Social Construction of Corporate Reputations[R]. New York University, Working Paper, 1996.

Gereffi, G. , International trade and industrial upgrading in the apparel commodity chain [J]. Journal of International Economics, 1999 ,48(1) :37 - 70.

Ghosh, M. and John, G. , Governance value analysis and marketing strategy [J]. Journal of Marketing, 1999 ,63(Special Issue) :131 - 145.

Ghoshal, S. and Moran, P. , Bad for Practice: a critique of the transaction cost theory [J]. Academy of Management Review, 1996 ,21(1) :13 - 47.

Gibbons, R. , Game theory for applied economists [M]. New Jersey: Princeton University Press, 1992.

Giffin, K. , The contribution of studies of source credibility to a theory of interpersonal trust in the the communication process [J]. Psychological Bulletin, 1967 ,68(2) :104 - 120.

Gotsi, M. and Wilson, A. M. , Corporate reputation: seeking a definition[J]. Corporate Communication: An International Journal, 2001 ,6(1) :24 - 30.

Granovetter, M. , Economic action and social structure: the problem of embeddedness [J]. American Journal of Sociology, 1985 ,91(3) :481 - 510.

Granovetter, M. and Swedberg, R. , The sociology of economic life [M]. Boulder: Westview, 1992.

Granovetter, M. , The impact of social structure on economic outcomes [J]. Journal of

Economic Perspectives, 2005, 19(1):33 - 50.

Gulati, R., Network location and learning: the influence of network resources and firm capabilities on alliance formation [J]. Strategic Management Journal, 1999, 20 (5): 397 - 420.

Gundlach, G. T., Achrol, R. S. and Mentzer, J. T., The structure of commintment in exchange[J]. Journal of Marketing, 1995, 59(1):78 - 92.

Gupta, A. K. and Govindarajan, V., Knowledge flows within multinational corporations [J]. Strategic Management Journal, 2000, 21(4):473 - 496.

Hadfield, G. K., Problematic relations: franchising and the law of incomplete contracts [J]. Stanford Law Review, 1990, 42(Apr.):927 - 992.

Hair, J. F., Anderson, R. E., Tatham, R. L. and Black, W. C., Multivariate data analysis(5th edn)[M]. UK: Prentice Hall International, 1998.

Hair, J. F., Anderson, R. E., Tatham, R. L. and Black, W. C., Multivariate data analysis with readings[M]. USA: Prince Hall Inc., 1995.

Hall, R., A framework linking intangible resources and capabilities to sustainable competitive advantage[J]. Strategic Management Journal, 1993, 14(8):607 - 618.

Hamel, G., Competition for competence and inter-partner learning within international strategic alliances [J]. Strategic Maragement Jownal, 1991, 12 (Winter Special Issue): 83 - 104.

Hamel, G., Doz, Y. L. and Prahalad, C. K., Collaborate with your competitors and win [J]. Harvard Business Review, 1989, 67(Jan.-Feb.): 133 - 139.

Heide, J. B. and John, G., The role of dependence balancing in safeguarding transaction-specific assets in conventional channels[J]. Journal of Marketing, 1988, 51(1): 20 - 35.

Heide, J. B. and John, G., Alliances in industrial purchasing: the determinants of joint action in buyer - seller relationships[J]. Journal of Marketing Research, 1990, 27(Feb.): 24 - 36.

Heide, J. B. and John, G., Do norms matter in marketing relationships? [J]. Journal of Marketing, 1992, 56(1):32 - 44.

Heide, J. B., Wathne, K. H. and Rokkan, A. I., Interfirm monitoring, social contracts, and relationship outcomes [J]. Journal of Marketing Research, 2007, XLIV (Aug.):425 - 433.

Hill, Charles W. L., Cooperation, opportunism, and the invisible hand: implications for transaction cost theory[J]. Academy of Management Review, 1990, 15(July):500 - 513.

Hill, R. C. and Hellriegel, D., Critical contingencies in joint venture management: some lessons from managers[J]. Organization Science, 1994, 5(4):594 - 607.

Hinkin, T. R., A brief tutorial on the development of measures for use in survey questionnaires[J]. Organizational Research Methods, 1998,1(1):104 – 121.

Hobday, M., Innovation in East Asia: the challenge to Japan[M]. Brookfield, VT: Edward Elgar, 1995.

Hoelter, J. W., The analysis of covariance structures: goodness-of-fit indices[J]. Sociological Methods and Research, 1983,11(3):325 – 344.

Horng, C. and Chen, W., From contract manufacturing to own brand management: the role of learning and cultural heritage identity[J]. Management and Organization Review, 2008,4(1):32 – 68.

Huber, G. P., Organizational learning: the contributing process and the literatures[J]. Organization Science, 1991,2(1):88 – 115.

Hwang, P., Asset specificity and the fear of exploitation[J]. Journal of Economic Behavior and Organization, 2006,60(3):423 – 438.

Inkpen, A. C., Creating knowledge through collaboration[J]. California Management Review, 1996,39(1):123 – 140.

Inkpen, A. C., Learning and knowledge acquisition through international joint ventures [J]. Academy of Management Executives, 1998,12(4):69 – 80.

Inkpen, A. C., Learning through joint ventures: a framework of knowledge acquisition [J]. Journal of Management Studies, 2000,37(7):1019 – 1043.

Jap, S. D., Pie-expansion efforts: collaboration processes in buyer-supplier relationships [J]. Journal of Marketing Research, 1999,36(4):461 – 475.

Jap, S. D. and Ganesan, S., Control mechanisms and the relationship life cycle: implications for safeguarding specific investments and developing commitments [J]. Journal of Marketing Research, 2000,37(2):227 – 245.

John, G., An empirical investigation of some antecedents of opportunism in a marketing channel[J]. Journal of Marketing Research, 1984,21(3):278 – 289.

Joreskog, K. G., Testing structural equation models[A]. In Bollen, K. A. and Long, J. S., Testing structural equation models[M]. Newbury Park, CA: Sage. 1993:294 – 316.

Joshi, A. W. and Stump, R. L., The contingent effect of specific asset investments on joint action in manufacturer – supplier relationships: an empirical test of the moderating role of reciprocal asset investments, uncertainty, and trust[J]. Journal of the Academy of Marketing Science, 1999, 29(3):291 – 305.

Joskow, P. L., Contract duration and relationship-specific investments: empirical evidence from coal markets[J]. American Economic Review, 1987,77(Mar.):168 – 185.

Joskow, P. L., Asset specificity and the structure of vertical relationships: empirical evidence[J]. Journal of Law, Economics, and Organization, 1988,4(Spring):95 – 117.

Kaiser, H. F., An index of factorial simplicity[J]. Psychometrika, 1974, 39 (1): 31 – 36.

Kale, P., Singh, H., and Perlmutter, H., Learning and protection of proprietary assets in strategic alliances: building relational capital[J]. Strategic Management Journal, 2000, 21(3):217-237.

Kaplinsky, R. and Morris, M., A handbook for value chain research. [EB/OL]. www.prism.uct.ac.za, 2001.

Klein, B., Why hold-ups occur: the self-enforcing range of contractual relationships[J]. Economic Inquiry, 1996, 34(3):444-463.

Klein, B. Crawford, R. A., and Alchian, A. A., Vertical Integration, appropriable rents, and the competitive contracting process[J]. Journal of Law and Economics, 1978, 21(Oct.):297-326.

Lado, A. A., Boyd, N. G. and Hanlon, S. C., Competition, cooperation, and the search for economic rents: a syncretic model[J]. Academy of Management Review, 1997, 22(1):110-141.

Lado, A. A., Dant, R. R. and Tekleab, A. G., Trust-opportunism paradox, relationalism, and performance in interfirm relationships: evidence from the retail industry[J]. Strategic Management Journal, 2008, 29(4):401-423.

Lai, C. S., Liu, S. S., Yang, C. F., Lin, H. W. and Tsai, H. W., Governance mechanisms of opportunism: integrating from transaction cost analysis and relational exchange theory[J]. Taiwanese Academy of Management Journal, 2005, 5(1):1-24.

Lane, P. J. and Lubatkin, M., Relative absorptive capacity and interorganizational learning[J]. Strategic Management Journal, 1998, 19(5):461-477.

Lavie, D., The competitive advantage of interconnected firms: an extension of the resource-based view[J]. Academy of Management Journal, 2006, 31(3):638-658.

Leenders, M. R. and Blenkhorn, D. L., Reversing marketing: the new buyer-supplier relationship[M]. New York: Free Press, 1998.

Lewicki, R. J. and Bunker, B. B., Developing and maintaining trust in work relationships[M]. In Kramer, R. M. and Tyler, T. R., Trust in organizations: Frontiers of theory and research, Sage Publications, 1996.

Levitt, B., and March, J. G., Organizational learning [M]. Annual Review of Sociology, 1988, 14:319-340.

Lieberman, M. B., Determinants of vertical integration: an empirical test [J]. The Journal of Industrial Economics, 1991, 39(5):451-466.

Loasby, B. J., Understanding markets [R]. University of Stirling, Working Papers, 1994.

Luo, Y. D., Contract, cooperation, and performance in international joint ventures[J]. Strategic Management Journal, 2002, 23(10):903-919.

Luo, Y. D., Opportunism in inter-firm exchanges in emerging markets[J]. Management and Organization Review,2006,2(1):121 – 147.

Luo, Y. D., An integrated anti-opportunism system in international exchange[J]. Journal of International Business Studies,2007,38(10):855 – 877.

Lyles, M. A.,Flynn,B. B. and Frohlich, M. T., All supply chains don't flow through: understanding supply chain issues in product recalls[J]. Management and Organization Review,2008,4(2):167 – 182.

Lyles, M. A. and Salk, J. E., Knowledge acquisition from foreign parents in international joint ventures: an empirical examination in the Hungarian context[J]. Journal of International Business Studies, 1996,27(5):877 – 903.

Lyles, M. A.,Saxton, T. and Waston,K., Venture survival in a transitional economy [J]. Journal of Management,2004, 30(2):351 – 370.

Macaulay, S., Non-contractual relations in business[J]. American Sociological Review, 1963, 28(1):55 – 70.

Macneil, I. R., Contracts: adjustments of long-term economic relations under classical, neoclassical, and relational contract law[J]. Northwestern University Law Review, 1978, 72 (6):854 – 906.

Macneil, I. R., The new social contract: An inquiry into modern contractual relations [J]. Yale University Press,1980.

Madhok, A. and Tallman, S. B., Resources, transactions and rents: managing value through interfirm collaborative relationships [J]. Organization Science, 1998, 9 (3): 326 – 339.

Madhok, A., Interfirm collaboration: contractual and capabilities – based perspectives [A]. in Foss, N. and Mahnke V., Governance, competence and entrepreneurship[M]. Oxford: OUP, 2000:276 – 303.

Maltz, A. B., Private fleet use: a transaction cost model[J]. Transportation Journal, 1993,32(3):46 – 53.

Maltz, A. B., The relative importance of cost and quality in the outsourcing of warehousing[J]. Journal of Business Logistics, 1994, 15(2):45 – 62.

Marschak, J., Economics of inquiring, communicating, deciding[J]. American Economic Review, 1968,58(May):1 – 18.

Marshall, A., Principles of economics[M]. Eighth ed. New York: Macmillan, 1948.

Masten, S. E., Meehan, J. J. W., Snyder, E. A., The costs of organization[J]. Journal of Law, Economics & Organization, 1991,7(1):1 – 25.

Mesquita, L. F., Anand, J. and Brush, T. H., Comparing the resource-based and relational views: knowledge transfer and spillover in vertical alliances[J]. Strategic Management Journal, 2008,29(9):913 – 941.

Meza, D. D. and Selvaggi, M., Exclusive contracts foster relationship-specific investment[J]. RAND Journal of Economics,2007,38(1):85-97.

Monteverde, K. and Teece, D. J., Supplier switching costs and vertical integration in the automobile industry[J]. The Bell Journal of Economics, 1982,13(1):206-213.

Morgan, R. M. and Hunt, S. D., The Commitment-Trust Theory of Relationship Marketing[J]. Journal of Marketing, 1994, 58(3):20-38.

Mulaik, S. A., Jame, L. R., Alstine, J. V., Bennett, N., Lind, S., Stiwell, C. D., Evaluation of goodness-of-fit indices for structural equation models[J]. Psychological Bulletin, 1989, 105(3): 430-445.

Murry, J. P. and Heide, J. B., Managing promotion program participation within manufacturer-retailer relationship[J]. Journal of Marketing, 1998, 62(1):58-68.

Nevis, E. C., DiBella, A. J., and Gould, J. M., Understanding organizations as learning systems[J]. Sloan Management Review, 1995,36(2):73-85.

Noorderhaven, N. G., Opportunism and trust in transaction cost economics[A]. In Groenewegen, J., Transaction cost economics and beyond[M]. Boston, MA: Kluwer Academic Publishers,1996.

Nunnally, J. C., Psychometric theory[M]. New York: McGraw-Hill,1978.

Palay, T. M., Comparative institutional economics: the governance of rail freight contracting[J]. The Journal of Legal Studies, 1984, 13(2):265-287.

Parkhe, A., Strategic alliance structuring: a game theoretic and transaction cost examination of interfirm cooperation[J]. Academy of Management Journal, 1993, 36(4):794-829.

Penrose, E. T., The theory of growth of the firm[M]. Oxford: Basil Blackwell Publisher, 1959.

Perry, M. K., Vertical integration[A]. In Schmalensee, R. and Willig, R. (Eds.), Handbook of industrial organization[M]. Amsterdan: North Holland, 1989.

Peteraf, M. A., The cornerstones of competitive advantage: a resource-based view[J]. Strategic Management Journal, 1993,14(3):179-191.

Pfeffer, J. and Salancik, G. R., The external control of organizations: a resource dependence perspective[M]. New York: Harper&Row,1978.

Polanyi, M., Personal knowledge: towards a post-critical philosophy[M]. New York: Harper & Row, 1962.

Poppo, L. and Zenger, T., Do formal contracts and relational governance function as substitutes or complements? [J]. Strategic Management Journal, 2002, 23(8):707-725.

Porter, M. E., Competitive strategy[M]. New York: Free Press,1980.

Powell, W. W., Hybrid organizational arrangements: new form or transitional development? [J]. California Management Review, 1987,30(1):67-87.

Powell, W. W., Neither market nor hierarchy: network forms of organization[J].

Research in Organizational Behavior, 1990, 12(2): 295 - 337.

Quinn, J. B., Strategic outsourcing: leveraging knowledge capabilities [J]. Sloan Management Review, 1999, Summer:9 - 27.

Ring, P. S. and Van de Ven, A. H., Developmental processes of cooperative interorganizational relationships [J]. Academy of management review, 1994, 19 (1): 90 - 118.

Romo, F. P. and Schwartz, M., The structural embeddedness of business decisions: the migration of manufacturing plants in New York State [J]. American Sociological Review, 1995, 60(6):874 - 907.

Rokkan, A. I., Heide, J. B. and Wathne, K. H., Specific investments in marketing relationships: expropriation and bonding effects[J]. Journal of Marketing Research, 2003, 40 (2):210 - 224.

Rumelt, R. P., Toward a strategic theory of the firm [A]. In R. B. Lamb (ed.), Competitive Strategic Management[M]. New Jersey: Prentice Hall. In Nicolai J. Foss(ed.), Resources, firms, and Strategies[M]. London: Oxford University Press, 1997.

Santoro, M. D. and McGill, J. P., The effect of uncertainty and asset co-specialization on government in biotechnology alliances[J]. Strategic Management Journal, 2005, 26(13): 1261 - 1269.

Saxenian, A., Regional advantage [M]. Cambridge, MA: Harvard University Press, 1994.

Saxton, T., The effects of partner and relationship characteristics on alliance outcomes [J]. Academy of Management Journal, 1997, 40(2):443 - 461.

Schelling, T. C., The strategy of conflict [M]. Cambridge MA: Harvard University Press, 1960.

Schoemaker, P. J. H., Strategy, complexity, and economic rent [J]. Management Science, 1990, 36(10): 1178 - 1192.

Schoonhoven, C. B., Problems with contingency theory: testing assumptions hidden within the language of contingency "Theory"[J]. Administrative Science Quarterly, 1981, 26 (3): 349 - 377.

Smikta, M. J., Competitive ties: subcontracting in the Japanese automotive industry [M]. New York: Columbia University Press, 1991.

Steiger, J. H., Structure model evaluation and modification: an interval estimation approach[J]. Multivariate Behavioral Research, 1990, 25(2):173 - 180.

Stump, T. L. and Heide, J. B., Controlling supplier opportunism in industrial relationship[J]. Journal of Marketing Research, 1996, 33(Nov.):431 - 441.

Sun, P. C., The contingent effect of domain knowledge specificity on joint new product development: an empirical test of the moderating role of trust [J]. Soochow Journal of

Economics and Business, 2006,53(June):73 – 94.

Subramani, M. R. and Venkatraman, N., Safeguarding investments in asymmetric interorganizational relationships: theory and evidence[J]. Academy of Management Journal, 2003,46(1):46 – 62.

Takahashi, N., The emergence of generalized exchange [J]. American Journal of Sociology, 2000, 15(4):1105 – 1134.

Takeishi, A., Bridging inter-and intra-firm boundaries: management of supplier involvement in automobile product development[J]. Strategic Management Journal, 2001,22 (5):403 – 433.

Teece, D. J., Toward an economic theory of the multi-product firm [J]. Journal of Economic Behavior and Organization, 1982,3(1):39 – 63.

Teece, D. J., Pisano, G. and Shuen, A., Dynamic capabilities and strategic management[J]. Strategic Management Journal, 1997,18(17):509 – 533.

Tsui, A. S., Ashford, S. J., St. Clair, L., and Xin K. R., Dealing with discrepant expectations: Response strategies and managerial effectiveness[J]. Academy of Management Journal, 1995,38(6):1515 – 1543.

Tushman, M. L. and Scanlan, T. J. Boundary spanning individuals: their role in information transfer and their antecedents[J]. Academy of Management Journal, 1981, 24 (2):289 – 305.

Uzzi, B., The sources and consequences of embeddedness for the economic performance of organizations: the network effect[J]. American Sociological Review, 1996, 61(4), 674 – 698.

Uzzi, B., Social structure and competition in interfirm networks: the paradox of embeddedness[J]. Administrative Science Quarterly, 1997,42:35 – 67.

Uzzi, B. and Lancaster R., Relational embeddedness and learning: the case of bank loan managers and their clients[J]. Management Science,2003, 49(4): 383 – 399.

Vazquez,R., Iglesias, R. and Bosque, I. R., The efficacy of alternative mechanisms in safeguarding specific investments from opportunism[J]. Journal of Marketing, 2000, 64(2): 51 – 65.

Vonderemble, M. A. and Tracey, M., The impact of supplier selection criteria and supplier involvement on manufacturing performance [J]. The Journal of Supply Chain Management, 1999, 35(3):33 – 39.

Wathne, K. H. and Heide, J. B., Opportunism in interfirm relationships: forms, outcomes, and solutions[J]. Journal of Marketing, 2000,64(Oct.):36 – 51.

Walton, M., When your partner fails you[J]. Fortune,1997,135(10):87 – 89.

Wang, H. M., Huang, H. and Lee, J. R., Does relationship-specific investment contribute to competence building? a supplier's perspective [J]. Taiwanese Academy of

Management Journal,2001,1(1):55 -75.

Weber, C. A., A data envelopment analysis approach to measuring vendor performance [J]. Supply Chain Management: An International Journal, 1996, 1(1):28 -39.

Weigelt, K. and Camerer, C., Reputation and corporate strategy: a review and recent theory and applications[J]. Strategic Management Journal,1988,9(5):443 -454.

Wernerfelt, B., A resource - based view of the firm[J]. Strategic Management Journal, 1984,5(2):171 -180.

Wilkie,W. L.,Mela,C. F.,and Gundlach, G. T., Does "Bait and Switch" really benefit consumers? [J]. Marketing Science, 1998,17(3):273 -282.

Williamson, O. E.,Markets and hierarchies: analysis and antitrust implication[M]. New York,NY: The Free Press,1975.

Williamson, O. E., Transaction-cost economics: the governance of contractual relations [J]. Journal of Law and Economics, 1979, 22(Oct.):3 -61.

Williamson, O. E., Credible commitments: using hostages to support exchange[J]. American Economic Review,1983,73(4):519 -535.

Williamson, O. E., The economic institutions of capitalism[M]. New York: Free Press, 1985.

Williamson, O. E., Comparative economic organization: the analysis of discrete structural alternatives[J]. Administrative Science Quarterly, 1991,36(2):269 -296.

Williamson, O. E., Opportunism and its critics[J]. Managerial & Decision Economics, 1993, 14(2):97 -107.

Williamson, O. E., The mechanisms of governance[M]. New York: Oxford University Press,1996.

Williamson, O. E., Transaction cost economics: how it works; where it headed[J]. De Economist, 1998, 146(1): 23 -58.

Williamson, O. E., Strategy research: governance and competence perspectives[J]. Strategic Management Journal, 1999, 20(12): 1087 -1108.

Zaheer, A. and Venkatraman, N., Determinants of electronic integration in the insurance industry: an empirical test[J]. Management Science,1994,40(5):549 -566.

Zaheer, A. and Venkatraman, N., Relational governance as an interorganizaitonal strategy: an empirical test of the role of trust in economic exchange[J]. Strategic Management Journal, 1995,16(5):373 -392.

Zahra, S. A., Sapienza, H. J. and Davidson, P., Entrepreneurship and dynamic capabilities: a review, model and research agenda[J]. Journal of Management Studies, 2006, 43(4):917 -955.

Zajac,E. J. and Olsen, C. P., From transaction cost to transaction value analysis: implications for the study of interorganizational strategies[J]. Journal of Management Studies,

1993,30(1):131 - 145.

Zeng, M. and Chen X. P., Achieving cooperation in multiparty alliances: a social dilemma approach to partnership management[J]. Academy of Management Review, 2003, 28(4):587 - 605.

二、中文部分

查尔斯.J.福诺布龙.声誉与财富——成功的企业如何赢得声誉[M].北京:中国人民大学出版社,2004.

陈晓萍,徐淑英,樊景立.组织与管理研究的实证方法[M].北京:北京大学出版社,2008.

电子与电脑编辑部.第一季广达电脑持续保持 Notebook PC 代工龙头地位[J].电子与电脑,2008(7):14 - 15.

范黎波,李自杰.企业理论与公司治理[M].北京:对外贸易大学出版社,2004.

方国健.海阔天空:我在 DELL 的岁月[M].北京:中国财政经济出版社, 2002.

高维和,黄沛,王震国.资产专用性、渠道异质性与渠道投机行为:基于中国汽车企业的实证[J].财贸研究,2006(4):102 - 109.

郭志刚.社会统计分析方法[M].北京:中国人民大学出版社,2004.

郭子维.技术知识特质与产业特性对代工关系的影响——以台湾资讯电子产业为例[D].台湾政治大学,2003 年.

何彩满.代工组织的转型与超越——宝成的世界[D].台湾:东海大学,2005 年.

贺小刚.企业家能力、组织能力与企业绩效[M].上海:上海财经大学出版社,2006.

黄芳铭.结构方程模式:理论与应用[M].北京:中国税务出版社,2005.

黄铭章.影响代工供应商与顾客间伙伴关系因素之研究——以台湾电子资讯产业为例[D].台湾:台湾政治大学,2002 年.

黄延聪.跨国代工联盟中产品开发之知识取得与能力发展[D].台湾:“国立”台湾大学,2002.

黄中伟,王宇露.关于经济行为的社会嵌入理论研究述评[J].外国经济与管理,2007,29(12):1 - 8.

惠双民.资产专用性、网络扩展和私人秩序[J].经济研究,2002(7):36 - 42.

赖冠如.台湾厂商统治机制与能力提升之研究——台湾资讯电子类之实证[D].台湾:“国立”东华大学,2003.

李映东,李继红.专用性资产、要挟与纵向一体化——对茂化实华停产风波的经济学分析[J].西南民族大学学报(人文社科版),2006(8):134 - 137.

李元旭.资产专用性与纵向一体化[J].经济科学,2000(5):64 - 69.

刘常勇.后进地区科技产业的苦笑曲线[J].决策借鉴,1999(1):13 - 14.

刘志彪.中国沿海地区制造业发展:国际代工模式与创新[J].南开经济研究,2005(5):38 - 43.

刘志彪,张杰. 全球代工体系下发展中国家俘获型网络的形成、突破与对策——基于 GVC 与 NVC 的比较视角[J]. 中国工业经济,2007(5):39-47.

梅天笑. 丹奇日化的 OEM 升级之路[J]. 经理人,2008(7):31-32.

聂辉华,李金波. 资产专用性、敲竹杠和纵向一体化——对费雪-通用车身案例的全面考察[J]. 经济学家,2008(4):44-49.

邱皓政. 构方程模式：LISREL 的理论,技术与应用[M]. 台北:双叶书廊,2003.

曲敏霞,吴雪,韩文静. 分销商弥补性投资对专用性资产防御的实证研究[J]. 管理评论,2008,20(6):25-33.

瞿宛文,安士敦. 超越后进发展——台湾的产业升级策略[M]. 台北:联经出版社,2003.

苏卉. 高新技术业代工合作中知识转移运行机制与效率研究[D]. 上海:上海交通大学安泰经济管理学院,2008.

芮明杰,钱平凡. 组织分析的交易费用理论认识与评析[J]. 上海经济研究,1998,6:42-46.

苏卉,孟宪忠. 基于交易成本与关系资本理论的代工关系研究[J]. 科技管理研究,2007(3):191-193.

孙扬澄. 跨国公司生产外包战略及其管理研究[D]. 上海:复旦大学管理学院,2003.

陶锋,李诗田. 全球价值链代工过程中的产品开发知识溢出和学习效应——基于东莞电子信息制造业的实证研究[J]. 管理世界,2008(1):115-122.

王国顺,周勇,汤捷. 交易、治理与经济效率——O. E. 威廉姆森交易成本经济学[M]. 北京:中国经济出版社,2005.

王世豪. 国际化经营中 OEM 方式的效应分析——以顺德家电企业格兰仕集团为例[J]. 国际经贸探索,2006,22(3):76-80.

汪建成,毛蕴诗,邱楠. 由 OEM 到 ODM 再到 OBM 的自主创新与国际化路径[J]. 管理世界,2008(6):148-155.

吴先明,创造性资产与中国企业国际化[M]. 北京:人民出版社,2008.

汪涛,秦红. 专用性投资对机会主义行为的影响——以汽车行业 4S 专营店为例[J]. 管理科学,2006,19(2):22-31.

吴志华. 基于 OEM 的精敏供应链创新——来自联泰的案例分析[J]. 经济时况,2008,30(17):87-91.

夏先良. 中国企业从 OEM 升级到 OBM 的商业模式抉择[J]. 财贸经济,2003(9):64-69.

谢洪明,罗惠玲,王成,李新春. 学习、创新与核心能力:机制和路径[J]. 经济研究,2007(2):59-70.

徐蕙菁. 防卫国际代工伙伴关系下之专属性投资:供货商观点[D]. 台湾:私立东海大学,2004.

许基南. 基于产业链分析的代工企业自主品牌战略研究[J]. 当代财经. 2007(2):

71 - 75.

徐秀琴,刘维新.代工的困境:台湾产业转型的"迷思"[C].台湾社会学年会暨国科会论文,2006.

徐姝.西方业务外包研究成果评介[J].外国经济与管理,2003,25(12):13 - 17.

薛薇.SPSS 统计分析方法及应用[M].北京:电子工业出版社,2005.

杨桂菊.本土代工企业竞争力构成要素及提升路径[J].中国工业经济,2006(8):22 - 28.

杨桂菊.国际代工背景下的企业自创品牌与决策思路[J].改革,2007(11):80 - 84.

杨桂菊,阎海峰.国际代工关系中本土代工企业的风险及防范策略[J].国际经贸探索,2007(3):58 - 61.

杨柳,夏瑛.专用性投资、可置信承诺与企业合作[J].世界经济情况,2007(1):58 - 60.

张文彤,董伟.SPSS 统计分析:高级教程[M].北京:高等教育出版社,2006.

周浩,尤立荣.共同方法偏差的统计检验与控制方法[J].心理科学进展 2004,12(6):942 - 950.

周俊,薛求知.竞合理论视角下的国际代工关系研究[J].外国经济与管理,2008,30(8):8 - 17.

卓越,张珉.全球价值链中的收益分配与"悲惨增长"——基于中国纺织服装业的分析[J].中国工业经济,2008(7):131 - 140.